한국어능력시험

일단 합격
TOPIK
종합서

Ⅰ

저자 김정아 · 심지은 · 정은화

KB219875

📖 동양북스

머리말

한국어능력시험(TOPIK)은 한국어를 모국어로 하지 않는 재외동포나 외국인 학습자들을 대상으로 한국어 보급을 확대하고 한국어의 학습 방향을 제시하기 위해 만들어진 시험입니다. 또한 이 시험은 응시자들의 한국어 사용 능력을 측정·평가하여 그 결과를 국내 대학 유학 및 취업 등에 활용할 수 있도록 하려는 목표를 가지고 있습니다. 이러한 시험의 공신력과 활용도를 바탕으로 TOPIK의 응시자 수는 해마다 큰 폭으로 증가하고 있으며, 종이 시험과 함께 2023년부터 IBT(Internet-based TOPIK)가 정식 시행되면서 TOPIK을 준비하고 응시하는 학습자도 더욱 증가하고 있는 상황입니다.

동양북스의 「일단 합격 TOPIK 종합서」 시리즈는 이러한 흐름 속에서 학습자들의 필요와 요구에 부합하는 학습 내용을 제공하고자 기획된 TOPIK 준비서입니다. 다년간 한국어 교육 현장에서 학생들을 지도하면서 여러 권의 TOPIK 관련 서적을 집필해 온 한국어 교사들에 의해 기획된 이 책은 한국어 학습과 동시에 TOPIK을 준비하는 다양한 학습자들에게 실질적으로 큰 도움이 될 것입니다.

「일단 합격 TOPIK 종합서」 시리즈는 문항의 유형뿐만 아니라 난이도와 지문의 내용 등에 있어 시험의 최신 경향을 꼼꼼하게 반영하고 있으며, 다양한 배경의 학습자들이 시험의 특성을 이해하고 문제 풀이 연습까지 해 볼 수 있도록 구성되어 있습니다.

이 책은 단계별로 다음과 같이 활용할 수 있습니다.

1단계 유형 분석	시험 문항의 유형별 특징을 알아볼 수 있습니다. 각 유형에 대한 설명과 정리된 자료 등을 확인하면서 문제 풀이를 위한 전략을 익히도록 합니다.
2단계 기출 문제	공개된 시험지를 기준으로 최근 4회(91회, 83회, 64회, 60회)의 기출 문항들을 풀어보고, 문항별 출제 방향을 확인할 수 있습니다.
3단계 응용 문제	기출 문제와 유사한 주제 및 내용을 다루고 있는 문제를 풀어보면서, 출제 빈도가 높은 어휘 및 내용들을 익히고 자신의 약점을 확인할 수 있습니다.
4단계 연습 문제	기출 문제나 응용 문제의 지문과 구조와 난이도는 비슷하지만, 주제 및 내용에는 차이가 있는 다양한 문제를 풀어봄으로써 새로운 지문을 분석하고 이해하는 능력을 키울 수 있습니다.
5단계 모의고사	영역별 전체 문항을 실제 시험과 동일한 조건에서 풀어봄으로써 실전 감각을 익히고 보다 실제적인 고득점 대책을 세울 수 있습니다.

외국어 공부가 그렇듯, 외국어 시험 준비나 자격 취득도 계획과 노력 없이 목표를 이룰 수는 없을 것입니다. 이 책으로 TOPIK에 응시하기 위한 계획을 세우고 체계적으로 준비해서 모두 원하는 결과를 얻으시기 바랍니다.

2025년 5월
「일단 합격 TOPIK 종합서 Ⅰ, Ⅱ」 집필진 일동

TOPIK I 시험안내 (https://www.topik.go.kr/)

① 시험 목적

— 한국어를 모국어로 하지 않는 재외동포 · 외국인의 한국어 학습 방향 제시 및 한국어 보급 확대
— 한국어 사용 능력을 측정 · 평가하여 그 결과를 국내 대학 및 취업 등에 활용

② 응시 대상

한국어를 모국어로 하지 않는 재외동포 및 외국인

③ 주요 활용처

• 국내 대학(원) 입학 및 졸업 • 정부 초청 외국인 장학생 프로그램 진학 및 학사 관리 • 국외 대학의 한국어 관련 학과 학점 및 졸업 요건	• 국내/외 기업체 및 공공기관 취업	• 영주권 취득, 취업 등 체류 비자 취득

④ 시험 수준 및 등급

TOPIK I	
1급	2급
80~139점	140~200점

⑤ 문항 구성

구분	TOPIK I	
영역	듣기	읽기
문항 수	30문항	40문항
문항 유형	객관식	객관식
배점	100점	100점
총점	200점	

⑥ TOPIK I 시험 시간표 및 유의 사항

시험 수준	교시	영역	한국			시험 시간 (분)
			입실 완료 시간	시작	종료	
TOPIK I	1교시	듣기, 읽기	09:20까지	10:00	11:40	100

— 09:20 이후에는 시험실 입실이 절대 불가합니다.

— 쉬는 시간을 포함한 시험 시간 중에는 모든 전자기기를 사용할 수 없으며, 소지 적발 시에는 부정행위로 간주합니다.

— 시험 중, 책상 위에는 신분증 외에 어떠한 물품(수험표 포함)도 놓을 수 없습니다.

토픽에서 인정하는 신분증: 기간 만료 전의 여권, 외국인등록증, 외국국적동포 국내거소신고증, 영주증, 복지카드(장애인등록증), 주민등록증(발급신청확인서), 운전면허증, 대학(원)생의 경우, 한국어능력시험 신원확인증명서 인정. 초·중·고등학생인 경우, 학생증, 청소년증, 한국어능력시험 신원확인증명서 인정.

⑦ TOPIK I 평가 기준

TOPIK I의 등급별 평가 기준에 따라, 자신이 목표로 하는 등급이 어떤 수준의 능력을 요구하는지 알아야 합니다.

☑ 자신의 한국어 실력이 TOPIK I 각 등급의 평가 기준을 만족하는지 항목을 확인해 보세요.

등급	내용
1급	☑ 자기 소개하기, 물건 사기, 음식 주문하기 등 생존에 필요한 기초적인 언어 기능을 수행할 수 있으며 자기 자신, 가족, 취미, 날씨 등 매우 사적이고 친숙한 화제에 관련된 내용을 이해하고 표현할 수 있다. ☐ 약 800개의 기초 어휘와 기본 문법에 대한 이해를 바탕으로 간단한 문장을 생성할 수 있다. 또한 간단한 생활문과 실용문을 이해하고, 구상할 수 있다.
2급	☐ 전화하기, 부탁하기 등의 일상 생활에 필요한 우체국, 은행 등의 공공시설 이용에 필요한 기능을 수행할 수 있다. ☐ 약 1,500~2,000개의 어휘를 이용하여 사적이고 친숙한 화제에 관해 문단 단위로 이해하고 사용할 수 있다. ☐ 공식적 상황과 비공식적 상황에서의 언어를 구분해 사용할 수 있다.

MP3 다운로드 방법

① 동양북스 홈페이지에 들어갑니다.

https://www.dongyangbooks.com/

② 도서 자료실을 클릭합니다.

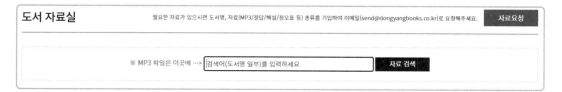

③ 일단합격 TOPIK I 종합서를 검색합니다.

④ 첨부파일을 다운로드 받습니다.

구성 및 활용

이 책은 한국어능력시험(TOPIK I)을 처음 접하는 학습자부터, 체계적인 연습을 통해 고득점을 목표로 하는 수험생까지 모두를 위한 학습서입니다. 듣기와 읽기 문제의 유형 분석부터 실전 문제풀이, 어휘와 문법 정리까지 시험 대비에 필요한 모든 요소를 포함하고 있습니다. 다음의 학습 흐름에 따라 활용하시면 더욱더 도움이 될 것입니다.

유형 분석으로 문제의 구조 익히기

각 듣기, 읽기 유형마다 출제 의도, 문제의 특징, 풀이 요령을 정리한 '유형 분석' 파트를 먼저 학습해야 합니다. 문제에서 자주 나오는 질문 형식과 응답 방식, 유형별 정답 선택 팁과 함정을 피하는 요령, 실제 기출 문제 예시를 통한 유형 구조 파악을 할 수 있습니다.

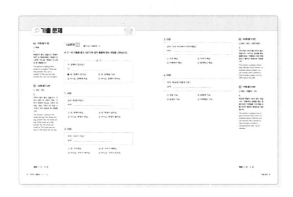

'기출 문제'로 출제 경향 익히기

'기출 문제' 파트에는 실제 TOPIK 시험에서 출제되었던 문제들이 수록되어 있어서 시험의 흐름과 난이도를 파악할 수 있습니다. 실제 시험을 보는 것처럼 실전 감각을 익히는 데 도움이 되며, 한국어와 영어 해설이 있기 때문에 외국인 학습자도 혼자 공부할 수 있습니다.

'응용 문제'로 실전 감각과 실전 대응력 키우기

각 듣기, 읽기 유형마다 출제 의도, 문제의 특징, 풀이 요령을 정리한 '유형 분석' 파트를 먼저 학습해야 합니다. 문제에서 자주 나오는 질문 형식과 응답 방식, 유형별 정답 선택 팁과 함정을 피하는 요령, 실제 기출 문제 예시를 통한 유형 구조 파악을 할 수 있습니다.

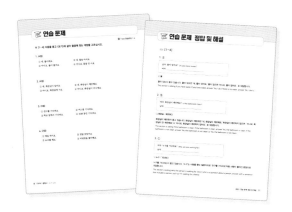

'연습 문제'로 실전 시험 연습하기

유형 학습과 응용 문제를 통해 기본기를 다졌다면, '연습 문제'에서는 실제 시험처럼 여러 유형을 연속해서 풀어보며 집중력과 시간 조절 능력을 훈련할 수 있습니다. 연습 문제에는 실전시험에서 나올 만한 주제와 어휘, 문법이 포함되어 있습니다. 반복하여 공부하면 더 좋습니다.

연습 문제의 해설입니다. 틀린 문제는 해설을 보고 참고하여 왜 틀렸는지 알아 두고 같은 실수를 반복해서 하지 않도록 해야 합니다.

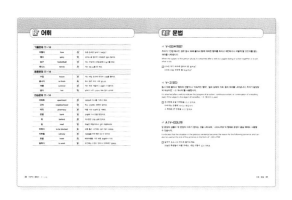

'어휘·문법 정리'로 시험에 자주 나오는 표현 복습하기

각 유형의 문제 뒤에는 해당 문제에 등장한 필수 어휘와 문법이 정리되어 있습니다. 의미, 품사, 예문이 함께 제시되어 문맥 속에서 의미를 이해할 수 있도록 구성되어 있습니다. 그리고 문제 유형별로 자주 쓰이는 문법 구조까지 정리되어 있어 실전 문제에 자연스럽게 적용이 가능합니다.

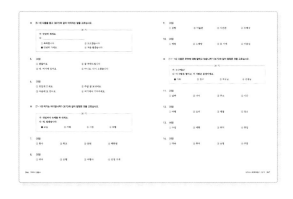

실제 시험과 동일한 '실전 모의고사' 1회분

TOPIK I 시험을 보기 전에 꼭 풀어 보아야 할 문제를 수록하였습니다. 실전 모의고사는 단순한 연습 그 이상의 의미가 있습니다. 특히 TOPIK I처럼 실제 시험 환경에서 집중력과 시간 관리를 요구하는 시험에서는 모의고사를 얼마나 제대로 활용하였느냐가 성적을 좌우합니다.

실전 모의고사의 친절한 답안지

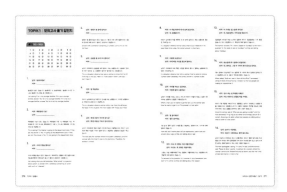

정답보다 오답의 이유를 아는 것이 중요합니다. 친절한 답안지는 '왜 이 답이 맞는지', '다른 선택지는 왜 틀렸는지'를 자세하게 설명해 줍니다. 또한, 초급 학습자도 혼자 공부할 수 있도록 합니다. 한국어 해설과 영어 해설이 함께 있기 때문에 초급자도 스스로 학습을 할 수 있습니다.

어휘 인덱스

학습자가 필요한 어휘를 빠르게 찾을 수 있게 도와주는 인덱스입니다. 특정 어휘를 다시 찾아야 할 때 인덱스를 통하여 한눈에 찾고 바로 복습할 수 있습니다.

목차

듣기 유형

- · 유형 분석
- · 기출 문제
- · 응용 문제
- · 연습 문제
- · 어휘
- · 문법
- · 연습 문제 정답 및 해설

유형 분석 01 (1~4번)

Choosing the right answer

- You can figure out the appropriate response to the question.

This section tests your ability to understand a question spoken by a man or a woman and select the correct response. The questions and answers follow certain patterns, so if you understand these patterns, you can easily solve the problems. Also, because this section uses very basic grammar and vocabulary at the beginner level, you can score points without feeling burdened. Questions 1~2 are worth 4 points each, and questions 3~4 are worth 3points each.

1~2

(Questions without interrogatives) Answering with 'Yes/No'

Questions 1 and 2 require answering "Yes" or "No" to questions without interrogative words. As shown in the sample question, options ① and ② start with "Yes" as positive answers, while options ③ and ④ start with "No" as negative answers. Using the noun, verb, or adjective that appears at the end of the question often leads to the correct answer, and the tense is in the present form.

1~4 맞는 대답 고르기

➡ 질문에 대한 적절한 반응을 파악할 수 있다.

남자 또는 여자가 한 문장으로 하는 질문을 듣고 맞는 대답을 고르는 문제입니다. 질문과 대답이 일정한 유형을 가지고 있으므로 유형을 잘 파악하면 아주 쉽게 문제를 풀 수 있습니다. 또한 초급의 아주 기초적인 문법과 어휘를 사용하기에 부담 없이 점수를 받을 수 있습니다. 1~2번은 배점이 4점이고 3~4번은 배점이 3점입니다.

1~2 (의문사가 없는 질문) '네/아니요'로 대답하기

1~2번 문제는 의문사가 없는 질문을 듣고 '네' 또는 '아니요'로 대답하는 문제입니다. 기출 예시처럼 선택지의 ①번과 ②번은 '네'로 시작하는 긍정적인 대답이고, ③번과 ④번은 '아니요'로 시작하는 부정적인 대답이 제시됩니다. 그리고 질문 끝에 나오는 명사나 동사, 형용사를 사용하면 답이 되는 경우가 많으며 시제는 현재형 문장입니다.

기출 예시

제 60회

① **네**, 사과가 없어요.　　　③ **네**, 사과가 맛있어요.

③ **아니요**, 사과가 비싸요.　　　④ **아니요**, 사과가 좋아요.

질문과 대답의 유형

질문 ＼ 대답	긍정적인 대답	부정적인 대답
N이에요/예요?	네, N이에요/예요	아니요, N이/가 아니에요
N이/가 있어요?	네, N이/가 있어요	아니요, N이/가 없어요
N이/가 A-아/어요?	네, N이/가 A-아/어요	아니요, N이/가 안 A-아/어요 N이/가 A-지 않아요
N을/를 V-아/어요?	네, N을/를 V-아/어요	아니요, N을/를 안 V-아/어요 N을/를 V-지 않아요

3~4 (의문사가 있는 질문) 구체적인 대답 고르기

3~4번 문제는 의문사가 있는 질문을 듣고 의문사에 대한 구체적인 내용을 고르는 문제입니다. 기출 예시처럼 다양한 의문사가 제시되므로 자주 나오는 의문사와 알맞은 대답을 알아 두면 좋습니다. 시제는 현재뿐만 아니라 과거와 미래의 문장으로 출제됩니다.

3~4

(Questions with interrogatives) Choosing a specific answer

Questions 3~4 involve listening to a question with an interrogative and choosing the specific answer that corresponds to that interrogative. As seen in the example from the past exam, various interrogatives are presented, so it's helpful to familiarize yourself with frequently used interrogatives and their appropriate answers. Tenses used in the questions include not only the present but also the past and future.

기출 예시

제 60회	3. 이거 **어디**에서 샀어요?
제 64회	3. 지금 **뭐** 먹어요?
	4. 친구를 **몇** 시에 만나요?
제 64회	4. 공항에 **어떻게** 갔어요?

의문사 정리

누구/누가	사람에 대한 질문	예 **누구**를 만나요? **누가** 마셨어요?
뭐(무엇)	행동에 대한 질문	예 지금 **뭐** 봐요?
무슨	많은 종류 또는 범위 중에서 하나에 대한 질문	예 **무슨** 일을 해요?
몇	관련된 수에 대한 질문 (단위 명사)	예 **몇** 개를 살 거예요?
어디	장소에 대한 질문	예 **어디**에서 먹었어요?
어떻게	방법에 대한 질문	예 학교까지 **어떻게** 가요?
언제	시간, 날짜 요일에 대한 질문	예 **언제** 만날 거예요?
얼마나	정도에 대한 질문	예 **얼마나** 걸려요?
왜	이유에 대한 질문	예 어제 **왜** 안왔어요?
어때요	느낌에 대한 질문	예 이 옷이 **어때요**?

◄)) ·· 91회 듣기 1번

☑ 학생

1.

학생인지 묻고 있습니다. 학생이라면 '네, 학생이에요.', 학생이 아니라면 '아니요, 학생이 아니에요.'로 대답합니다.

This section is asking if the person is a student. If they are, they answer, 'Yes, I am a student.' If they are not, they answer, 'No, I am not a student.'

◄)) ·· 64회 듣기 2번

☑ 구두 | 크다

2.

구두가 큰지 묻고 있습니다. 구두가 크면 '네, 구두가 커요.', 구두가 작으면 '아니요, 구두가 작아요.' 또는 '구두가 안 커요.'나 '구두가 크지 않아요.'로 대답합니다.

This section is asking if the shoes are big. If the shoes are big, answer 'Yes, the shoes are big.' If the shoes are small, answer 'No, the shoes are small' or 'The shoes are not big' or 'The shoes are not big.'

기출문제 🔍 ◄) Track 기출문제 1-4

※ [1~4] 다음을 듣고 〈보기〉와 같이 물음에 맞는 대답을 고르십시오.

〈보 기〉

가: 공책이 있어요?

나: _____

❶ 네, 공책이 있어요.　　　② 네, 공책을 사요.

③ 아니요, 공책에 써요..　　④ 아니요, 공책이 작아요.

---

1. (4점)

남자: 학생이에요?

여자: _____

① 네, 학생이에요.　　　② 네, 학생이 없어요.

③ 아니요, 학생이 와요.　④ 아니요, 학생이 좋아요.

2. (4점)

여자: 구두가 커요?

남자: _____

① 네, 구두예요.　　　② 네, 구두가 예뻐요.

③ 아니요, 구두가 작아요.　④ 아니요, 구두가 있어요.

정답 1. ① **2.** ③

3. (3점)

남자: 우리 어디에서 이야기해요?

여자: _____

① 지금 해요.　　　　　② 우리가 해요.

③ 카페에서 해요.　　　④ 동생하고 해요.

4. (3점)

여자: 학교에 어떻게 가요?

남자: _____

① 내일 가요.　　　　　② 공원에 가요.

③ 동생이 가요.　　　　④ 지하철로 가요.

🔊·· 83회 듣기 3번

☑ 우리 | 어디 | 이야기하다

3.

'어디'에서 이야기할 것인지 묻고 있습니다. '어디'는 장소를 묻는 질문이므로 '카페에서 해요'처럼 장소가 들어간 문장으로 대답합니다.

This section is asking 'where' they will talk. Since 'where' is a question about a place, you can answer with a sentence that includes a place, such as 'We'll talk at the cafe.'

🔊·· 91회 듣기 4번

☑ 학교 | 어떻게 | 가다

4.

학교에 어떻게 가는지 묻고 있습니다. '어떻게'는 방법을 묻는 질문이므로 '지하철로 가요'처럼 교통 수단이 들어간 문장으로 대답합니다.

This section is asking how to get to school. Since 'how' is a question about method, you can answer with a sentence that includes a mode of transportation, like 'I go by subway.'

정답 3. ③　4. ④

응용 문제

🔊 Track 응용문제 1-4

※ [1~4] 다음을 듣고 〈보기〉와 같이 물음에 맞는 대답을 고르십시오.

☑ 영화 | 재미있다

1.

영화가 재미있는지 묻고 있습니다. 영화가 재미있으면 '네, 영화가 재미있어요.', 영화가 재미없으면 '아니요, 영화가 재미없어요.'로 대답합니다.

This section is asking if the movie is interesting. If the movie is interesting, answer 'Yes, the movie is interesting.' If the movie is not interesting, answer 'No, the movie is not interesting.'

1. (4점)

> 남자: 영화가 재미있어요?
>
> 여자: _____

① 네, 영화를 봐요.　　　　② 네, 영화가 재미있어요.

③ 아니요, 영화를 좋아해요.　　④ 아니요, 영화가 아니에요.

☑ 김밥 | 사다

2.

김밥을 사는지 묻고 있습니다. 김밥을 사면 '네, 김밥을 사요.', 김밥을 안 사면 '아니요, 김밥을 안 사요.', 나 '아니요, 김밥을 사지 않아요.'로 대답합니다.

This section is asking if the person is buying kimbap. If they are buying kimbap, they answer, 'Yes, I am buying kimbap.' If they are not buying kimbap, they answer, 'No, I am not buying kimbap' or 'No, I am not buying kimbap.'

2. (4점)

> 여자: 김밥을 사요?
>
> 남자: _____

① 네, 김밥이에요.　　　　② 네, 김밥이 맛있어요.

③ 아니요, 김밥을 안 사요.　　④ 아니요, 김밥이 없어요.

정답 1. ②　2. ③

3. (3점)

여자: 언제 공원에 가요?

남자: _____

① 자주 가요.　　　② 주말에 가요.

③ 버스로 가요.　　④ 언니하고 가요.

4. (3점)

남자: 어제 뭐 했어요?

여자: _____

① 운동을 했어요.　　② 책이 없었어요.

③ 친구는 안 했어요.　④ 한 시에 만났어요.

☑ 언제 | 공원

3.

언제 공원에 가는지 묻고 있습니다. '언제'는 시간을 묻는 질문이므로 '주말에 가요.'처럼 시간이 들어간 문장으로 대답합니다.

This section is asking when the person is going to the park. Since 'when' is a question about time, you can answer with a sentence that includes a time, such as 'I'm going on the weekend.'

☑ 어제

4.

어제 무엇을 했는지 묻고 있습니다. '뭐(무엇)'는 행동을 묻는 질문이므로 '운동을 했어요.'처럼 어제 한 행동이 들어간 문장으로 대답합니다.

This section is asking what the person did yesterday. Since 'what' is a question about an action, you can answer with a sentence that includes an action done yesterday, such as 'I exercised.'

정답 3. ②　4. ①

🔊 Track 연습문제 1-4

※ [1~4] 다음을 듣고 〈보기〉와 같이 물음에 맞는 대답을 고르십시오.

1. (4점)

① 네, 물이에요.　　　　　　② 네, 물을 마셔요.

③ 아니요, 물이 없어요.　　　④ 아니요, 물을 안 사요.

2. (4점)

① 네, 화장실이 있어요.　　　② 네, 화장실이 깨끗해요.

③ 아니요, 화장실에 가요.　　④ 아니요, 화장실이 아니에요.

3. (3점)

① 친구를 기다려요.　　　　　② 버스를 기다려요.

③ 학교 앞에서 기다려요.　　　④ 30분 동안 기다려요.

4. (3점)

① 매일 먹어요.　　　　　　　② 정말 맛있어요.

③ 요리를 해요.　　　　　　　④ 비빔밥을 좋아해요.

어휘

기출문제 1-4

학생	student	명	저는 한국대학교 **학생**이에요.
구두	shoes	명	**구두**가 비싸지만 예뻐요.
크다	big	형	옷이 **커서** 바꿨어요.
우리	we, our	대명	**우리** 가족은 부산에서 살아요.
어디	where	대명	**어디**에서 친구를 만났어요?
이야기하다	to talk	동	카페에서 커피를 마시면서 **이야기했어요.**
학교	school	명	**학교**까지 얼마나 걸려요?
어떻게	how	부	집에 **어떻게** 가요?
가다	to go	동	저는 지금 편의점에 **가요.**

응용문제 1-4

영화	movie	명	어제 영화관에서 **영화**를 봤어요.
재미있다	interesting	형	한국 드라마가 아주 **재미있어요.**
김밥	kimbap	명	오늘 아침에 **김밥**을 먹었어요.
사다	to buy	동	시장에 가서 과일을 **살** 거예요.
언제	when	부	**언제** 한국에 왔어요?
공원	park	명	저녁을 먹고 **공원**에서 산책을 해요.
어제	yesterday	부	**어제** 친구를 만나서 공연을 봤어요.

연습문제 1-4

물	water	명	**물**을 마시고 싶어요.
화장실	bathroom	명	**화장실**이 몇 층에 있어요?
깨끗하다	clean	형	방이 아주 넓고 **깨끗해요.**
누구	who	대명	지금 **누구**를 만나러 가요?
기다리다	to wait	동	친구를 **기다리고** 있어요.
음식	food	명	한국 **음식**을 많이 먹어 보고 싶어요.
좋아하다	to like	동	저는 운동을 **좋아해요.**

📖 문법

☑ N에서

명사 뒤에 붙어 어떤 행위나 동작이 이루어지고 있는 장소임을 나타냅니다.

It is attached to the end of a noun and indicates a place where an action or action is taking place.

예 저는 매일 학교에서 한국어를 배워요.

주말에 백화점에서 쇼핑을 할 거예요.

☑ N에 가다 / 오다

조사 '에'가 장소 명사 뒤에 붙어 이동 동사 '가다, 오다'와 함께 쓰여 목적지로 이동함을 나타내는 표현입니다.

It is an expression where the particle '에' is attached to the noun of place and used with the movement verb 'go, come' to indicate movement to a destination.

예 저는 카페에 자주 가요.

어제 도서관에 가서 책을 빌렸어요.

☑ 무슨 N

명사 앞에 붙어 무엇인지 모르는 일이나 대상, 물건 따위를 물을 때 사용하는데 '무엇'과는 달리 '무슨'은 대상을 구체적으로 물을 때(하위 부류) 쓰는 표현으로 뒤에는 하위어를 갖는 명사가 옵니다.

It is used in front of a noun to ask about an unknown event, object, or object. Unlike '무엇', '무슨' is an expression used when asking about a specific object (subclass), and is followed by a noun with a hyponym.

예 무슨 커피를 자주 마셔요?

마트에서 무슨 과일을 샀어요?

🔊 **[1~4]**

1. ③

남자: 물이 있어요? Do you have water?
여자: _____

☑ 물

물이 있는지 묻고 있습니다. 물이 있으면 '네, 물이 있어요.', 물이 없으면 '아니요, 물이 없어요.' 로 대답합니다.

This section is asking if you have water. If you have water, answer 'Yes, I do.' If you don't have water, answer 'No, I don't.'

2. ②

여자: 화장실이 깨끗해요? Is the bathroom clean?
남자: _____

☑ 화장실 | 깨끗하다

화장실이 깨끗한지 묻고 있습니다. 화장실이 깨끗하면 '네, 화장실이 깨끗해요.', 화장실이 깨끗하지 않으면 '아니요, 화장실이 안 깨끗해요.'나 '아니요, 화장실이 깨끗하지 않아요.' 로 대답합니다.

This section is asking if the bathroom is clean. If the bathroom is clean, answer 'Yes, the bathroom is clean.' If the bathroom is not clean, answer 'No, the bathroom is not clean' or 'No, the bathroom is not clean.'

3. ①

여자: 누구를 기다려요? Who are you waiting for?
남자: _____

☑ 누구 | 기다리다

누구를 기다리는지 묻고 있습니다. '누구'는 사람을 묻는 질문이므로 '친구를 기다려요.'처럼 사람이 들어간 문장으로 대답합니다.

This section is asking who the person is waiting for. Since 'who' is a question about a person, answer with a sentence that includes a person, such as 'I'm waiting for a friend.'

4. ④

> 남자: 무슨 음식을 좋아해요? What kind of food do you like?
>
> 여자: _____

☑ 음식 | 좋아하다

무슨 음식을 좋아하는지 묻고 있습니다. '무슨'은 '많은 종류나 범위 중에서 하나'를 묻는 질문이므로 '비빔밥을 좋아해요.'처럼 음식 종류의 하나가 들어간 문장으로 대답합니다.

This section is asking what kind of food the person likes. Since '무슨 (what kind of)' is a question about 'one among many types or ranges', answer with a sentence that includes one type of food, such as 'I like bibimbap.'

 **메모**

5~6

Choosing the next word in a conversation situation

- You canidentify the appropriate response to the conversation situation.

Questions 5 and 6 are about listening to greetings or expressions frequently used in daily life and choosing a follow-up word. As shown in the past exam examples, typical conversations such as greetings when meeting or parting ways as well as making requests or congratulations are presented, so if you know frequently used expressions, you can easily solve the problems. Question 5 is worth 4 points and Question 6 is worth 3 points. However, there is no significant difference in the difficulty of allocating points, so you do not need to worry about it.

5~6 대화 상황에서 이어지는 말 고르기

➡ 대화 상황에 적절한 반응을 파악할 수 있다.

5~6번 문제는 일상생활에서 자주 사용하는 인사말이나 표현을 듣고 이어지는 말을 고르는 문제입니다. 기출 예시처럼 만나거나 헤어질 때 하는 인사뿐만 아니라 부탁하거나 축하할 때 등 사용되는 전형적인 대화가 제시되므로 자주 사용하는 표현을 알면 쉽게 문제를 풀 수 있습니다. 5번은 배점이 4점이고 6번은 배점이 3점입니다. 하지만 배점의 난이도에서 큰 차이가 없으므로 신경쓰지 않아도 됩니다.

기출 예시

제 60회 여자: 민수 씨, **잘 가요.**　　　　남자: 네, **안녕히 가세요.**

제 83회 남자: 수미 씨, **연필 좀 주세요.**　　여자: **여기 있어요.**

상황별 인사의 말

상황	표현
만남	안녕하세요, 처음 뵙겠습니다, 만나서 반가워요(반갑습니다), 오랜만이에요(오랜만입니다), 잘 부탁드립니다
헤어짐	안녕히 가세요(가십시오), 안녕히 계세요(계십시오), 잘 가요, 다음에 또 만나요, 다음에 또 뵙겠습니다, 주말(연휴) 잘 보내세요, 다음에 또 오세요(오십시오)
안부 인사	잘 지냈어요?(지냈습니까?) / 네, 잘 지냈어요(지냈습니다)
감사 인사	고마워요(고맙습니다), 감사합니다 / 아니에요(아닙니다), 별말씀을요
사과	미안해요(미안합니다), 죄송합니다 / 아니에요, 괜찮아요, 별말씀을요
축하	축하해요(축하합니다) / 고마워요, 감사합니다

전화	여보세요, ○○ 씨 있나요?(계십니까?), 바꿔 주세요, 다시 걸겠습니다 / 네, 전데요, 네, 그렇습니다, 잠깐만 기다리세요(기다려 주세요), 말씀하세요, 잘못 거셨습니다
식사	많이 드세요, 천천히 드세요, 맛있게 드세요 / 잘 먹겠습니다, 맛있게 먹었습니다.
도움 및 부탁	부탁해요(부탁드립니다), ○○ 주세요 / 네, 알겠습니다.
방문	실례합니다 / 들어 오세요, 환영합니다
기타	모릅니다, 모르겠습니다, 잘 다녀오세요 등

🔊·· **91회 듣기 5번**

☑ 많이 | 드시다

5.

남자가 여자에게 많이 먹으라고 하는 상황입니다. 이러한 상황에서는 고맙다고 대답합니다.

This describes a situation where a man tells a woman to eat a lot. In this case, the woman should respond by saying thank you.

🔊·· **83회 듣기 6번**

☑ 잠깐만

6.

여자가 남자에게 기다려 달라고 하는 상황입니다. 이러한 상황에서는 알겠다고 대답합니다.

This describes a situation where a woman asks a man to wait. The man should reply that he understands.

기출문제 🔍　　🔊 Track 기출문제 5-6

※ [5~6] 다음을 듣고 〈보기〉와 같이 이어지는 말을 고르십시오.

┌─────────── 〈보 기〉 ───────────┐

가: 안녕히 계세요.

나: _____

① 축하합니다.　　　　② 모르겠습니다.

❸ 안녕히 가세요.　　　④ 처음 뵙겠습니다.

└──────────────────────────────┘

5. (4점)

┌──────────────────────────────┐

남자: 많이 드세요.

여자: _____

└──────────────────────────────┘

① 고맙습니다.　　　　② 반갑습니다.

③ 실례합니다.　　　　④ 환영합니다.

6. (3점)

┌──────────────────────────────┐

여자: 잠깐만 기다리세요.

남자: _____

└──────────────────────────────┘

① 잘 먹겠습니다.　　　② 잘 지냈습니다.

③ 네, 알겠습니다.　　④ 네, 그렇습니다.

정답 5. ① 　 6. ③

🔍 응용 문제

응용문제 🔍 🔊 Track 응용문제 5-6

※ [5~6] 다음을 듣고 〈보기〉와 같이 이어지는 말을 고르십시오.

5. (4점)

> 남자: 민아 씨, 생일 축하해요.
>
> 여자: _____

① 괜찮아요. ② 고마워요.

③ 반가워요. ④ 부탁해요.

6. (3점)

> 여자: 여보세요, 김 선생님 계십니까?
>
> 남자: _____

① 어서 오십시오. ② 여기에 앉으세요.

③ 천천히 하십시오. ④ 지금 안 계시는데요.

☑ 생일 | 축하하다

5.

남자가 여자에게 생일을 축하한다고 하는 상황입니다. 이러한 상황에서는 고맙다고 대답합니다.

This describes a situation where a man congratulates a woman on her birthday. The woman should respond by saying thank you.

☑ 여보세요 | 계시다

6.

여자가 전화를 해서 김 선생님이 있는지 질문을 하는 상황입니다. 이러한 상황에서는 대상이 본인이면 '네, 전데요.' 또는 대상이 다른 사람이면 '잠깐만 기다리세요.', 대상이 없으면 '없는데요.' 또는 '안 계시는데요.'라고 대답합니다.

This describes a situation where a woman calls and asks if Mr. Kim is there. If the person who answers the phone is Mr. Kim, they should say, 'Yes, this is he.' If they are someone else, they should say, 'Please wait a moment.' If Mr. Kim is not there, they should say, 'He's not here.'

정답 5. ② 6. ④

📝 연습 문제

🔊 Track 연습문제 5-6

※ [5~6] 다음을 듣고 〈보기〉와 같이 이어지는 말을 고르십시오.

5. (4점)

① 여기 있어요.　　　　　② 네, 잘 가요.

③ 아니요, 몰라요.　　　　④ 들어 오세요.

6. (3점)

① 감사합니다.　　　　　② 잘 지냈습니다.

③ 다음에 오십시오.　　　④ 만나서 반갑습니다.

📓 어휘

기출문제 5-6

많이	a lot	부	밥을 **많이** 먹어서 배가 불러요.
드시다	to eat (used honorifically)	동	반찬은 별로 없지만 맛있게 **드세요**.
잠깐만	just a moment	부	**잠깐만** 기다려 주세요.

응용문제 5-6

생일	birthday	명	제 **생일**은 9월 24일이에요.
축하하다	to congratulate	동	생일을 **축하합니다**.
여보세요	hello (when you make a phone call)	감	**여보세요**. 사장님 좀 바꿔 주세요.
계시다	to be (used honorifically)	동	선생님은 사무실에 **계세요**.

연습문제 5-6

처음	first	부	우리는 한국에서 **처음** 만났어요.
뵙다	to meet (used honorifically)	동	처음 **뵙겠습니다**.

📖 문법

☑ V-(으)세요

동사 뒤에 붙어 상대방에게 어떤 행동을 할 것을 명령, 요청할 때 씁니다. 그러나 '먹다', '마시다', '잠을 자다', '있다'의 경우, 다른 형태가 쓰입니다.

It is used after a verb to command or request the other person to do something. However, in the case of 'eat', 'drink', 'sleep', and 'is', different forms are used.

먹다	드시다	드세요
마시다		
잠을 자다	주무시다	주무세요
있다	계시다	계세요

예 피곤하면 집에 가서 쉬세요.
   맛있게 드세요.

☑ V-지 마세요

동사 뒤에 붙어 듣는 사람에게 어떤 행위를 하지 못하게 함을 나타냅니다.

It is attached to the end of a verb to indicate that it prevents the listener from doing something.

예 이 자리에 앉지 마세요.
   학교 근처에서 담배를 피우지 마세요.

☑ V-(으)십시오

격식체 표현으로 동사 뒤에 붙어 높임의 대상인 상대방에게 정중하게 명령 또는 권유함을 나타낼 때 씁니다.

It is a formal expression used after a verb to politely give a command or recommendation to the person being honored.

예 다음에 또 오십시오.
   저기 횡단보도에서 길을 건너십시오.

☑ V-지 마십시오

격식체 표현으로 동사 뒤에 붙어 높임의 대상인 상대방에게 정중하게 어떤 일을 하지 말도록 명령함을 나타낼 때 씁니다.

It is a formal expression used after a verb to politely command the person being honored not to do something.

예 지금 휴대폰을 사용하지 마십시오.
   공연장 안에서는 음식을 드시지 마십시오.

연습 문제 정답 및 해설

◀🔊 [5~6]

5. ②

> 남자: 안녕히 계세요. Good bye.
>
> 여자: _____

남자가 여자에게 헤어질 때 하는 인사를 하는 상황입니다. 이러한 상황에는 잘 가라고 대답합니다.

This is a situation where a man says goodbye to a woman. The woman should reply with a goodbye to the person leaving.

6. ④

> 여자: 처음 뵙겠습니다. 김유미입니다. Nice to meet you. I'm Yumi Kim.
>
> 남자: _____

☑ 처음 | 뵙다

여자가 남자에게 처음 만날 때 하는 인사를 하고 있는 상황입니다. 이러한 상황에서는 반갑다고 대답합니다.

This is a situation where a woman greets a man for the first time. It is appropriate to respond with a greeting that conveys you are pleased to meet her.

🔍 유형 분석 03 (7~10번)

7~10

Choosing the place where the conversation is taking place

- You can listen to the conversation and infer the conversation situation.

Questions 7 to 10 are about choosing a place to have a conversation. As in the past example, conversation places are places that can be easily encountered in everyday life, such as 'restaurants, department stores, pharmacies, and beauty salons.' Therefore, you can easily solve problems if you know key vocabulary and expressions that can help you understand where the conversation will take place. Numbers 7 to 9 are worth 3 points, and number 10 is worth 4 points. Only the last 10 questions have different points, but there is no significant difference in the difficulty level of the questions, so you don't have to worry about it.

7~10 대화를 하고 있는 장소 고르기

➡ 대화를 듣고 담화 상황을 추론할 수 있다.

7~10번 문제는 대화를 하고 있는 장소를 고르는 문제입니다. 기출 예시처럼 대화 장소는 '식당, 백화점, 약국, 미용실' 등으로 일상생활 속에서 쉽게 접할 수 있는 장소입니다. 그러므로 대화 장소를 알 수 있는 핵심적인 어휘 및 표현을 알아두면 쉽게 문제를 풀 수 있습니다. 7~9번은 배점이 3점이고 10번은 배점이 4점입니다. 마지막 10번 문제만 배점이 다른데 문제 난이도는 큰 차이가 없으므로 신경쓰지 않아도 됩니다.

장소 관련 어휘

장소	어휘 및 표현
카페/커피숍	아메리카노, 카페라테, 주스, 잔, 마시다
공원	산책, 나무, 꽃, 자전거, 공기, 타다, 걷다, 깨끗하다
공항	여권, 비행기, 비행기표, 출발, 도착, 항공, 항공권, 터미널
교실/학교	선생님, 학생, 숙제, 수업, 질문, 끝나다
극장/영화관	영화, 영화표, 자리, 장, 매표소, 예매하다, 시작하다, 끝나다
꽃집	꽃, 장미, 송이, 다발
도서관	책, 권, 학생증, 빌리다
문구점	볼펜, 연필, 공책, 교환, 환불
미술관/박물관	그림, 옛날 물건, 구경하다, 그리다, 멋있다, 유명하다
미용실	머리, 짧다, 길다, 자르다, 감다, 염색하다

백화점	옷, 치마, 바지, 모자, 넥타이, 신발, 층, 갈아입다
버스	정류장, 번, 내리다
병원/약국	약, 의사, 간호사, 머리, 배, 아프다, 다치다, 감기에 걸리다, 기침이 나다, 열이 나다, 기침을 하다
빵집	케이크, 샌드위치, 초
사진관	사진, 찍다
서점	책, 잡지
시장	과일(한 개, 두 개...), 생선(한 마리, 두 마리...), 얼마예요?
식당	비빔밥, 찌개, 삼겹살, 맛있다, 맵다, 주문하다, 시키다
여행사	표, 예약, 여행지, 국내 여행, 해외 여행, 신혼 여행
우체국	편지, 소포, 비행기, 배, 주소, 보내다, 붙이다, 우편 번호
은행	한국 돈, 찾다, 바꾸다, 카드, 통장
정류장	버스, 번, 타다, 기다리다
지하철	역, 호선, 내리다, 출구, 갈아타다
택시	손님, 내리다, 세우다
호텔	방, 호, 열쇠, 예약하다
회사/사무실	사장님, 회의, 출근, 퇴근, 지각, 늦다

기출 문제

🔊 ·· 91회 듣기 7번

☑ 표 | 장 | 주다 | 여기

7.

영화표를 사고 있는 상황으로 정답은 '극장'입니다.

This is a situation where someone is buying movie tickets, so the answer is 'theater.'

🔊 ·· 83회 듣기 8번

☑ 비빔밥 | 맛있다 | 먹다

8.

비빔밥이 맛있으니까 비빔밥을 먹자고 하는 상황으로 정답은 '식당'입니다.

This is a situation where someone suggests eating bibimbap because it's delicious, so the answer is 'restaurant.'

기출문제 🔍　　🔊 Track 기출문제 7~10

※ [7~10] 여기는 어디입니까? 〈보기〉와 같이 알맞은 것을 고르십시오.

〈보 기〉

가: 내일까지 숙제를 꼭 내세요.

나: 네, 선생님.

❶ 교실　　　② 공항　　　③ 시장　　　④ 호텔

---

7. (3점)

남자: 한 시 영화표 두 장 주세요.

여자: 네, 여기 있습니다.

① 극장　　　　　　② 병원
③ 은행　　　　　　④ 식당

8. (3점)

여자: 여기는 비빔밥이 맛있어요.

남자: 그럼, 우리 비빔밥을 먹어요.

① 은행　　　　　　② 식당
③ 도서관　　　　　④ 문구점

정답 7. ① 　**8.** ②

9. (3점)

> 여자: 방은 5층이고요, 501호입니다.
>
> 남자: 네, 아침 식사 시간은 언제예요?

① 호텔   ② 회사

③ 극장   ④ 빵집

10. (4점)

> 여자: 이 운동화 신어 봐도 돼요?
>
> 남자: 네, 이쪽에 앉아서 신어 보세요.

① 가구점   ② 여행사

③ 신발 가게   ④ 안경 가게

🔊·· **64회 듣기 9번**

☑ 방 | 층 | 아침 | 식사 | 시간

9.
여자가 남자에게 방 번호를 안내하고 남자는 여자에게 아침 식사 시간을 확인하고 있는 상황으로 정답은 '호텔'입니다.

This is a situation where a woman guides a man to his room number, and the man confirms the breakfast time with the woman, so the answer is 'hotel.'

🔊·· **91회 듣기 10번**

☑ 운동화 | 신다 | 이쪽 | 앉다

10.
여자가 남자에게 운동화를 신어 봐도 되는지 물어 보고 있는 상황으로 정답은 '신발 가게'입니다.

This is a situation where a woman asks a man if she can try on shoes, so the answer is 'shoe store.'

정답 9. ①   **10.** ③

🔍 응용 문제

※ [7~10] 여기는 어디입니까? 〈보기〉와 같이 알맞은 것을 고르십시오.

7. (3점)

☑ 사과 | 얼마 | 개

7.
남자가 여자에게 사과가 얼마인지 물어 보고 여자는 남자에게 가격을 말해 주고 있는 상황으로 정답은 '시장'입니다.

This is a situation where a man asks a woman how much apples cost, and the woman tells him the price, so the answer is 'market'.

> 남자: 이 사과가 얼마예요?
> 여자: 다섯 개에 만 원이에요.

① 약국　　　　　② 회사
③ 공원　　　　　④ 시장

8. (3점)

☑ 횡단보도 | 세우다

8.
여자가 남자에게 횡단보도 앞에서 세워 달라는 상황으로 정답은 '택시'입니다.

In a situation where a woman asks a man to stop in front of a crosswalk, the correct answer is 'taxi'.

> 여자: 저기 횡단보도 앞에서 세워 주세요.
> 남자: 네, 알겠습니다.

① 호텔　　　　　② 택시
③ 극장　　　　　④ 지하철

정답 7. ④　8. ②

9. (3점)

> 남자: 어서 오세요. 어떻게 오셨어요?
>
> 여자: 카드와 통장을 만들러 왔는데요.

① 은행   ② 가게

③ 여행사   ④ 사진관

10. (4점)

> 여자: 화장품 매장은 어디에 있나요?
>
> 남자: 여기에서 엘리베이터를 타고 1층으로 내려가시면 됩니다.

① 미용실   ② 도서관

③ 백화점   ④ 문구점

☑ 카드 | 통장 | 만들다

9.

여자가 남자에게 카드와 통장을 만들러 왔다고 말하는 상황으로 정답은 '은행'입니다.

In a situation where a woman tells a man that she came to make a card and bank account, the correct answer is 'bank'.

☑ 화장품 | 매장 | 엘리베이터 | 타다 | 내려가다

10.

여자가 남자에게 화장품 매장이 어디에 있는지 묻는 상황으로 정답은 '백화점'입니다.

In a situation where a woman asks a man where the cosmetics store is, the answer is 'department store'.

🔊 Track 연습문제 7-10

※ [7~10] 여기는 어디입니까? 〈보기〉와 같이 알맞은 것을 고르십시오.

7. (3점)

① 시장　　　　② 카페　　　　③ 문구점　　　　④ 사진관

8. (3점)

① 백화점　　　　② 가구점　　　　③ 정류장　　　　④ 옷 가게

9. (3점)

① 여행사　　　　② 박물관　　　　③ 미용실　　　　④ 우체국

10. (4점)

① 식당　　　　② 교실　　　　③ 서점　　　　④ 꽃집

📖 어휘

기출문제 7-10

표	ticket	명	제가 영화표를 예매했어요.
장	sheets	명	부산으로 가는 기차표 한 장 주세요.
주다	to give	동	이 케이크를 주세요.
여기	here	대명	여기 있습니다.
비빔밥	bibimbap	명	전주에서 비빔밥을 먹었어요.
맛있다	delicious	형	불고기가 맛있어서 많이 먹었어요.
먹다	to eat	동	저는 매일 아침을 먹어요.
방	room	명	제 방에는 침대와 책상이 있습니다.
층	floor	명	우리 사무실은 4층에 있어요.
아침	morning, breakfast	명	아침에 먹는 사과는 몸에 좋아요.
식사	meal	명	식사 시간에 늦지 마세요.
시간	time	명	수업 시간이라서 전화를 못 받았어요.
운동화	sneakers	명	운동화가 편해요.
신다	to put on	동	이 신발을 여기에서 신어 보세요.
이쪽	this way	대명	이쪽으로 가면 편의점이 있어요.
앉다	to sit	동	의자에 앉으세요.

응용문제 7-10

사과	apple	명	요즘 사과가 비싸요.
얼마	how much	명	수박이 얼마예요?
개	piece	명	한 개에 오백 원이에요.
횡단보도	crosswalk	명	횡단보도를 건너면 공원이 있어요.
세우다	to stop	동	저기 정문에서 세워 주세요.
카드	card	명	카드를 만들러 은행에 갈 거예요.
통장	bankbook	명	통장을 안 가지고 왔어요.
만들다	to make	동	친구 생일에 케이크를 만들어서 줄 거예요.

🔤 어휘

화장품	cosmetics	명	**화장품**을 사러 백화점에 가요.
매장	store	명	화장품 **매장**은 1층에 있어요.
엘리베이터	elevator	명	**엘리베이터**를 타고 올라가세요.
타다	to ride	동	버스를 **타고** 갈게요.
내려가다	to go down	동	남자 화장실은 아래로 **내려가면** 있어요.

연습문제 7-10

따뜻하다	warm, hot	형	**따뜻한** 물을 마시고 싶어요.
아메리카노	americano	명	**아메리카노** 두 잔 주세요.
버스	bus	명	집까지 **버스**를 타고 가요.
소포	package	명	동생한테 **소포**를 보냈어요.
보내다	to send	동	요즘 편지를 **보내는** 사람이 별로 없어요.
주소	address	명	**주소**가 어떻게 되세요?
쓰다	to write	동	여기에 이름과 주소를 **쓰세요**.
삼겹살	pork belly	명	제일 좋아하는 음식은 **삼겹살**이에요.
더	more	부	저는 동생보다 키가 **더** 커요.
시키다	to order	동	음식이 모자라서 더 **시켰어요**.
인분	portion	명	불고기 2**인분**하고 비빔밥 하나 주세요.
냉면	Korean cold noodles	명	**냉면**을 먹을 때 식초를 꼭 넣으세요.
주문하다	to order	동	음식을 **주문하고** 오래 기다렸어요.

📖✏️ 문법

☑ A / V-았 / 었-

동사와 형용사 뒤에 붙어 상황이나 사건이 일어난 때가 과거임을 나타냅니다.

It is attached to verbs and adjectives to indicate that a situation or event occurred in the past.

예 어제 공원에서 자전거를 **탔어요**.

언니는 작년에 대학교를 **졸업했어요**.

☑ V-아 / 어서

동사 뒤에 붙어 행위를 시간 순서에 따라 연결함을 나타냅니다. 선행절과 후행절의 관계가 아주 밀접하여 선행절이 일어나지 않으면 후행절이 일어날 수 없는 경우에 씁니다.

It is placed after a verb to indicate that it connects actions in chronological order. It is used when the relationship between the preceding and succeeding clauses is so close that the succeeding clause cannot occur without the preceding clause occurring.

예 백화점에 **가서** 목걸이를 살 거예요.

지난 주말에 친구를 **만나서** 영화를 봤어요.

☑ A-(으)ㄴ데요, V-는데요

연결어미 '-(으)ㄴ/는데'에 '-요'를 결합한 종결형으로, 뒤에 이어질 내용 전개를 위해 앞의 상황을 제시할 때 씁니다. 뒷문장을 이어 발화하지 않을 경우에는 어떤 상황을 말하면서 듣는 사람의 대답을 기대함을 나타냅니다.

It is a final form that combines the linking ending '-(으)ㄴ/는데' with '-요', and is used when presenting the previous situation to develop the content that follows. If the utterance is not followed by a follow-up sentence, it indicates that the speaker is talking about a certain situation and expecting a response from the listener.

예 사이즈가 조금 **작은데요**. 조금 큰 거 없어요?

가: 소포를 보내러 **왔는데요**.   나: 어디로 보내실 거예요?

![speaker] **[7~10]**

7. ②

> 남자: 따뜻한 아메리카노 두 잔 주세요. Two hot Americanos, please.
>
> 여자: 네, 여기 있습니다. Okay, here you go.

☑ 따뜻하다 | 아메리카노

남자가 여자에게 따뜻한 아메리카노를 주문하고 있는 상황으로 정답은 '카페'입니다.

The man is ordering two hot Americanos from the woman, so the answer is 'cafe.'

8. ③

> 여자: 서준 씨, 여기에서 뭐 해요? Mr. Seojun, what are you doing here?
>
> 남자: 버스를 기다리고 있어요. I'm waiting for the bus.

☑ 버스

남자가 여자에게 버스를 기다리고 있다고 말하는 상황으로 정답은 '정류장'입니다.

The man tells the woman that he is waiting for the bus, so the answer is 'bus stop.'

9. ④

> 여자: 일본으로 소포를 보내고 싶은데요. I want to send a package to Japan.
>
> 남자: 그러면 여기에 보내실 주소를 써 주세요. Then please write the address you want to send it to here.

☑ 소포 | 보내다 | 주소 | 쓰다

여자가 남자에게 소포를 보내고 싶다고 하고 남자는 여자에게 주소를 쓰라고 하는 상황으로 정답은 '우체국'입니다.

The woman wants to send a package, and the man asks her to write the address, so the answer is 'post office.'

10. ①

남자: 삼겹살이 맛있지요? 더 시킬까요? The samgyeopsal is delicious, right? Shall we order more?

여자: 네, 삼겹살 1인분하고 냉면도 같이 주문합시다.
　　　Yes, let's order 1 serving of samgyeopsal and cold noodles together.

☑ 삼겹살 | 더 | 시키다 | 인분 | 냉면 | 주문하다

남자가 삼겹살이 맛있으니까 더 시키자고 하고 여자는 냉면도 같이 주문하자고 말하는 상황으로 정답은 '식당'입니다.

The man suggests ordering more samgyeopsal because it's delicious, and the woman says let's order cold noodles as well, so the answer is 'restaurant'.

11~14

Choosing a topic

- You can understand the topic by listening to the conversation.

This section involves listening to a conversation and choosing what it is about. The vocabulary in the answer choices does not appear in the dialogue. You need to listen carefully to the words in the conversation and categorize them into specific meaning categories, such as 'taste, place, weather,' to choose the correct answer.

The conversations are usually presented in a format where the first person asks a question, and the second person answers it. However, the utterances in questions 11 and 12 consist only of vocabulary and grammar at the Level 1 proficiency, while the utterances in questions 13 and 14 may include grammar at the Level 2 proficiency.

Questions 11, 12, and 14 are worth 3 points, and question 13 is worth 4 points, but there is no significant difference in the overall difficulty level of the questions. However, question 13 often requires an explanation as an answer, even if the conversation is simple. Therefore, it is recommended to listen carefully to the entire answer, especially when solving question 13, before choosing the correct answer.

11~14 화제 고르기

➡ 대화를 듣고 화제를 파악할 수 있다.

대화를 듣고 무엇에 대해 말하고 있는지 고르는 문제입니다. 대화에는 선택지의 어휘들이 등장하지 않습니다. 두 사람의 발화에 등장하는 어휘들 중 '맛, 장소, 날씨' 등의 특정한 의미 범주로 묶일 수 있는 말들을 잘 듣고 정답을 골라야 합니다.

두 사람의 대화는 보통 앞 사람이 질문을 하고 뒷사람이 그에 대한 대답을 하는 형식으로 제시됩니다. 그런데 11번과 12번 문제의 발화는 1급 수준에 해당하는 어휘와 문법으로만 구성되며 13번과 14번 문제의 발화에는 문법의 경우 2급 수준에 해당하는 것들이 포함되기도 합니다.

11, 12, 14번 문제는 배점이 3점이고, 13번 문제는 배점이 4점이지만 전반적인 문제의 난이도에는 큰 차이가 없습니다. 다만 13번 문제의 경우 간단한 대화라고 해도 대답으로서 어떤 설명을 요구하는 경우가 많습니다. 따라서 특히 13번 문제를 풀 때에는 대답까지 꼼꼼하게 다 듣고 정답을 고르는 것이 좋습니다.

회차별 어휘 목록

토픽 회차	기출 문항 선택지에 제시된 어휘 목록
52회	시간, 날짜, 나이, 주소, 장소, 운동, 음식, 직업, 요일, 나라, 여행, 계절, 취미, 약속, 위치, 교통
60회	일, 집, 시간, 가족, 취미, 이름, 음식, 장소, 위치, 휴일, 날씨, 수업, 건강, 직업, 고향, 교통
64회	일, 맛, 시간, 이름, 나라, 장소, 날짜, 운동, 계획, 날씨, 주말, 취미, 약속, 교통, 위치, 소개
83회	나라, 가족, 이름, 주말, 취미, 날씨, 시간, 음식, 직업, 운동, 날짜, 고향, 값, 맛, 위치, 계절
91회	값, 맛, 주말, 시간, 운동, 요일, 나라, 장소, 계획, 날씨, 약속, 위치, 고향, 여행, 취미, 휴일

🔍 기출 문제

기출문제 🔍 🔊 Track 기출문제 11–14

※ [11~14] 다음은 무엇에 대해 말하고 있습니까? 〈보기〉와 같이 알맞은 것을 고르십시오.

─── 〈보 기〉 ───

가: 누구예요?

나: 이 사람은 형이고, 이 사람은 동생이에요.

❶ 가족   ② 친구   ③ 부모님   ④ 선생님

11. (3점)

남자: 수미 씨, 떡볶이가 어때요?

여자: 조금 매워요.

① 값   ② 맛   ③ 주말   ④ 시간

13. (4점)

남자: 저는 농구를 좋아해요. 수미 씨는요?

여자: 저는 테니스를 좋아해요.

① 직업   ② 운동   ③ 날짜   ④ 고향

🔊·· **91회 듣기 11번**

☑ 어떻다 | 맵다

11.

'떡볶이가 어때요?'라는 질문에 '매워요.'라고 대답했으니까, 음식의 '맛'에 대해 말하고 있습니다.

Since the question 'How is the tteokbokki?' was answered with 'It's spicy,' they are talking about the 'taste' of the food.

🔊·· **83회 듣기 13번**

☑ 농구 | 테니스

13.

'농구를 좋아해요.'라는 남자의 말에 여자가 '테니스를 좋아해요.'라고 대답했으니까, '운동'에 대해 말하고 있습니다.

Since the man said, 'I like basketball,' and the woman replied, 'I like tennis,' they are talking about 'sports.'

정답 11. ② 13. ②

🔍 응용 문제

☑ 수업 | 끝나다 | 여름 | 덥다

11.

'몇 시에 끝나요?'라는 질문에 '한 시에 끝나요.'라고 대답했으니까, '시간'에 대해 말하고 있습니다.

Since the question 'What time does it end?' was answered with 'It ends at one o'clock,' they are talking about 'time.'

13.

'여름이 왔네요.'라는 남자의 말을 듣고 여자가 '너무 더워요.'라고 했으니까, '날씨'에 대해 말하고 있습니다.

The man said, 'Summer has come,' and the woman said, 'It's so hot,' so they are talking about the 'weather.'

응용문제 🔍　　📢 Track 응용문제 11~14

※ [11~14] 다음은 무엇에 대해 말하고 있습니까? 〈보기〉와 같이 알맞은 것을 고르십시오.

─〈보 기〉─

가: 누구예요?

나: 이 사람은 형이고, 이 사람은 동생이에요.

❶ 가족　　　② 친구　　　③ 부모님　　　④ 선생님

11. (3점)

남자: 몇 시에 수업이 끝나요?

여자: 한 시에 끝나요.

① 시간　　　② 날짜　　　③ 나이　　　④ 주소

13. (4점)

남자: 정말 여름이 왔네요.

여자: 네. 요즘 너무 더워요.

① 약속　　　② 계획　　　③ 위치　　　④ 날씨

정답 11. ①　13. ④

연습 문제

🔊 Track 연습문제 11-14

※ [11~14] 다음은 무엇에 대해 말하고 있습니까? 〈보기〉와 같이 알맞은 것을 고르십시오.

11. (3점)

　① 맛　　　　② 집　　　　③ 시간　　　　④ 이름

12. (3점)

　① 위치　　　② 날짜　　　③ 여행　　　　④ 주소

13. (4점)

　① 운동　　　② 약속　　　③ 교통　　　　④ 주말

14. (3점)

　① 장소　　　② 직업　　　③ 계획　　　　④ 고향

어휘

기출문제 11-14

어떻다	how	형	요즘 중국은 날씨가 **어때요**?
맵다	spicy	형	김치는 좀 맵지만 비빔밥은 **맵지** 않아요.
농구	basketball	명	저는 주말마다 운동장에서 **농구**를 해요.
테니스	tennis	명	저는 **테니스**를 못 쳐요.

응용문제 11-14

수업	lesson	명	저는 매일 오전에 한국어 **수업**을 들어요.
끝나다	to finish	동	회사 일은 여섯 시에 **끝나요**
여름	summer	명	저는 추운 겨울보다 **여름**이 더 좋아요.
덥다	hot	형	날씨가 너무 **더워서** 계속 땀이 났어요.

연습문제 11-14

아파트	apartment	명	**아파트**로 이사를 가려고 해요.
근처	neighborhood	명	학교 **근처**에는 병원이 없어요.
약국	pharmacy	명	약을 사러 **약국**에 갈 거예요.
은행	bank	명	**은행**에 가서 돈을 찾았어요.
뒤	behind	명	게시판은 교실 **뒤**에 있어요.
길	road	명	오늘은 휴일이라서 **길**이 조용하네요.
막히다	to be blocked	동	보통 출근 시간에는 길이 많이 **막혀요**
지하철	subway	명	**지하철**을 타면 빨리 갈 수 있어요.
호텔	hotel	명	해외여행을 가면 보통 **호텔**에서 자요.
일하다	to work	동	오전에는 수업이 있어서 오후에만 **일해요**

📖 문법

☑ V-(으)ㄹ까요?

주어가 1인칭 복수인 경우 동사 뒤에 붙어서 함께 어떠한 행위를 하자고 제안하거나 어떻게 할 것인지를 묻는 의미를 나타냅니다.

When the subject is first person plural, it is attached after a verb to suggest doing an action together or to ask what to do.

예 (우리) 저기 의자에 앉아서 좀 쉴까요?

(우리) 오늘 저녁에 뭘 먹을까요?

☑ V-고 있다

동사 뒤에 붙어서 '행위의 진행'이나 '지속적인 행위', '결과 상태의 지속' 등의 의미를 나타냅니다. 주어가 높임말의 대상이면 '-고 계시다'를 사용합니다.

It is attached after a verb to indicate the 'progress of an action', 'continuous action', or 'continuation of a resulting state'. If the subject is the object of honorifics, '-고 계시다' is used.

예 친구한테 보낼 이메일을 쓰고 있어요.

아버지는 은행에 다니고 계십니다.

그 학생은 큰 안경을 쓰고 있어요.

☑ A / V-(으)니까

앞 문장의 상황이 뒷 문장의 이유가 된다는 것을 나타내며, '-(으)니까요'의 형태로 문장이 끝날 때에도 사용할 수 있습니다.

It indicates that the situation in the previous sentence becomes the reason for the following sentence, and can also be used at the end of the sentence in the form of '-(으)니까요'.

예 날씨가 추우니까 안으로 들어오세요.

오늘은 학생들이 바쁠 거예요. 내일 시험이 있으니까요.

🔊 [11~14]

11. ②

> 남자: 이 아파트에 살아요? Do you live in this apartment?
>
> 여자: 네. 6층에 살고 있어요. Yes, I live on the 6th floor.

☑ 아파트

'이 아파트에 살아요?'라는 질문에 '6층에 살고 있어요.'라고 대답했으니까, 대화의 화제는 '집'입니다.

The woman answers 'I live on the 6th floor' to the question 'Do you live in this apartment?', so the topic of the conversation is 'home.'

12. ②

> 여자: 저, 이 근처에 약국이 어디에 있어요? Excuse me, where is there a pharmacy near here?
>
> 남자: 저기 은행 뒤에 있어요. It's behind the bank over there.

☑ 근처 | 약국 | 은행 | 뒤

'약국이 어디에 있어요?'라는 질문에 '은행 뒤에 있어요.'라고 대답했으니까, 약국의 '위치'에 대해 말하고 있습니다.

The man answers 'It's behind the bank' to the question 'Where is the pharmacy?', so they are talking about the 'location' of the pharmacy.

13. ①

> 남자: 시청까지 어떻게 갈까요? 버스로 갈까요? How should we get to City Hall? Should we take the bus?
>
> 여자: 아니요. 길이 막히니까 지하철을 타고 가요. No. The road is congested, so let's take the subway.

☑ 길 | 막히다 | 지하철

'어떻게 갈까요?'라는 말은 가는 방법을 묻는 말입니다. 그리고 이 질문에 '지하철을 타고 가요.'라고 대답했으니까, '교통'에 대해 말하고 있습니다.

'How should we get there?' is a question about how to get to a place. And the answer is 'Let's take the subway,' so they are talking about 'transportation.'

14. ③

> 여자: 한국에서 무슨 일을 하세요? What kind of work do you do in Korea?
>
> 남자: 저는 호텔에서 일해요. I work at a hotel.

☑ 호텔 | 일하다

'무슨 일을 하세요?'라는 여자의 질문에 남자가 '호텔에서 일해요.'라고 대답했으니까, '직업'에 대해 말하고 있습니다.

Since the man answered the woman's question, 'What do you do?' by saying, 'I work at a hotel,' they are talking about 'occupation.'

15~16

Choosing a matching picture

- You can listen to a conversation and infer the discourse situation.

This section involves listening to a conversation and choosing the picture that matches the content of the conversation. Because it is a simple conversation with only one short utterance from each of the man and woman, you need to pay close attention to what both people are saying. While listening to the conversation, identify the location where the conversation takes place, the relationship between the two people, and their actions in the conversation, and then find the picture that matches.

The pictures of the options presented in this type commonly include objects or places that become the main subject of conversation. Therefore, you must listen carefully not only to the vocabulary that appears in the conversation, but also to the grammar and expressions that allow you to guess the speech situation of the two people. For example, to choose the correct answer, you must carefully listen and understand where the object is, what is being done there, and which of the two people is doing it. Also, looking at the picture of the choice before listening and understanding the place and situation in the picture will help you choose the correct answer after listening.

15~16 일치하는 그림 고르기

➡ 대화를 듣고 담화 상황을 추론할 수 있다.

대화를 듣고 대화 내용과 일치하는 그림을 고르는 문제입니다. 남자와 여자의 짧은 발화가 각각 한 번씩만 주어지는 간단한 대화이기 때문에, 두 사람이 하는 말을 모두 집중하여 들어야 합니다. 대화를 들으면서 대화가 이루어지는 장소 및 두 사람의 관계, 대화 상황에서의 행동 등을 파악하고 그에 맞는 그림을 찾도록 합니다.

이 유형에서 제시하는 선택지의 그림들은 대화의 주요 소재가 되는 사물이나 장소 등을 공통적으로 포함하고 있습니다. 따라서 대화 속에 등장하는 어휘뿐만 아니라 두 사람의 발화 상황을 추측할 수 있도록 해 주는 문법과 표현들도 잘 들어야 합니다. 예를 들어 그 사물이 어디에 있는지, 그 장소에서 무엇을 하는 것인지, 두 사람 중 누가 그것을 하는 것인지 등을 꼼꼼하게 듣고 이해해야 정답을 고를 수 있습니다. 또한 듣기 전에 선택지의 그림을 보고 그림 속 장소와 상황을 미리 파악해 두면 들은 후 정답을 고르는 데 도움이 됩니다.

🔍 기출 문제

※ [15~16] 다음을 듣고 가장 알맞은 그림을 고르십시오. (각 4점)

15.

> 남자: 저, 우산은 어디에 있어요?
>
> 여자: 저기 창문 밑에 있습니다.

🔊 ·· **83회 듣기 15번**

☑ 우산 | 창문 | 밑

15.
손님인 남자가 우산의 위치를 묻고 있고, 가게 종업원인 것 같은 여자가 그 위치를 알려 주고 있으니까 ①번 그림이 맞습니다.

Picture ① is correct because a man who is a customer is asking about the location of the umbrella, and a woman who appears to be a store employee is telling him the location.

정답 15. ①

🔍 응용 문제

☑ 책 | 놓다 | 소파

15.

여자가 책을 놓을 곳을 물었고, 남자가 '소파 위에 놓아 주세요.'라고 대답했으니까 ③번 그림이 맞습니다.

The woman asked where to put the book, and the man answered, 'Put it on the sofa.' So picture ③ is correct.

응용문제 🔍   🔊 Track 응용문제 15-16

※ [15~16] 다음을 듣고 가장 알맞은 그림을 고르십시오. (각 4점)

15.

> 여자: 책을 어디에 놓을까요?
>
> 남자: 우선 소파 위에 놓아 주세요.

①    ②

③    ④

정답 **15. ③**

📝 연습 문제

🔊 Track 연습문제 15~16

※ [15~16] 다음을 듣고 가장 알맞은 그림을 고르십시오. (각 4점)

15.

①

②

③

④

16.

①

②

③

④

⌨️ 어휘

기출문제 15 - 16

우산	umbrella	명	밖에 비가 오니까 **우산**을 써야 해요.
창문	window	명	날씨가 좀 더운데 **창문**을 열까요?
밑	under	명	고양이는 항상 침대 **밑**에 들어가 있어요.

응용문제 15 - 16

책	book	명	서점에 가서 **책**을 많이 샀어요.
놓다	to put	동	그 꽃을 테이블 위에 **놓아** 주세요.
소파	sofa	명	거실에 있는 **소파**에 앉아서 이야기해요.

연습문제 15 - 16

도착하다	to arrive	동	오늘은 회사에 일찍 **도착했어요**.
연락하다	to contact	동	요즘은 바빠서 친구들과 자주 **연락하지** 못해요.
전화하다	to call	동	어머니는 저에게 매일 **전화하세요**.
포도	grapes	명	**포도**가 비싸서 한 송이만 샀어요.
드리다	to give (used honorifically)	동	고향에 가기 전에 부모님께 **드릴** 선물을 살 거예요.

📖 문법

☑ N만

명사 뒤에 붙어 다른 것은 전부 배제하고 앞에 오는 명사 그것 하나를 선택함을 나타낼 때 사용합니다.

Attached after a noun to indicate the selection of only that noun, excluding everything else.

예 민수는 하루 종일 책만 읽고 있습니다.

　우리 아이는 고기만 먹으려고 해요.

☑ A / V-네(요)

형용사나 동사 뒤에 붙어 말하는 사람이 지금 알게 된 사실에 대한 느낌이나 감탄을 나타낼 때 사용합니다.

Attached after an adjective or verb to express the speaker's feeling or admiration for a fact they have just learned.

예 눈이 참 많이 내리네요.

　이 식당 음식이 생각보다 맛있네요.

☑ V-(으)ㄹ게(요)

동사 뒤에 붙어 말하는 사람이 어떤 일을 하겠다고 자신의 의지를 나타내거나 상대방에게 약속함을 나타냅니다.

Attached after a verb to indicate the speaker's will to do something or to make a promise to the other person.

예 다음에는 제가 저녁을 살게요.

　한 달 뒤에 다시 연락을 드릴게요.

연습 문제 정답 및 해설

15. ②

> 여자: 도착하면 연락하세요. Please contact me when you arrive.
>
> 남자: 네, 호텔에 가서 전화할게요. Okay, I'll call you when I get to the hotel.

☑ 도착하다 | 연락하다 | 전화하다

여자가 '도착하면 연락하세요(전화해 주세요).'라고 부탁했고, 남자가 '호텔에 가서 전화할게요.'라고 했으니까 남자가 공항에서 호텔로 출발하고 있는 상황을 보여주는 ②번 그림이 맞습니다.

The woman asks the man to call her when he arrives, and the man says he will call when he gets to the hotel, so picture ②, which shows the man departing from the airport, is correct.

16. ③

> 남자: 포도만 드릴까요? Shall I give you only grapes?
>
> 여자: 아니요, 사과도 같이 주세요. No, please give me some apples too.

☑ 포도 | 드리다

남자가 '포도만 드릴까요?'라고 물었고, 여자가 '사과도 같이 주세요.'라고 대답했으니까 과일 가게에서 여자가 남자에게 과일을 사고 있는 ③번 그림이 맞습니다.

The man asks if he should give her only grapes, and the woman asks for apples as well, so picture ③, which shows the woman buying fruit from the man at a fruit store, is correct.

✎ 메모

17~21

Select matching content

- You can listen to the conversation and understand the details.

This section involves listening to a conversation and choosing the answer that matches the content of the conversation. From this type onwards, Level 2 vocabulary and grammar start to appear. in earnest. Question 17 has a man-woman-man (or woman-man-woman) dialogue format, and questions 18 to 21 have a man-woman-man-woman (or woman-man-woman-man) dialogue format.

The conversations consist of confirmations, inquiries, suggestions, requests, consultations, etc. The answer choices mainly describe the situations, intentions, and facts of the man and woman. Therefore, it's a good strategy to eliminate answer choices that do not match the content or contain information that was not mentioned in the conversation. Be careful not to confuse whether the statement is from the man or the woman.

17~21 일치하는 내용 고르기

➡ 대화를 듣고 세부 내용을 파악할 수 있다.

대화를 듣고 대화 내용과 같은 것을 고르는 문제입니다. 이 유형부터 2급의 어휘와 문법이 본격적으로 나오기 시작합니다. 17번은 남자-여자-남자(여자-남자-여자), 18번부터 21번까지는 남자-여자-남자-여자(여자-남자-여자-남자)의 대화 형태 입니다.

확인, 문의, 제안, 요청, 상담 등의 내용으로 구성되어 있습니다. 선택지는 주로 남 녀의 상황, 의도, 판단되는 사실에 대해 설명하고 있습니다. 그러므로 내용과 일치 하지 않거나 나오지 않은 내용이 있는 선택지를 지워 가며 답을 찾는 것이 좋습니 다. 남자의 이야기인지 여자의 이야기인지도 혼동하지 않도록 주의해야 합니다.

또한 과거의 일인지, 현재의 상황인지, 앞으로의 예정인지 잘 파악해야 합니다. 선택지에 자주 나타나는 시제는 다음과 같습니다.

과거	–았/었습니다
현재	–ㅂ/습니다. –고 있습니다
미래	–(으)ㄹ 겁니다. –(으)려고 합니다. 미래 어휘 –ㅂ/습니다 예) 내일 갑니다.

Also, pay close attention to whether the conversation is about a past event, a present situation, or a future plan. The following tenses frequently appear in the answer choices:

◀)) ·· **64회 듣기 17번**

☑ 출장 | 출발하다

17.
두 사람이 여자의 출장에 대해 이야기하고 있습니다.
① 여자가 출장을 갑니다.
② 여자는 저녁에 출발합니다.
③ 여자는 내일 회사에 갑니다.

The two are talking about the woman's business trip.
① The woman is going on a business trip.
② The woman is leaving in the evening.
③ The woman is going to work tomorrow.

기출문제 🔍   ◀◑ Track 기출문제 17~21

※ **[17~21] 다음을 듣고 〈보기〉와 같이 대화 내용과 같은 것을 고르십시오.**
(각 3점)

─── 〈보 기〉 ───

남자: 요즘 한국어를 공부해요?

여자: 네, 한국 친구한테서 한국어를 배워요.

① 남자는 학생입니다.

② 여자는 학교에 다닙니다.

③ 남자는 한국어를 가르칩니다.

❹ 여자는 한국어를 공부합니다.

남자: 수미 씨, 내일 출장 가지요? 잘 다녀오세요.

여자: 아침에는 회사에 올 거예요. 저녁에 출발해요.

남자: 아, 그래요? 그럼 내일 봐요.

17.

① 남자는 출장을 갑니다.

② 여자는 아침에 출발합니다.

③ 여자는 내일 회사에 안 갑니다.

④ 남자는 내일 여자를 만날 겁니다.

정답 **17.** ④

※ [17~21] 다음을 듣고 〈보기〉와 같이 대화 내용과 같은 것을 고르십시오.
(각 3점)

> 여자: 저, 식빵은 없어요?
>
> 남자: 네. 다 팔려서 지금 더 만들고 있습니다.
>
> 여자: 그럼 언제쯤 오면 돼요?
>
> 남자: 세 시쯤 오시면 됩니다.

18.

① 여자는 식빵을 못 샀습니다.

② 여자는 이 곳에 세 시에 왔습니다.

③ 남자는 지금 빵집에 다녀올 겁니다.

④ 남자는 여자에게 식빵을 팔았습니다.

🔊 ·· 64회 듣기 18번

☑ 식빵 | 팔리다

18.

두 사람이 식빵에 대해 이야기하고 있습니다.

② 세 시는 식빵을 사러 다시 와야 할 시간입니다.

③ 남자는 빵집 점원이고 이야기하는 곳도 빵집입니다.

④ 남자는 여자에게 식빵을 못 팔았습니다.

The two are talking about bread.

② Three o'clock is the time when the woman has to come back to buy bread.

③ The man is a bakery employee, and the conversation is taking place at the bakery.

④ The man could not sell the woman the bread.

정답 18. ①

🔍 응용 문제

☑ 탑승구

17.

두 사람이 공항에서 탑승구에 대해 이야기하고 있습니다.
② 남자가 부산에 가고 싶습니다.
③ 부산에 가는 비행기는 8번 탑승구에 있습니다.
④ 남자가 기다리는 곳을 잘못 알았습니다.

The two are talking about a boarding gate at the airport.
② The man wants to go to Busan.
③ The plane to Busan is at gate 8.
④ The man is waiting at the wrong place.

☑ 예약 | 자리 | 가능하다

18.

두 사람이 식사 예약에 대해 이야기하고 있습니다.
① 토요일 9시는 예약을 할 수 있습니다.
② 남자는 4명이서 식사를 하려고 합니다.
③ 나오지 않은 내용입니다.

The two are talking about a dinner reservation.
① A reservation can be made for Saturday at 9 o'clock.
② The man wants to have dinner with four people.
③ This content was not mentioned.

※ [17~21] 다음을 듣고 〈보기〉와 같이 대화 내용과 같은 것을 고르십시오.
(각 3점)

> 여자: 실례지만 어디로 가시지요?
> 남자: 부산에 가는 비행기를 기다리고 있는데요.
> 여자: 그러시면 저쪽 8번 탑승구로 가셔야 합니다.

17.

① 남자는 비행기를 탈 겁니다.
② 여자는 부산에 가고 싶습니다.
③ 부산에 가는 비행기는 없습니다.
④ 여자는 기다리는 곳을 잘못 알았습니다.

※ [17~21] 다음을 듣고 〈보기〉와 같이 대화 내용과 같은 것을 고르십시오.
(각 3점)

> 남자: (전화벨) 저, 토요일 저녁 7시로 4명 식사 예약을 하고 싶은데요.
> 여자: 죄송합니다. 7시는 자리가 없고 9시는 가능합니다.
> 남자: 아, 그래요. 그럼 생각해 보고 다시 전화할게요.
> 여자: 네, 전화 기다리겠습니다. 감사합니다.

18.

① 토요일에는 예약을 할 수 없습니다.
② 남자는 혼자 밥을 먹으려고 합니다.
③ 여자는 남자의 전화를 기다렸습니다.
④ 남자는 시간 때문에 고민하고 있습니다.

정답 17. ① 18. ④

📝 연습 문제

🔊 Track 연습문제 17-21

※ [17~21] 다음을 듣고 〈보기〉와 같이 대화 내용과 같은 것을 고르십시오. (각 3점)

17.

① 여자는 봉투를 안 샀습니다.

② 봉투를 사려면 돈을 내야 합니다.

③ 남자는 봉투를 무료로 주었습니다.

④ 봉투는 2장까지만 살 수 있습니다.

18.

① 다음 주에는 시험이 없습니다.

② 두 사람은 오늘 못 만났습니다.

③ 여자는 오늘 시험 공부를 했습니다.

④ 남자는 몸이 안 좋아서 전화했습니다.

19.

① 남자는 미술관에 갈 겁니다.

② 여자는 아르바이트를 합니다.

③ 두 사람은 같이 미술관에 갑니다.

④ 두 사람은 토요일에 같이 커피를 마십니다.

20.

① 남자는 해외여행을 가지 못합니다.

② 여자는 싼 비행기표를 찾고 있습니다.

③ 남자는 비행기표가 싸면 여행을 갈 겁니다.

④ 휴가 때는 사람이 많아서 해외에 갈 수 없습니다.

21.

① 여자는 강아지를 안 키웁니다.

② 이 카페는 강아지와 함께 이용할 수 없습니다.

③ 강아지가 먹을 수 있는 음식은 팔지 않습니다.

④ 강아지를 데리고 오면 야외 테이블을 이용해야 합니다.

어휘

기출문제 17 - 18

출장	business trip	명	한 달에 한 번 해외로 출장을 가요.
출발하다	to depart	동	지금 출발하지 않으면 늦을 거예요.
식빵	bread	명	아침마다 먹는 식빵은 제가 만들어요.
팔리다	to be sold	동	이 상품은 오전에 다 팔렸어요.

응용문제 17 - 21

탑승구	boarding gate	명	지금 바로 3번 탑승구로 가세요. 비행기가 곧 출발합니다.
예약	reservation	명	그 식당은 예약 없이는 갈 수 없어요.
자리	seat	명	지금 가면 자리가 없을 거예요.
가능하다	possible	형	전화가 가능한 시간을 알려 주세요.

연습문제 17 - 21

봉투	envelope	명	쓰레기는 봉투에 넣어서 버려 주세요.
유료	paid	명	화장실 이용이 유료라고요? 돈을 내야 해요?
무료	free	명	이번 공연은 무료니까 부담 없이 보러 오세요.
가져오다	to bring	동	내일까지 필요한 신청서를 가져오세요.
돌려주다	to return	동	지난주에 빌린 책을 오늘까지 돌려줘야 해요.
걱정하다	to worry	동	부모는 아이의 안전을 항상 걱정해요.
푹	deeply	부	푹 자면 피곤이 좀 풀릴 거예요.
미술관	art gallery	명	좋아하는 그림을 보러 미술관에 가요.
초대장	invitation	명	그 행사에는 초대장이 있어야 참가할 수 있어요.
알아보다	to find out	동	친구들과 갈 맛있는 식당을 알아보고 있어요.
데리고 오다	to fetch, to bring	동	아이가 아파서 회사에 데리고 왔어요.
실내	indoor	명	한국은 실내에서 신발을 벗어요.
이용하다	to use	동	도서관은 오전 9시부터 오후 5시까지 이용할 수 있어요.
간식	snack	명	배가 조금 고파서 간식을 먹었어요.
야외	outdoor	명	봄에는 날씨가 좋으니까 야외로 나가고 싶어요.

📖 문법

☑ A / V-지요?

이미 알고 있는 사실을 재확인함을 나타냅니다.

This indicates reaffirming something that is already known.

예 가: 지민 씨는 형제가 **없지요?**   나: 아니요, 동생이 있어요.
　　가: 시험은 다음 주 금요일에 **보지요?**   나: 네, 맞아요.

☑ A / V-(으)ㄹ 것이다

1. 미래의 의지나 계획, 예정을 나타냅니다.

   This indicates a future intention, plan, or schedule.

   예 졸업하면 대학원에 **갈 거예요.**
   　　올해는 꼭 시험에 **합격할 거예요.**

2. 추측을 나타냅니다.

   This indicates a supposition or conjecture.

   예 이번 시험은 **어려울 거예요.**
   　　지금은 가게에 사람이 많아서 들어가지 **못할 거예요.**

☑ A / V-아/어도 되다

어떤 일에 대한 허락이나 가능한 조건을 나타냅니다.

This indicates permission or a possible condition for something.

예 이것보다 조금 더 **커도 돼요.**
　　일이 있으면 **가도 돼요.**

연습 문제 정답 및 해설

🔊 [17~21]

17. ②

여자: 저기요, 봉투 유료예요? Excuse me, are bags paid?

남자: 네, 그런데 사용한 봉투를 가져오시면 돈을 다시 돌려드려요.
　　　Yes, but if you bring back the used bag, we will refund you the money.

여자: 그래요? 그럼 2장 주세요. Really? Then give me two.

☑ 봉투 | 유료 | 무료 | 가져오다 | 돌려주다

두 사람이 봉투에 대해 이야기하고 있습니다.
① 여자는 봉투를 2장 샀습니다.
③ 남자는 봉투를 팔았습니다.
④ 나오지 않은 내용입니다.

The two are talking about bags.
① The woman bought two bags.
③ The man sold the bags.
④ This content was not mentioned.

18. ②

남자: (전화벨) 수미 씨, 몸은 좀 괜찮아요? 학교에 안 와서 걱정했어요.
　　　(Phone ringing) Sumi, are you feeling okay? I was worried because you didn't come to school.

여자: 네, 푹 자서 이제 괜찮아요. 그런데 무슨 일 있어요?
　　　Yes, I slept well and am fine now. But what's going on?

남자: 다음 주 시험이 수요일에서 화요일로 바뀌어서 알려 주려고요.
　　　I just wanted to let you know that next week's exam has been changed from Wednesday to Tuesday.

여자: 아, 그래요? 알려 줘서 고마워요. Oh, really? Thank you for letting me know.

☑ 걱정하다 | 푹

몸이 안 좋아 학교에 오지 않은 여자에게 남자가 전화로 시험에 대해 이야기하고 있습니다.
① 다음 주 화요일에 시험이 있습니다.
③ 여자는 몸이 아파서 잤습니다.
④ 남자는 시험에 대해 알려 주려고 전화했습니다. 몸이 안 좋은 건 여자입니다.

The man is calling the woman, who didn't come to school due to illness, to talk about the exam.
① The exam is next Tuesday.

③ The woman slept because she was sick.
④ The man called to tell her about the exam. It is the woman who is not feeling well.

19. ①

여자: 이번 주말에 바빠요? Are you busy this weekend?

남자: 이번 주에는 아르바이트가 없어서 시간이 있어요. I don't have a part-time job this week, so I have time.

여자: 이 미술관 초대장 줄까요? 토요일인데 저는 다른 일이 있어서요.
　　　Shall I give you this invitation to the art museum? It's on Saturday, but I have other things to do.

남자: 정말요? 고마워요. 그럼 제가 오늘 커피 살게요. Really? Thank you. Then I'll buy you coffee today.

☑ 미술관 | 초대장

두 사람이 미술관 초대장에 대해 이야기하고 있습니다.
② 나오지 않은 내용입니다.
③ 여자는 다른 일이 있어서 미술관에 갈 수 없습니다.
④ 남자는 오늘 커피를 사겠다고 했습니다.

The two are talking about an invitation to the art museum.
② This content was not mentioned.
③ The woman cannot go to the art museum because she has other things to do.
④ The man said he would buy coffee today.

연습 문제 정답 및 해설

20. ③

> 남자: 여름 휴가 때 뭐 할 거예요? What are you going to do during summer vacation?
>
> 여자: 휴가 때는 어디나 사람이 많으니까 저는 집에서 영화도 보고 잠도 푹 자면서 쉬려고요.
> There are many people everywhere during vacation, so I'm going to relax at home, watch movies, and sleep well.
>
> 남자: 그것도 좋네요. 저는 싼 비행기 표가 있으면 해외여행을 가려고 알아보는 중이에요.
> That sounds good too. I'm looking into going on an overseas trip if there are cheap plane tickets.
>
> 여자: 휴가 때는 비행기 표가 비싸지 않아요? 싼 게 있으면 좋겠네요.
> Aren't plane tickets expensive during vacation? I hope there are cheap ones.

☑ 알아보다

두 사람이 여름 휴가 계획에 대해 이야기하고 있습니다.
① 남자는 싼 표가 있으면 해외여행을 갈 거라고 했습니다.
② 남자가 싼 비행기표를 찾고 있습니다.
④ 나오지 않은 내용입니다.

The two are talking about their summer vacation plans.
① The man said he would go on an overseas trip if there were cheap tickets.
② The man is looking for cheap plane tickets.
④ This content was not mentioned.

21. ④

> 여자: 이 카페에는 강아지를 데리고 와도 돼요? Can I bring my dog to this cafe?
>
> 남자: 네, 가능합니다. 하지만 실내 테이블은 이용하실 수 없어요.
> Yes, you can. But you cannot use the indoor tables.
>
> 여자: 괜찮아요. 그럼 다음에는 우리 집 강아지하고 같이 올게요.
> That's okay. Then I'll come with my dog next time.
>
> 남자: 네, 꼭 오세요. 강아지용 간식도 있으니까 이용해 보시고요.
> Yes, please do come. We also have snacks for dogs, So please try them.

☑ 데리고 오다 | 실내 | 이용하다 | 간식 | 야외

여자 손님과 남자 점원이 카페 이용에 대해 이야기하고 있습니다.
① 여자 집에는 강아지가 있습니다.
② 이 카페는 강아지와 함께 이용할 수 있습니다.
③ 강아지용 간식도 있다고 했습니다.

The woman customer and the man employee are talking about using the cafe.
① The woman has a dog at home.
② This cafe can be used with a dog.
③ The man said they also have snacks for dogs.

유형 분석 07 (22~24번)

22~24

Selecting the central idea

- You can listen to the conversation and infer the central idea.

This section involves listening to a conversation and choosing the main idea of the man or woman. Make sure to check whether you are choosing the man's or woman's main idea. The dialogues are in the format of man-woman-man-woman (or woman-man-woman-man), and the main idea often appears in the second utterance of the man or woman.

In addition to content about personal preferences or tastes, topics that express the desire for solutions to inconveniences or complaints experienced in daily life are frequently presented. Therefore, pay attention to expressions that indicate hope, obligation, or necessity. Focusing on what the problem is and what the speaker wants will make it easier to choose the correct answer.

The following expressions often appear in this type of question:

22~24 중심 생각 고르기

➡ 대화를 듣고 중심 생각을 추론할 수 있다.

대화를 듣고 남자나 여자의 중심 생각을 고르는 문제입니다. 고르는 것이 남자의 중심 생각인지 여자의 중심 생각인지 잘 확인해야 합니다. 남자–여자–남자–여자(여자–남자–여자–남자)의 대화 형태이며 보통 남자나 여자의 두 번째 말에 중심 생각이 나타나는 경우가 많습니다.

개인의 기호나 취향을 말하는 내용뿐만 아니라 일상생활에서 느끼는 불편함이나 불만이 해결되기를 바라는 내용이 자주 출제됩니다. 따라서 희망이나 의무, 필요를 나타내는 표현에 주의해야 합니다. 문제점이 무엇인지, 무엇을 바라는지를 중심으로 들으면 정답을 쉽게 고를 수 있습니다.

이 유형에 자주 나타나는 표현은 다음과 같습니다.

희망	–고 싶다, –(으)면 좋겠다
의무	–아/어야 하다, –지 않으면 안 되다
필요	–아/어야겠다

기출문제 🔍 🔊 Track 기출문제 22~24

※ [22~24] 다음을 듣고 **여자**의 중심 생각을 고르십시오. (각 3점)

> 남자: 미영 씨, 이제 수업 시작하는데 어디 가요?
>
> 여자: 수첩이 없어서 찾으러 가요. 음악실에 두고 온 것 같아요.
>
> 남자: 나중에 찾으러 가요. 그때 가서 없으면 새로 사고요.
>
> 여자: 중요한 수첩이라서요. 수업 전에 올 수 있어요.

24.

① 수첩을 찾으러 가고 싶습니다.

② 수업 시간에 늦으면 안 됩니다.

③ 수첩을 새로 사는 것이 좋습니다.

④ 중요한 일은 천천히 해야 합니다.

🔊 ·· **91회 듣기 24번**

☑️ 두다 | 중요하다 | 새로

24.

두 사람이 수첩에 대해 이야기하고 있습니다.

② 나오지 않은 내용입니다.

③ 여자는 잃어버린 수첩이 중요한 것이라서 찾고 싶다고 했습니다.

④ 나오지 않은 내용입니다.

The two are talking about a notebook.

② This content was not mentioned.

③ The woman said she wants to find the lost notebook because it is important.

④ This content was not mentioned.

정답 24. ①

응용 문제

응용문제 🔍   🔊 Track 응용문제 22-24

윗집 | 뛰다 | 시끄럽다 | 싸우다 | 조심하다

22.

두 사람이 남자의 윗집 소음 문제에 대해 이야기하고 있습니다.

① 사실이지만 여자의 중심 생각이 아닙니다.

② 남자의 생각입니다.

③ 윗집 아이들 때문에 문제가 있는 것은 남자입니다.

The two are talking about the noise problem from the man's upstairs neighbor.

① This is true, but it is not the woman's main point.

② This is the man's point of view.

③ It is the man who has a problem because of the children upstairs.

※ [22~24] 다음을 듣고 여자의 중심 생각을 고르십시오. (각 3점)

> 남자: 요즘 윗집 아이들이 집안에서 자주 뛰어서 너무 시끄러워요. 어떻게 해야 할지 모르겠어요.
>
> 여자: 윗집 사람에게 잘 이야기해 보는 게 어때요?
>
> 남자: 하지만 윗집 사람과 싸우게 되면 어떻게 하지요?
>
> 여자: 그래도 이야기하지 않으면 아이들이 계속 뛰잖아요. 윗집에서도 알아야 조심할 수 있어요.

22.

① 아이들이 뛰는 건 시끄럽습니다.

② 윗집 사람과 싸우고 싶지 않습니다.

③ 윗집 아이들 때문에 문제가 있습니다.

④ 윗집 사람에게 문제를 이야기해야 합니다.

정답 22. ④

📝 연습 문제

🔊 Track 연습문제 22-24

※ [22~24] 다음을 듣고 <u>여자</u>의 중심 생각을 고르십시오. (각 3점)

22.

① 쇼핑한 물건을 빨리 받고 싶습니다.

② 인터넷으로 물건을 사면 가격이 쌉니다.

③ 가장 싼 가격으로 물건을 사고 싶습니다.

④ 물건을 비싸게 사면 기분이 좋지 않습니다.

23.

① 주말에 도서관에 가고 싶습니다.

② 도서관에서는 공부하고 싶지 않습니다.

③ 공부하는 곳이 조용하면 집중이 잘됩니다.

④ 시끄러운 곳에서는 공부에 집중할 수 없습니다.

24.

① 현금도 사용할 수 있어야 합니다.

② 카드만 사용할 수 있는 것은 편합니다.

③ 카드 사용은 아무도 불편하지 않습니다.

④ 카드를 사용할 수 없어 불편할 때가 있습니다.

어휘

기출문제 24

두다	to put	동	그 가방은 여기에 **두세요**.
중요하다	important	형	이 내용은 아주 **중요하니까** 꼭 외우세요.
새로	new	부	10년 탄 차를 팔고 **새로** 샀어요.

응용문제 22-24

윗집	upstairs	명	우리 집은 20층 아파트의 20층이라서 **윗집**이 없어요.
뛰다	to run	동	수영장에서는 **뛰면** 위험해요.
시끄럽다	noisy	형	카페에 이야기하는 사람이 많아서 **시끄러워요**.
싸우다	to fight	동	어렸을 때는 동생과 자주 **싸웠지만** 지금은 사이가 좋아요.
조심하다	to be careful	동	눈이 많이 왔으니까 운전을 **조심하세요**.

연습문제 22-24

사이트	site	명	이 인터넷 **사이트**에서 옷을 자주 사요.
답답하다	frustrated	형	부모님과 생각이 너무 달라서 이야기할 때마다 **답답해요**.
조용하다	quiet	형	도서관에서는 아무도 이야기하지 않으니까 아주 **조용해요**.
집중	concentration	명	집에서 공부하면 **집중**이 힘들어요.
잘되다	better	동	공부가 **잘되는** 곳은 역시 도서관이나 카페예요.
요금	fee	명	에어컨을 자주 켜니까 전기 **요금**이 많이 나와요.
현금	cash	명	시장은 카드 말고 **현금**으로 돈을 내는 곳이 많아요.
금방	soon	부	**금방** 만든 빵이라서 아주 따뜻해요.
익숙해지다	to get used to	동	매일 요리를 하니까 지금은 요리에 **익숙해졌어요**.

📖 문법

☑ A / V-(으)ㄴ 것 같다

1. 형용사의 경우 현재의 상태에 대한 추측이나 불확실한 단정을 나타냅니다.

   In the case of adjectives, they express guesses or uncertain conclusions about the current state.

   예 아기 표정을 보니까 배가 고픈 것 같아요.

   민수 씨 얼굴 좀 보세요. 기분이 안 좋은 것 같아요.

2. 동사의 경우 과거의 행동이나 일에 대한 추측이나 불확실한 단정을 나타냅니다.

   As a verb, it expresses a guess or an uncertain conclusion about past actions or events.

   예 땅이 젖어 있는 걸 보니까 비가 온 것 같아요.

   가게가 어두운 걸 보니까 문을 닫은 것 같아요.

☑ A / V-(으)ㄹ지 모르다

형용사나 동사 뒤에 붙어 어떤 상태나 행동에 대한 추측이 어렵거나 알지 못함을 나타냅니다.

It is attached after an adjective or verb to indicate that it is difficult to guess or know about a certain state or action.

예 내일 날씨가 좋을지 모르겠어요.

민수 씨가 어떻게 결정할지 저는 모르지요.

☑ A / V-아 / 어야

형용사나 동사 뒤에 붙어 어떤 상태나 행동이 꼭 필요한 조건임을 나타냅니다.

It is attached after an adjective or verb to indicate that a certain state or action is an absolutely necessary condition.

예 가방이 좀 더 작아야 기내에 가지고 탈 수 있어요.

시간이 늦어서 택시를 불러야 집에 갈 수 있어요.

☑ N마다

하나도 빠짐없이 모두 비슷한 상황이거나 상황이 되풀이됨을 나타냅니다.

This indicates that all are in a similar situation or that a situation is repeated without exception.

예 사람마다 성격이 달라요.

토요일마다 친구와 같이 운동해요.

연습 문제 정답 및 해설

🔊 [22~24]

22. ①

> 여자: 인터넷 쇼핑 중이에요? Are you shopping online?
>
> 남자: 네, 그런데 인터넷 사이트마다 가격이 좀 다르네요.
> Yes, but the prices are a bit different on each website.
>
> 여자: 그렇지요. 저는 가격이 조금 비싸도 가장 빨리 도착하는 곳에서 주문해요.
> That's right. I order from the place where it arrives the fastest, even if the price is a little higher.
>
> 남자: 그래요? 저는 물건을 산 후에 더 싼 곳을 보게 되면 기분이 안 좋은데요.
> Really? I feel bad when I see a cheaper place after buying something.

☑ 사이트

두 사람이 인터넷 쇼핑에 대해 이야기하고 있습니다.
② 나오지 않은 내용입니다.
③ 남자의 생각입니다.
④ 남자의 생각입니다.

The two are talking about online shopping.
② This content was not mentioned.
③ This is the man's opinion.
④ This is the man's opinion.

23. ②

> 남자: 주말에 시험공부하러 같이 도서관에 갈래요?
> Do you want to go to the library together to study for the exam on the weekend?
>
> 여자: 도서관이요? 카페에서 하는 게 어때요? 도서관은 좀 답답해요.
> The library? How about doing it at a cafe? The library is a bit stuffy.
>
> 남자: 도서관에서 하는 게 조용하니까 집중이 잘되지 않아요?
> Isn't it better to study at the library because it's quiet and you can concentrate well?
>
> 여자: 저는 너무 조용한 곳보다 조금 시끄러운 곳에서 공부해야 집중이 잘돼요.
> I concentrate better when I study in a slightly noisy place rather than a place that is too quiet.

☑ 답답하다 | 조용하다 | 집중 | 잘되다

두 사람이 공부할 장소에 대해 이야기하고 있습니다.
① 남자의 생각입니다.

③ 남자의 생각입니다.
④ 남자의 생각입니다.

The two are talking about where to study.
① This is the man's opinion.
③ This is the man's opinion.
④ This is the man's opinion.

24. ①

여자: 얼마 전에 버스를 탔는데 카드로만 요금을 낼 수 있어서 놀랐어요. I was surprised to learn that I could only pay the bus fare with a card recently. 남자: 요즘 현금을 쓰는 사람이 적으니까요. 카드만 있으면 되니까 좋지 않아요? These days, few people use cash. Isn't it nice to only need a card? 여자: 글쎄요. 외국인이나 노인들은 불편할 것 같아요. 카드와 현금 둘 다 사용할 수 있으면 좋겠어요. Well, I think it would be inconvenient for foreigners or the elderly. I wish I could use both cards and cash. 남자: 지금은 조금 불편하겠지만 누구나 금방 익숙해질 거예요. It may be a little inconvenient now, but everyone will get used to it soon.

☑ 요금 | 현금 | 금방 | 익숙해지다

두 사람이 최근 현금 사용이 어려워진 것에 대해 이야기하고 있습니다.
② 남자의 생각입니다.
③ 외국인이나 노인들은 불편할 것 같다고 했습니다.
④ 현금을 사용할 수 없어서 불편할 때가 있다고 했습니다.

The two are talking about the recent difficulty in using cash.
② This is the man's opinion.
③ The woman said it would be inconvenient for foreigners or the elderly.
④ The woman said there are times when it is inconvenient not to be able to use cash.

유형 분석 08 (25~26번)

25~26 From questions 25~26 onwards, you will listen to one passage and choose the answers to two questions. The passage is in the form of a monologue, and the content is typically formal speech, such as announcements or guided tours, rather than personal conversations . Therefore, the sentences end with ' —습니다 / ㅂ니다'. Question 25 is worth 3 points, and question 26 is worth 4 points.

25~26번 문제부터는 하나의 내용을 듣고 두 개의 질문에 답을 고르는 문제입니다. 한 사람이 혼자 말하는 형식으로 개인적인 대화가 아니라 주로 안내 방송이나 가이드의 안내 등과 같은 공식적인 상황에서의 말하기 내용이 출제됩니다. 따라서 문장 마지막이 '—습니다/ㅂ니다'로 끝납니다. 25번은 배점이 3점이고 26번은 배점이 4점입니다.

안내 방송 내용	공항/기차 · 지하철 역/버스 터미널 안내, 미아 · 분실물 찾기 안내, 시설 이용 안내, 아파트 관리 사무소 안내, 백화점 · 마트 식품 및 제품 세일 안내, 관광지 안내, 박물관 안내, 시설 이용 안내

25

Selecting the speaker's intention/purpose

- You can infer the speaker's intention or purpose by listening to media discourse.

This question involves choosing why the speaker is saying this or what they are talking about. It's helpful to read the answer choices before listening to the passage. As in the past exam example, the answer choices include 'explanation, guidance, greeting,' etc., depending on the speaker's intention or purpose. Therefore, grammar that indicates intention or purpose, such as '—(으)려고, —기 위해서, —아/어서,' is often used in the questions.

25 말하는 사람의 의도/ 목적 고르기

➡ 매체 담화를 듣고 화자의 의도나 목적을 추론할 수 있다.

말하는 사람이 왜 이 이야기를 하는지 또는 어떤 이야기를 하는지 고르는 문제입니다. 내용을 듣기 전에 먼저 선택지를 읽는 것이 좋습니다. 선택지에는 기출 예시처럼 말하는 의도나 목적에 따라 '설명, 안내, 인사' 등이 제시됩니다. 그래서 주로 의도나 목적을 나타내는 문법인 '—(으)려고, —기 위해서, —아/어서' 등을 사용해서 출제하기도 합니다.

말하는 의도나 목적	설명, 안내, 인사, 취소, 소개, 신청, 감사, 계획, 부탁, 사과, 확인

26 들은 내용과 같은 것 고르기

➡ 매체 담화를 듣고 세부 내용을 파악할 수 있다.

전체적인 내용을 듣고 선택지에서 같은 것을 고르는 문제입니다. 내용을 들으면서 일치하지 않거나 말하지 않은 내용을 선택지에서 지워가며 답을 찾는 것이 좋습니다.

26
Select something similar to what you heard

- **You can listen to media discourse and understand the details.**

This question involves listening to the entire passage and choosing the statement that matches its content. It's helpful to eliminate answer choices that do not match or contain information not mentioned in the passage.

기출 문제

91회 듣기 25-26번

☑ 신선하다 | 채소 | 이용 |
　평일 | 편안하다

25.

마트 안내 방송입니다. 평일에는 오전 아홉 시부터 밤 아홉 시까지인데, 주말에는 밤 열 시까지라서 한 시간 더 마트를 이용할 수 있다고 알려 주고 있습니다.

This is a supermarket announcement. On weekdays, the store is open from 9 a.m. to 9 p.m., but on weekends, it stays open until 10 p.m., allowing customers to shop for an additional hour.

26.

① 나오지 않은 내용입니다.
② 신선한 채소, 맛있는 과일이 있는 인주마트입니다.
③ 마트 이용 시간은 평일 오전 아홉 시부터 밤 아홉 시까지입니다.

① This information is not mentioned.
② This is Inju Mart, offering fresh vegetables and delicious fruits.
③ The store hours are from 9 a.m. to 9 p.m. on weekdays.

기출문제 🔍　　🔊 Track 기출문제 25-26

※ [25~26] 다음을 듣고 물음에 답하십시오.

> 여자: (딩동댕) 주말에도 우리 마트를 찾아 주신 손님 여러분, 감사합니다. 신선한 채소, 맛있는 과일이 있는 인주마트입니다. 마트 이용 시간은 평일 오전 아홉 시부터 밤 아홉 시까지입니다. 주말에는 밤 열 시까지 이용할 수 있으니 편안하게 한 시간 더 쇼핑하십시오. 많은 이용 부탁드리겠습니다. 감사합니다. (딩동댕)

25. 여자가 왜 이야기를 하고 있는지 고르십시오. (3점)

① 마트의 위치를 가르쳐 주려고
② 마트의 할인 상품을 소개하려고
③ 마트가 새로 문을 여는 것을 알려 주려고
④ 마트를 이용할 수 있는 시간을 안내하려고

26. 들은 내용과 같은 것을 고르십시오. (4점)

① 이 마트는 오늘 이용할 수 없습니다.
② 이 마트에서는 채소를 팔지 않습니다.
③ 이 마트는 매일 오전 열 시에 시작합니다.
④ 이 마트는 주말에 평일보다 늦게 문을 닫습니다.

정답 25. ④　26. ④

응용 문제

응용문제 🔍 🔊 Track 응용문제 25-26

※ [25~26] 다음을 듣고 물음에 답하십시오.

> 여자: (딩동댕) 오늘도 저희 캠핑장을 찾아 주신 여러분께 감사드리며 잠시 안내 말씀 드립니다. 오늘 저녁 7시부터 캠핑 요리 대회가 열립니다. 요리 대회에 참가하고 싶은 분들은 오후 5시까지 관리 사무소로 오셔서 신청서를 써 주십시오. 누구나 신청하실 수 있으며 1등 상품은 캠핑장 1년 무료 이용 쿠폰입니다. 많은 참가 부탁드립니다. (딩동댕)

25. 여자가 왜 이 이야기를 하고 있는지 고르십시오. (3점)

① 캠핑 요리 대회를 소개하려고

② 캠핑장 이용 시간을 말해 주려고

③ 캠핑 요리 재료를 가르쳐 주려고

④ 캠핑장 쿠폰 이용 방법을 알려 주려고

26. 들은 내용과 같은 것을 고르십시오. (4점)

① 요리 대회는 5시부터 시작합니다.

② 요리 재료를 직접 준비해야 합니다.

③ 요리 대회는 관리 사무소에서 신청하면 됩니다.

④ 대회 참가자들에게 모두 이용 쿠폰을 줄 겁니다.

☑ 캠핑장 | 대회 | 열리다 |
참가하다 | 관리 사무소 |
신청서 | 누구나 | 상품 |
쿠폰

25.
캠핑장 안내 방송입니다. 캠핑 요리 대회가 열리는 시간과 신청 방법, 1등 상품을 알려 주고 있습니다.

This is an announcement from a campground. It introduces the time, application method, and prizes for a camping cooking competition.

26.
① 오늘 저녁 7시부터 캠핑 요리 대회가 열립니다
② 나오지 않은 내용입니다.
④ 1등 상품은 캠핑장 1년 무료 이용 쿠폰입니다.

① A camping cooking contest will be held from 7 p.m. today.
② This information is not mentioned.
④ The first-place prize is a one-year free camping pass.

정답 25. ① 26. ③

연습 문제

※ [25~26] 다음을 듣고 물음에 답하십시오.

25. 여자가 왜 이 이야기를 하고 있는지 고르십시오. (3점)

① 현재 버스의 위치를 알려 주려고
② 시장에서 할 수 있는 일을 소개하려고
③ 옛날 동전 이용 방법을 설명해 주려고
④ 즐거운 여행에 대해 감사 인사를 하려고

26. 들은 내용과 같은 것을 고르십시오. (4점)

① 시장은 경복궁 옆에 있습니다.
② 서점에 가려면 다시 버스를 타야 합니다.
③ 식사 시간에는 시장을 구경하기 어렵습니다.
④ 옛날 동전은 모든 시장에서 사용할 수 있습니다.

어휘

기출문제 25 – 26

신선하다	fresh	형	과일을 **신선하게** 보관하기 위해 냉장고에 넣었어요.
채소	vegetables	명	**채소**를 먹지 않는 아이들이 많아요.
이용	use	명	은행 **이용** 시간을 확인하고 가세요.
평일	weekday	명	**평일**에는 회사에 가야 해서 시간이 없어요.
편안하다	comfortable	형	마음을 **편안하게** 가져야 건강에 좋아요.

응용문제 25 – 26

캠핑장	campsite	명	바닷가 근처에 있는 **캠핑장**을 찾고 있어요.
대회	competition	명	요리 **대회**에서 1등을 했어요.
열리다	to be held	동	4년마다 올림픽이 **열립니다**.
참가하다	to participate	동	마라톤 대회에 **참가하려고** 매일 연습하고 있어요.
관리 사무소	management office	명	아파트 **관리 사무소**에 가면 확인할 수 있어요.
신청서	application form	명	**신청서**에 연락처를 꼭 써야 돼요.
누구나	anyone	대명	학생 식당은 **누구나** 이용할 수 있습니다.
상품	prize	명	노래 대회에서 1등을 해서 **상품**을 받았어요.
쿠폰	coupon	명	**쿠폰**이 있으면 할인이 되니까 꼭 가지고 가세요.

연습문제 25 – 26

바로	right away	부	약국이 병원 **바로** 옆에 있어서 편해요.
옛날	oldness	명	요즘 **옛날** 드라마를 다시 보는 게 유행이에요.
동전	coin	명	**동전**이 있으면 빌려주세요.
물건	thing	명	가게는 작지만 다양한 **물건**을 팔고 있어요.
오래되다	old	형	**오래된** 신발을 다 버렸어요.
한옥	traditional Korean house	명	서울에도 **한옥** 마을이 있어요.
천천히	slowly	부	**천천히** 구경하세요.
내리다	to get off	동	홍대입구역에서 **내리면** 돼요.

📖✎ 문법

☑ V-(으)려고

동사 뒤에 붙어, 주어가 어떤 행동이나 일을 하고자 하는 의도를 지니고 있음을 나타내는 표현입니다.

It is an expression attached to the end of a verb that indicates that the subject has the intention to do something or do something.

예 내년에 유학을 **가려고** 준비하고 있습니다.

오늘 저녁에 요리를 **하려고** 시장에 가서 장을 봤어요.

☑ V-기 위해서

동사 뒤에 붙어 어떤 일을 하는 목적이나 의도를 나타내는 표현입니다.

This expression is attached after a verb to indicate the purpose or intention of doing something.

예 한국 음식을 **배우기 위해서** 요리 학원에 다닙니다.

건강을 유지하기 **위해서** 매일 운동을 하고 있어요.

☑ A / V-아 / 어서

동사와 형용사 뒤에 붙어 앞의 내용이 뒤의 내용의 이유나 원인이 됨을 나타내는 표현입니다.

This expression is attached after verbs and adjectives to indicate that the preceding content is the reason or cause for the following content.

예 날씨가 **좋아서** 공원에서 산책을 했어요.

밥을 많이 **먹어서** 배가 불러요.

연습 문제 정답 및 해설

🔊 **[25~26]**

> 여자: 여러분, 오늘도 서울 시티 투어 버스를 이용해 주셔서 감사합니다. 다음에 내려서 구경하실 곳은 통인시
> 장입니다. 조금 전에 보고 오신 경복궁 바로 옆에 있는 시장인데요. 다른 시장과 다르게 여기에서만 사용
> 하는 옛날 동전이 있습니다. 돈을 옛날 동전으로 바꿔서 물건도 사고 식사도 하실 수 있습니다. 그리고 오
> 래된 한옥 서점도 있으니 시간이 되시면 꼭 한번 가 보세요. 그럼 재미있고 즐거운 여행 되시기 바랍니다.
> 자, 천천히 내리세요.
>
> Thank you for using the Seoul City Tour Bus today. The next place we will get off and explore is Tongin
> Market. It is a market located right next to Gyeongbokgung Palace, which you just visited. Unlike other
> markets, there are old coins used only here. You can exchange money for old coins to buy things and eat.
> And there is also an old hanok bookstore, so if you have time, be sure to visit it. I hope you have a fun and
> enjoyable trip. Now, please get off slowly.

☑️ 바로 | 옛날 | 동전 | 물건 | 오래되다 | 한옥 | 천천히 | 내리다

25. ②

서울 시티 투어 버스 안내 방송입니다. 다음 투어 장소인 통인 시장에서 옛날 동전으로 할 수 있는 일과 시장에 있는
한옥 서점에 대해서 소개를 하고 있습니다.

This is a tour guide announcement on the Seoul City Tour Bus. The guide is introducing Tongin Market, the next tour
destination, explaining what you can do with old coins there and mentioning the hanok bookstore in the market.

26. ①

② 나오지 않은 내용입니다.
③ 나오지 않은 내용입니다.
④ 다른 시장과 다르게 여기에서만 사용하는 옛날 동전이 있습니다.

② This information is not mentioned.
③ This information is not mentioned.
④ Unlike other markets, there are old coins used only here.

This section involves listening to a conversation and choosing the answer that matches the topic of the conversation and a statement that matches the details of the conversation. A dialogue in which a man and a woman take turns speaking three times each is presented, and you need to solve two questions based on this single conversation.

대화를 듣고 무엇에 대해 이야기를 하고 있는지 고르는 문제와 들은 내용과 같은 것을 고르는 문제입니다. 남녀 두 사람이 교대로 세 번씩 발화하는 형태의 대화가 제시되며, 하나의 대화를 듣고 두 개의 문제를 풀어야 합니다.

27 화제 고르기

➡ 대화를 듣고 화제를 파악할 수 있다.

두 사람이 무엇에 대해 이야기를 하고 있는지 찾는 문제입니다. 선택지에는 대화의 주요 소재가 되는 어휘가 모두 포함되어 있습니다. 따라서 대화를 듣기 전에 먼저 선택지를 읽어 두면 무슨 내용의 대화인지 예측할 수 있습니다. 또한 선택지에는 보통 그 주요 소재와 관련하여 '장소, 사람, 날, 일, 이유' 등의 어휘가 함께 제시되어 있으므로, 이 어휘들을 생각하면서 들으면 대화의 내용을 더 쉽게 이해할 수 있습니다.

27

Choosing a topic

- You can understand the topic by listening to the conversation.

This question involves identifying what the two people are talking about. The answer choices include all the key vocabulary from the conversation. Therefore, reading the answer choices before listening to the conversation can help you predict what the conversation will be about. Also, the answer choices usually include vocabulary related to the main topic, such as 'place, person, day, thing to do, reason,' so keeping these words in mind while listening can help you understand the conversation more easily.

28 일치하는 내용 고르기

➡ 대화를 듣고 세부 내용을 파악할 수 있다.

들은 내용과 같은 것을 고르는 문제입니다. 선택지에서는 대화 전체의 세부적인 내용을 다루고 있으며, 주로 남자와 여자의 행동에 대해 설명하고 있습니다. 따라서 두 사람이 어떤 행동을 했는지, 어떤 상태인지 잘 파악해야 합니다. 들은 내용과 일치하지 않거나 대화에 나오지 않은 내용이 있는 선택지를 하나씩 지워 가면서 답을 찾는 것이 좋습니다.

또한 답을 고를 때에는 선택지에서 설명하고 있는 행동의 시제도 중요합니다. 그러한 행동을 현재 하고 있는 것인지 아니면 과거에 한 것인지 또는 미래에 할 것인지를 파악한 후 정답을 골라야 합니다.

28

Select matching content

- You can listen to the conversation and understand the details.

This question involves choosing the statement that matches what you heard. The answer choices cover the details of the entire conversation and mainly describe the actions of the man and woman. Therefore, you need to understand what actions they took and what their states are. It's helpful to eliminate answer choices that do not match what you heard or contain information not mentioned in the conversation.

Also, when choosing the answer, pay attention to the tense of the actions described in the answer choices. You need to identify whether the actions are happening now, happened in the past, or will happen in the future before selecting the correct answer.

☑️ 종이 | 그릇 | 필통 | 인형

27.

남자는 미술관에서 옷이나 그릇을 구경한 후에 그것을 살 수도 있고, 필통이나 인형을 만드는 활동도 할 수 있다고 말하고 있습니다.

The man says that after looking at clothes and bowls at the art museum, you can buy them, and you can also participate in activities like making pencil cases and dolls.

28.

② 여자는 이번 주말에 미술관에 가 보려고 합니다.

③ 여자는 아직 미술관에 못 가 봤습니다.

④ 남자의 필통은 미술관에서 직접 만든 것입니다.

② The woman is planning to go to the art museum this weekend.

③ The woman has not been to the art museum yet.

④ The man's pencil case is something he made himself at the art museum.

🔍 **기출문제**   🔊 Track 기출문제 27-28

※ [27~28] 다음을 듣고 물음에 답하십시오.

> 남자: 수미 씨, 저 어제 인주시에 있는 종이 미술관에 갔다 왔어요.
>
> 여자: 그래요? 저는 못 가 봤는데 어땠어요?
>
> 남자: 여러 나라의 종이가 많았어요. 그리고 종이로 만든 옷이나 그릇도 구경했는데 그건 살 수도 있었어요.
>
> 여자: 아, 그럼 이 필통도 거기서 산 거예요?
>
> 남자: 아니요. 이건 제가 만든 거예요. 거기서 필통이나 인형 같은 것도 만들어 볼 수 있어요.
>
> 여자: 재미있었겠네요. 저도 이번 주말에 가 봐야겠어요.

27. 두 사람이 무엇에 대해 이야기를 하고 있는지 고르십시오. (3점)

    ① 미술관이 있는 장소

    ② 미술관에 갈 수 있는 날

    ③ 미술관에서 일하는 사람

    ④ 미술관에서 할 수 있는 일

28. 들은 내용과 같은 것을 고르십시오. (4점)

    ① 남자는 이 미술관에 가 본 적이 있습니다.

    ② 여자는 이 미술관에서 인형을 만들었습니다.

    ③ 여자는 이 미술관에서 산 옷을 입고 있습니다.

    ④ 남자는 이 미술관에서 산 필통을 가지고 있습니다.

정답 27. ④   **28.** ①

응용 문제

※ [27~28] 다음을 듣고 물음에 답하십시오.

여자: 네, 한국 쇼핑입니다. 무엇을 도와드릴까요?

남자: 주문한 신발을 받았는데 사이즈가 좀 커서요.

여자: 그럼 좀 더 작은 사이즈로 바꿔 드릴까요? 어떤 사이즈가 좋으세요?

남자: 한 사이즈만 작은 걸로 바꾸고 싶은데요. 그리고 색깔도 까만색으로 바꿀 수 있을까요?

여자: 네, 알겠습니다. 신발을 상자에 넣어 보관해 주시면 저희가 댁으로 가지러 가겠습니다.

남자: 감사합니다. 그런데 낮에는 집에 사람이 없으니까 오실 때 미리 연락해 주시면 좋겠습니다.

27. 두 사람이 무엇에 대해 이야기를 하고 있는지 고르십시오. (3점)

① 신발을 판매하는 장소

② 신발을 교환하는 방법

③ 신발을 고를 때 중요한 점

④ 신발을 싸게 살 수 있는 기간

28. 들은 내용과 같은 것을 고르십시오. (4점)

① 남자는 집에서 일을 합니다.

② 여자가 남자에게 신발을 선물했습니다.

③ 여자는 남자에게 상자를 보내 줄 겁니다.

④ 남자는 다른 색의 신발로 바꾸고 싶어 합니다.

☑ 돕다 | 신발 | 사이즈 | 바꾸다 | 색깔 | 상자 | 넣다 | 보관하다 | 댁 | 낮 | 미리

27.

남자가 신발 회사에 전화를 해서, 사이즈가 안 맞는 신발을 바꾸고 싶다고 말하고 있습니다.

The man is calling a shoe company to say that he wants to exchange shoes that don't fit.

28.

① 남자가 낮에는 집에 사람이 없다고 했습니다.

② 여자는 신발 회사의 직원입니다.

③ 대화에 나오지 않는 내용입니다.

① The man said there is no one at home during the day.

② The woman is an employee of the shoe company.

③ This content was not mentioned in the conversation.

정답 27. ②   28. ④

🔊 Track 연습문제 27-28

※ [27~28] 다음을 듣고 물음에 답하십시오.

27. 두 사람이 무엇에 대해 이야기를 하고 있는지 고르십시오. (3점)

① 선물을 받은 이유

② 선물을 사러 갈 계획

③ 생일에 받고 싶은 선물

④ 특별한 날에 좋은 선물

28. 들은 내용과 같은 것을 고르십시오. (4점)

① 남자는 모자 쓰는 것을 좋아합니다.

② 여자는 어제 생일 선물을 받았습니다.

③ 남자는 카페에서 일하고 싶어 합니다.

④ 여자는 지난주에 친구 가게에 갔습니다.

어휘

기출문제 27 - 28

종이	paper	명	책상 위에 있는 **종이**에 이름을 써 주세요.
그릇	bowl	명	한국에서는 밥 **그릇**을 들고 먹으면 안 됩니다.
필통	pencil case	명	**필통** 안에 연필과 지우개가 있습니다.
인형	doll	명	우리 아이는 곰 **인형**을 아주 좋아합니다.

응용문제 27 - 28

돕다	to help	동	저는 매일 어머니의 식사 준비를 **도와드립니다**.
신발	shoes	명	새로 산 **신발**이 좀 작아서 신고 있으면 발이 아파요.
사이즈	size	명	부엌이 커서 **사이즈**가 큰 냉장고도 놓을 수 있습니다.
바꾸다	to change	동	미국에 가기 전에 한국 돈을 달러로 **바꿔야** 해요.
색깔	color	명	어두운 색깔보다 밝은 **색깔**의 옷을 입는 게 나을 것 같아요.
상자	box	명	빨리 **상자**를 열고 안에 있는 것을 꺼내 보세요.
넣다	to put in	동	비가 그쳤으니까 우산을 가방에 **넣어야겠어요**.
보관하다	to store	동	여름에는 과일을 냉장고에 두고 **보관하는** 게 좋습니다.
댁	home (used honorifically)	명	저는 선생님 **댁**에 가 본 적이 있어요.
낮	daytime	명	**낮**에는 수업이 있기 때문에 아르바이트를 할 수 없어요.
미리	beforehand	부	겨울이 오기 전에 **미리** 두꺼운 코트를 준비하려고 해요.

연습문제 27 - 28

모자	hat	명	특히 햇빛이 강할 때에는 **모자**를 쓰는 게 좋습니다.
어울리다	to suit	동	하얀색 티셔츠에는 청바지가 잘 **어울리는** 것 같아요.
선물	gift	명	내일이 언니 생일이라서 **선물**을 사러 가야 해요.
받다	to receive	동	월급을 **받는** 날에는 보통 가족들하고 외식을 합니다.
카페	cafe	명	영화를 보고 나서 **카페**에 가서 커피를 마셨어요.
나중에	later	부	지금은 좀 바쁘니까 제가 **나중에** 다시 전화할게요.

📖 문법

☑ V-아 / 어 보다

동사 뒤에 붙어 어떤 행위를 한번 시도하거나 경험함을 나타낼 때 사용합니다.

This is used when a certain action is attempted once or experienced.

예 저도 그 음식을 먹어 보았습니다.

주말에는 친구하고 놀이공원에 가 볼 거예요.

☑ N(와 / 과) 같은

명사 뒤에 붙어 '앞에 오는 명사의 성격이나 특성을 가진 어떤 것'이라는 의미를 나타냅니다.

This is attached after a noun to indicate something with the character or characteristics of the noun that comes before it.

예 우리 형은 저에게 **아버지와 같은** 사람입니다.

3월인데 **겨울 같은** 날씨가 계속되고 있어서 너무 춥습니다.

☑ V-아야 / 어야겠다

동사 뒤에 붙어 그러한 행위를 하거나 그러한 상황이 되지 않으면 안 된다는 의미를 나타내며, 1인칭 주어의 강한 의지를 표현할 때 사용합니다.

This is attached after a verb to indicate that such an action must be done or that such a situation must not happen, and is used to express the strong will of the first-person subject.

예 저는 한국에 유학을 **가야겠어요**.

야채가 몸에 좋다는데 야채를 좀 많이 **먹어야겠습니다**.

연습 문제 정답 및 해설

🔊 [27~28]

남자: 수미 씨, 모자가 예쁘네요. 정말 잘 어울려요. Sumi, that's a nice hat. It really suits you.
여자: 고마워요. 어제 친구한테 선물 받은 거예요. 제가 평소에도 모자를 자주 쓰고 다녀서 친구가 모자를 사 준 것 같아요. Thanks. A friend gave it to me yesterday. I think she got it for me because I wear hats a lot.
남자: 그래요? 혹시 수미 씨 생일이었어요? Oh really? Was it your birthday or something?
여자: 아니요. 지난주에 친구의 가게 일을 좀 도와주었는데요. 그래서 친구가 선물을 주었어요. No. I helped out at her shop last week, and she gave it to me as a thank you.
남자: 아, 그렇군요. 친구가 무슨 가게를 해요? Ah, I see. What kind of shop does your friend have?
여자: 작은 카페를 하고 있어요. 나중에 같이 한번 가 봐요. She owns a small cafe. We should go together later.

☑ 모자 | 어울리다 | 선물 | 받다 | 카페 | 나중에

27. ①

두 사람은 여자가 쓰고 있는 모자에 대해 이야기하고 있는데, 여자는 자신이 친구의 일을 도와주어서 친구가 선물로 준 것이라고 설명하고 있습니다.

The two are talking about the hat the woman is wearing, and the woman explains that her friend gave it to her as a gift for helping her with her work.

28. ④

① 여자가 모자 쓰는 것을 좋아합니다.
② 여자가 지난주에 친구의 일을 도와주어서 친구가 선물을 준 것입니다.
③ 여자가 남자에게 나중에 카페에 같이 가자고 말했습니다.

① The woman likes to wear hats.
② The woman's friend gave her a gift because she helped her with her work last week.
③ The woman asked the man to go to the cafe with her later.

This section involves listening to a conversation and choosing the reason for an action and the statement that matches the conversation. The conversations are in the format of man-woman-man-woman-man-woman (or woman-man-woman-man-woman-man). The dialogues often have a specific purpose, such as inquiries, consultations, requests, or apologies. Therefore, it's important to understand the purpose of the conversation.

Recently, the content has mainly focused on interviews with celebrities or people in the news who have done something special. Questions often ask about the reasons for starting a particular career or activity, current activities, and future goals or plans.

29

Select intention/ purpose/ reason

- You can listen to the conversation and understand the details.

Reading the answer choices before listening to the conversation and paying attention to matching or related content can help you choose the correct answer easily.
The following expressions often appear in this type of question:

대화를 듣고 행동의 이유를 고르는 문제와 들은 내용과 같은 것을 고르는 문제가 출제됩니다. 남자–여자–남자–여자–남자–여재(여자–남자–여자–남자–여자–남자)의 대화 형태입니다. 문의나 상담, 요청, 사과 등의 특정 목적이 있는 대화가 주로 나옵니다. 따라서 대화의 목적을 잘 파악해야 합니다.

최근에는 유명인이나 특별한 활동을 한 화제의 인물을 인터뷰하는 내용이 주로 나와 특정한 직업이나 활동을 시작한 계기나, 현재의 활동 내용, 앞으로의 목적이나 계획을 묻는 문제가 자주 출제되었습니다.

29 의도/ 목적/ 이유 고르기
➡ 대화를 듣고 세부 내용을 파악할 수 있다.

대화를 듣기 전에 선택지를 읽어 일치하거나 관련된 내용을 주의해서 들으면 쉽게 답을 고를 수 있습니다.

자주 나타나는 표현은 다음과 같습니다.

이유	–아/어서, –(으)니까, (–기) 때문에
목적	–(으)려고
계획	–(으)ㄹ 것이다, –고 싶다, –기로 하다

30 일치하는 내용 고르기

➡ 대화를 듣고 세부 내용을 파악할 수 있다.

먼저 전체적인 내용을 유추하기 위해 선택지를 읽은 후 대화를 들으면서 일치하지 않는 내용을 지워가며 정답을 찾는 것이 좋습니다. 정답이 아닌 선택지는 말하지 않은 내용이나 반대되는 내용이 많습니다.

30

Select matching content

- You can listen to the conversation and understand the details.

To infer the overall content, it's helpful to read the answer choices before listening to the conversation. While listening, eliminate answers that don't match or are the opposite of what is said to find the correct answer.

🔍 기출 문제

☑ 경험하다 | 상 | 칭찬

29.
경찰 일을 하면서 경험하는 기쁘고 행복한 일을 알려 주려고 글을 쓰기 시작했다고 했습니다.

He said he started writing to tell people about the joys and happiness he experiences while working as a police officer.

30.
① 경찰이 된 지 8년 됐습니다.
② 작년부터 책을 썼습니다.
④ 아이가 남자에게 편지와 상을 줬습니다.

① It's been 8 years since I became a police officer.
② I've been writing a book since last year.
④ The child gave the man a letter and a reward.

기출문제 🔍   🔊 Track 기출문제 29-30

※ [29~30] 다음을 듣고 물음에 답하십시오.

> 여자: 김민수 경찰관님, 이번에 책을 쓰셨지요? 어떤 책입니까?
>
> 남자: 제가 경찰이 된 지 8년이 됐는데요. 그 동안 경험한 일을 쓴 겁니다.
>
> 여자: 네. 특별히 이 책을 쓰신 이유가 있으세요?
>
> 남자: 사람들의 생각처럼 경찰관은 힘든 일을 많이 합니다. 하지만 기쁘고 행복한 일도 많아요. 이런 일들을 알려 주려고 작년부터 글을 쓰기 시작했습니다.
>
> 여자: 아, 행복한 일들요. 어떤 일들이지요?
>
> 남자: 몇 달 전에 제가 어떤 아이의 가방을 찾아 줬어요. 그런데 그 아이가 일을 잘했다고 저에게 상을 주는 거예요. 아이가 직접 만든 상과 편지를 받았는데, 칭찬을 받은 것 같아서 행복했어요.

29. 남자가 이 책을 쓴 이유를 고르십시오. (3점)

① 글을 쓰는 재미를 알리고 싶어서

② 힘들고 어려운 아이들에게 도움이 되고 싶어서

③ 경찰이 되는 여러 가지 방법을 알려 주고 싶어서

④ 경찰이 되어서 경험한 행복한 일을 소개하고 싶어서

30. 들은 내용과 같은 것을 고르십시오. (4점)

① 남자는 작년에 경찰이 되었습니다.

② 남자는 8년 동안 책을 쓰고 있습니다.

③ 남자는 아이의 가방을 찾아 준 적이 있습니다.

④ 남자는 아이에게 편지와 상을 줘서 행복했습니다.

정답 29. ④   30. ③

🔍 응용 문제

🔊 Track 응용문제 29~30

※ [29~30] 다음을 듣고 물음에 답하십시오.

> 여자: 김해인 씨, 안녕하세요? 어제 일본에 도착하셔서 피곤하시죠? 기분이 어떠세요?
>
> 남자: 네, 팬들을 만나는 자리가 있어서 처음 일본에 왔는데요. 공항에 많은 분들이 와 주셔서 정말 놀랐습니다.
>
> 여자: 이번에 개봉한 영화가 일본에서 큰 인기인데요. 이렇게 많은 인기를 예상하셨습니까?
>
> 남자: 아니요, 제가 일본에서 활동한 적이 없어서 그렇게 많은 분들이 저를 아실 거라고는 생각하지 못했어요. 정말 감사합니다.
>
> 여자: 그렇군요. 앞으로 일본에서도 활동하실 겁니까?
>
> 남자: 네, 일본에서도 좋은 작품을 찍고 싶습니다.

29. 남자가 일본에 온 이유를 고르십시오. (3점)

① 일본에서 배우가 되려고

② 일본에서 좋은 영화를 찍으려고

③ 이번에 개봉한 영화를 소개하려고

④ 자신을 좋아하는 사람들을 만나려고

30. 들은 내용과 같은 것을 고르십시오. (4점)

① 남자는 일본에 여러 번 왔습니다.

② 남자는 하루 전에 일본에 왔습니다.

③ 남자는 일본에서 영화를 찍었습니다.

④ 남자는 공항에서 아는 사람을 만났습니다.

☑ 덕분 | 개봉하다 | 예상하다 | 활동하다 | 작품

29.
남자는 팬들과 만나는 자리가 있어서 일본에 왔다고 했습니다.

The man said he came to Japan for a meeting with fans.

30.
① 일본에 처음 왔습니다.
③ 남자는 일본에서 활동한 적이 없습니다. 앞으로 일본에서도 활동하고 싶다고 했습니다.
④ 많은 팬들이 남자를 보러 공항에 왔습니다. 아는 사람이 아닙니다.

① This is his first time in Japan.
③ The man has never worked in Japan before. He said he would like to work in Japan in the future.
④ Many fans came to the airport to see the man. They are not acquaintances.

정답 29. ④ **30.** ②

🔊 Track 연습문제 29-30

※ [29~30] 다음을 듣고 물음에 답하십시오.

29. 여자가 2년 동안 그림을 그리지 않은 이유를 고르십시오. (3점)

① 건강이 나빠졌기 때문에

② 매일 그림을 그렸기 때문에

③ 그림을 잘 못 그렸기 때문에

④ 그림이 중요하지 않았기 때문에

30. 들은 내용과 같은 것을 고르십시오. (4점)

① 여자는 아직 그림을 그리지 못합니다.

② 여자는 잠을 자면 그림을 못 그립니다.

③ 여자는 그림 그리는 것을 포기했습니다.

④ 여자는 지금 건강하게 그림을 그립니다.

📖 어휘

기출문제 29-30

경험하다	to experience	동	외국에서 살면서 다른 문화를 **경험하고** 싶어요.
상	award	명	노래를 잘해서 여러 대회에서 **상**을 많이 받았어요.
칭찬	compliment	명	아기가 예쁘다고 **칭찬**을 받으면 제 기분도 좋아요.

응용문제 29-30

덕분	thanks	명	스마트폰 **덕분**에 생활이 편리해졌어요.
개봉하다	to open	동	보고 싶은 영화가 내일 **개봉해서** 친구와 보러 갈 거예요.
예상하다	to expect	동	모두 이번 시합에서 그 선수가 이길 거라고 **예상하고** 있어요.
활동하다	to active	동	동물보호단체에서 **활동하고** 싶어요.
작품	work	명	젊은 작가가 그린 **작품**이 1억 원에 팔렸어요.

연습문제 29-30

포기하다	to give up	동	사업가가 되고 싶었지만 **포기하고** 선생님이 되었어요.
지키다	to keep	동	비밀을 꼭 **지키세요**.

📖 문법

☑ V-(으)ㄴ 지 (시간)이 / 가 되다

동사 뒤에 붙어 어떤 행동을 한 후나 어떤 일이 있은 후 경과한 시간을 나타냅니다. '(시간)이/가 되다'에는 '얼마 안 되다'나 '오래 되다' 등도 쓰입니다.

It is attached to the end of a verb to indicate the time that has passed since an action or event occurred. '(Time) becomes ((시간)이/가 되다)' is also used for 'not long (얼마 안 되다)' or 'for a long time (오래 되다)'.

> 예 대학교를 졸업한 지 10년이 됐어요.
>
> 한국어를 배운 지 얼마 안 됐어요.
>
> 결혼한 지 오래 됐어요.

☑ A / V-(으)면 좋겠다

형용사나 동사 뒤에 붙어 앞으로 어떤 일이나 상황이 일어나기를 희망함을 나타냅니다. '-았/었으면 좋겠다'로도 표현합니다.

When placed after an adjective or verb, it expresses the hope that something or a situation will happen in the future. It can also be expressed as '-았/었으면 좋겠다'.

> 예 날씨가 좀 시원하면/시원했으면 좋겠어요.
>
> 생일 선물로 화장품을 받으면/받았으면 좋겠어요.

🔊 [29~30]

남자: 김미경 작가님은 2년 만에 다시 그림을 그리기 시작하셨죠?
Ms. Kim, you started painting again after a two-year break, right?

여자: 네, 다시 그림을 그리게 돼 기쁩니다. Yes, I'm happy to be painting again.

남자: 그동안 그림을 그리지 않은 이유가 있으십니까? Was there a reason why you stopped painting for a while?

여자: 2년 전까지는 잠도 거의 자지 않고 매일 그림을 그렸어요. 결국 건강이 많이 안 좋아져서 얼마 전까지 그림도 못 그리고 병원에 다녀야 했습니다.
Until two years ago, I would paint every day, barely even sleeping. It ended up taking a toll on my health.
I couldn't even paint until recently and had to keep going to the hospital.

남자: 그럼 지금 생활은 2년 전과 많이 달라지셨습니까?
is your life very different now compared to two years ago?

여자: 네, 이 일로 건강이 매우 중요하다는 것을 알게 됐어요. 건강하지 않으면 좋아하는 일도 포기해야 하니까요. 앞으로도 계속 건강하게 그림을 그릴 수 있었으면 좋겠습니다.
Yes, this experience really taught me how important my health is. If I'm not healthy, I have to give up even the things I love. I hope I can continue to paint while staying healthy.

☑ 포기하다 | 지키다

29. ①

건강이 많이 안 좋아져서 얼마 전까지 그림을 못 그렸다고 했습니다.

The woman said that her health deteriorated, and she couldn't paint until recently.

30. ④

① 여자는 다시 그림을 그리기 시작했습니다.
② 잠을 자는 것이 그림을 못 그리는 이유는 아닙니다.
③ 포기하지 않고 건강을 찾아 다시 그림을 그리기 시작했습니다.

① The woman has started painting again.
② Sleeping is not the reason why she couldn't paint.
③ She did not give up, regained her health, and started painting again.

읽기 유형

- 유형 분석
- 기출 문제
- 응용 문제
- 연습 문제
- 어휘
- 문법
- 연습 문제 정답 및 해설

Choosing a topic

- You can read a short statement and identify the topic.

It's a matter of reading the text and choosing what it's about. Since two sentences are presented, you must find the key words in each sentence, identify the topic, and select the word that represents the topic. Since a variety of topics will be asked, you must learn vocabulary related to each topic.

Frequently appearing topics and their related vocabulary and expressions are as follows:

31~33 화제 고르기

➡ 짧은 서술문을 읽고 화제를 파악할 수 있다.

글을 읽고 무엇에 대한 이야기인지 고르는 문제입니다. 두 문장이 제시되니 각 문장의 핵심 단어들을 찾아 주제를 파악하여 그 주제를 나타내는 단어를 골라야 합니다. 다양한 주제들이 출제되니 각 주제와 관련된 어휘를 익혀 둬야 합니다.

자주 출제되는 주제와 그것을 나타내는 어휘 및 표현은 다음과 같습니다.

가족	할아버지, 할머니, 부모(아버지, 어머니), 형제, 형, 오빠, 누나, 언니, (여/남)동생
계절	봄, 여름, 가을, 겨울
과일	사과, 배, 딸기, 포도, 귤, 수박, 바나나, 오렌지
교통	지하철, 버스, 택시, 기차, 자전거, 비행기, 배, 타다, 내리다, 갈아타다
나이	한/두/세/네/다섯/여섯/일곱/여덟/아홉/열 살, 스무 살, 스물ㅇ 살
나라	한국, 중국, 일본, 미국, 캐나다, 호주, 태국, 베트남, 러시아, 영국, 프랑스, 이탈리아, ㅇㅇ 사람
날씨	맑다, 흐리다, 덥다, 춥다, 따뜻하다, 시원하다, 비가/눈이 오다/내리다, 바람이 불다
날짜	ㅇ월, ㅇ일, 몇 월, 며칠
몸	머리, 얼굴, 눈, 코, 입, 귀, 키, 팔, 다리, 손, 발
방학	학교, 안 가다, 가지 않다, 수업, 없다, 쉬다
쇼핑	가게, 시장, 백화점, 옷(바지, 치마), 가방, 모자, 가다, 사다, 입다, 싸다, 비싸다
시간	ㅇ시, ㅇ분, 지금, 아침, 저녁, 오전, 오후

요일	월/화/수/목/금/토/일요일, 오늘, 내일, 어제, 주말
음식	식사, 아침, 점심, 저녁, 먹다, 드시다, 김치, 불고기, 비빔밥, 삼계탕, 맛있다, 맛없다, 좋아하다, 싫어하다, 짜다, 달다, 맵다, 시다, 쓰다
장소	집, 학교, 도서관, 공원, 회사, 병원, 우체국, 서점, 은행, 편의점
직업	학생, 선생님, 회사원, 가수, 미용사, 기자, 의사, 간호사, 경찰관, 소방관, 요리사, 은행원, ○○ 회사, 가르치다, 일하다, 다니다
취미	축구, 야구, 조깅, 테니스, 탁구, 농구, 스키, 운동, 소설, 만화, 책, 독서, 산책, 그림, 영화, 등산, 노래, 여행, 드라마, 자주, 가끔, 주로
학교	선생님, 학생, 교실, 친구, 수업, 있다, 만나다, 공부하다
휴일	집, 쉬다, 안 가다, 안 하다, 가지 않다, 하지 않다

기출 문제

📖·· 91회 읽기 31번

☑ 사과 | 수박 | 과일

31.
사과와 수박은 과일의 종류입니다.

Apples and watermelons are types of fruit.

기출문제 🔍

※ [31~33] 무엇에 대한 내용입니까? 〈보기〉와 같이 알맞은 것을 고르십시오. (각 2점)

〈보 기〉

오늘은 월요일입니다. 내일은 화요일입니다.

① 공부   ② 얼굴   ❸ 요일   ④ 계절

31.

사과가 있습니다. 수박은 없습니다.

① 시간   ② 과일   ③ 운동   ④ 가족

정답 31. ②

응용 문제

응용문제 🔍

※ [31~33] 무엇에 대한 내용입니까? 〈보기〉와 같이 알맞은 것을 고르십시오. (각 2점)

31.

> 제 생일은 칠월 십오 일입니다. 언니 생일은 구월 이십칠 일입니다.

① 가족   ② 요일   ③ 날짜   ④ 주말

☑ 생일 | 언니

31.
○월 ○일은 날짜를 나타내는 표현입니다.

○ month ○ day is an expression that indicates a date.

정답 31. ③

※ [31~33] 무엇에 대한 내용입니까? 〈보기〉와 같이 알맞은 것을 고르십시오. (각 2점)

31.

> 저는 은행원입니다. 언니는 간호사입니다.

① 장소   ② 여행   ③ 직업   ④ 쇼핑

32.

> 테니스를 좋아합니다. 주말에 항상 테니스를 칩니다.

① 공부   ② 휴일   ③ 계획   ④ 취미

33.

> 여름은 아주 덥습니다. 그래서 저는 겨울을 좋아합니다.

① 시간   ② 계절   ③ 음식   ④ 방학

📖✏ 어휘

기출문제 31

사과	apple	명	아침에 먹는 **사과**는 몸에 좋아요.
수박	watermelon	명	여름에는 **수박**이 맛있어요.
과일	fruit	명	**과일**을 많이 먹으면 피부에 좋아요.

응용문제 31-33

생일	birthday	명	저는 7월 5일에 태어났어요. 7월 5일이 제 **생일**이에요.
언니	older sister (used by females)	명	**언니**는 20살이고 저는 18살이에요.

연습문제 31-33

은행원	bank teller	명	저는 은행에서 일하는 **은행원**이에요.
간호사	nurse	명	제 직업은 병원에서 의사를 돕는 **간호사**예요.
항상	always	부	토요일에는 **항상** 운동을 해요.
테니스	tennis	명	제 취미는 **테니스** 치기예요.
여름	summer	명	따뜻한 봄이 지나면 무더운 **여름**이 와요.
덥다	hot	형	너무 **더워서** 에어컨을 켜지 않으면 잠을 잘 수가 없어요.
겨울	winter	명	**겨울**에는 눈이 내려서 경치가 아름다워요.

📖 문법

☑ N이 / 가 있다 / 없다

명사 뒤에 붙어 사람이나 사물, 어떤 사실이 존재하거나 존재하지 않음을 나타냅니다.

It is attached after a noun to indicate the existence or non-existence of a person, thing, or certain fact.

예 동생은 피아노가 있어요.
　　내일은 시간이 없어요.

☑ N을 / 를 좋아하다

명사 뒤에 붙어 어떤 일이나 사물에 좋은 감정을 가짐을 나타냅니다.

Attached after a noun to indicate having positive feelings towards a certain task or object.

예 저는 친구 만나는 것을 좋아해요.
　　동생은 꽃을 좋아해요.

☑ N에

1. 시간에 쓰여 행동이나 상태의 시간을 나타냅니다.

   Used with time to indicate the time of an action or state.

예 주말에 친구를 만나요.
　　요즘은 저녁에 아주 추워요.

2. 장소에 쓰여 사물이 존재하는 장소나 '가다, 오다, 다니다' 등의 목적지를 나타냅니다.

   Used with location to indicate the place where something exists or the destination of actions like 'to go', 'to come', 'to commute', etc.

예 책은 여기에 있어요.
　　편의점에 가요.

📝 연습 문제 정답 및 해설

📖 [31~33]

31. ③

☑ 은행원 | 간호사

은행원과 간호사는 직업의 종류입니다. 직업에 대한 이야기입니다.

Banker and nurse are types of occupations. It's a story about a job.

32. ④

☑ 항상 | 테니스

좋아하는 운동이 무엇인지, 언제 하는지 이야기하고 있습니다. 취미에 대한 이야기입니다.

We're talking about what exercise you like and when you do it. It's a story about a hobby.

33. ②

☑ 여름 | 덥다 | 겨울

여름과 겨울은 계절입니다. 계절에 대한 이야기입니다.

Summer and winter are seasons. It's a story about the seasons.

34~39

Choosing the right words to fill in the blanks

- You can read short statements and understand the context.

The problem is to read the text and choose the most appropriate word to put in ( ). Two sentences are presented, one of which has ( ). Just read the front and back sentences carefully and choose the most appropriate word. For nouns, verbs, and adjectives, you must memorize level 1 and 2 vocabulary, focusing on main vocabulary types 31 to 33.

Numbers 33, 34, 35, 36, and 39 are 2 points, and numbers 37 and 38 are 3 points. The order of questions is different, but nouns, verbs, and adjectives, along with particles and adverbs, are also tested. In the case of verbs or adjectives, they are presented in the form of '-ㅂ/습니다' in questions and options, and the past tense '-았/었습니다' may also appear. You must carefully memorize the conjugation forms of irregular verbs and adjectives.

Frequently appearing irregular verbs, adjectives, and adverbs are as follows:

34~39 빈칸에 알맞은 말 고르기

➡ 짧은 서술문을 읽고 문맥을 파악할 수 있다.

글을 읽고 ( )에 들어갈 가장 알맞은 말을 고르는 문제입니다. 두 문장이 제시되어 그 중 한 문장에 ( )가 있습니다. 앞뒤 문장을 잘 읽고 가장 알맞은 말을 고르면 됩니다. 명사, 동사, 형용사는 31~33번 유형의 주요 어휘를 중심으로 1, 2급의 어휘를 외워야 합니다.

33, 34, 35, 36, 39번은 2점이고 37, 38번은 3점입니다. 출제 순서는 다르지만 명사, 동사, 형용사와 함께 조사, 부사도 출제됩니다. 동사나 형용사의 경우 문제와 선택지에 '-ㅂ/습니다'의 형태로 제시되는데 과거형 '-았/었습니다'가 출현하기도 합니다. 불규칙 동사·형용사는 활용 형태를 주의해서 외워야 합니다.

자주 출현하는 불규칙 동사와 형용사, 부사는 다음과 같습니다.

불규칙 동사	1) 현재형 놀다–놉니다, 살다–삽니다, 알다–압니다, 열다–엽니다 2) 과거형 걷다–걸었습니다, 듣다–들었습니다, 묻다–물었습니다, 돕다–도왔습니다, 부르다–불렀습니다
불규칙 형용사	1) 현재형 길다–깁니다, 멀다–멉니다 2) 과거형 덥다–더웠습니다, 맵다–매웠습니다, 어렵다–어려웠습니다, 아프다–아팠습니다, 예쁘다–예뻤습니다, 크다–컸습니다, 다르다–달랐습니다, 빠르다–빨랐습니다
부사	1) 1급 가장, 같이, 계속, 꼭, 너무, 다시, 더, 또, 많이, 먼저, 못, 바로, 별로, 보통, 빨리, 아주, 아직, 안, 이따가, 일찍, 자주, 잘, 제일, 주로, 천천히, 특히, 함께 2) 2급 가끔, 거의, 금방, 미리, 벌써, 아까, 오래, 전혀, 항상 2) 접속 부사–그래서, 그러니까, 그러면/그럼, 그런데, 그리고, 하지만

기출 문제

기출문제 🔍

※ [34~39] 〈보기〉와 같이 ( )에 들어갈 말로 가장 알맞은 것을 고르십시오.

┌─────────────── 〈보 기〉 ───────────────┐
│ 단어를 모릅니다. (   )을 찾습니다.   │
│ ① 안경   ② 옷장   ❸ 사전   ④ 지갑 │
└───┘

34. (2점)

┌───┐
│ 친구를 만납니다. (   )에서 야구를 합니다.   │
└───┘

① 약국   ② 공항   ③ 도서관   ④ 운동장

35. (2점)

┌───┐
│ 백화점에 갑니다. 바지(   ) 치마를 삽니다.   │
└───┘

① 도   ② 는   ③ 하고   ④ 에게

36. (2점)

┌───┐
│ 저는 선생님입니다. 학교에서 학생들을 (   ). │
└───┘

① 읽습니다   ② 입습니다   ③ 가르칩니다   ④ 물어봅니다

📖·· **91회 읽기 34번**

☑ 약국 | 공항

34.
야구를 하니까 '운동장'이 알맞습니다.

Since I play baseball, the 'playground' is appropriate.

📖·· **91회 읽기 35번**

35.
바지, 치마를 모두 사니까 '하고'가 알맞습니다.

Since I buy both pants and skirts, '하고' is appropriate.

📖·· **83회 읽기 36번**

☑ 입다 | 물어보다

36.
선생님의 일 중에 '학생들을'과 이어지는 것은 '가르칩니다'가 알맞습니다.

Among the duties of a teacher, it is appropriate to say 'teach' to be connected to 'students'.

정답 34. ④ 35. ③ 36. ③

83회 읽기 37번

☑ 무겁다 | 조용하다

37.

시간이 없으니까 '바쁩니다'가 알맞습니다.

Since I don't have time, 'I'm busy' is appropriate.

83회 읽기 38번

☑ 모르다

38.

김민수 씨를 모른다는 것은 만난 적이 없다는 의미니까 '처음'이 알맞습니다.

Not knowing Minsu Kim means that you have never met him, so 'met for the first time' is more appropriate.

91회 읽기 39번

☑ 피곤하다

39.

피곤할 때는 '잡니다'나 '쉽니다'가 알맞습니다.

When you are tired, it is appropriate to say 'I am sleeping' or 'I am resting'.

37. (3점)

저는 요즘 ( ). 시간이 없습니다.

① 작습니다   ② 바쁩니다   ③ 무겁습니다   ④ 조용합니다

38. (3점)

저는 김민수 씨를 모릅니다. 내일 ( ) 만납니다.

① 처음   ② 보통   ③ 제일   ④ 항상

39. (2점)

오늘 많이 피곤합니다. 집에서 ( ).

① 쉽니다   ② 됩니다   ③ 자릅니다   ④ 찾습니다

정답 37. ② **38.** ① **39.** ①

응용 문제

※ [34~39] 〈보기〉와 같이 ( )에 들어갈 말로 가장 알맞은 것을 고르십시오.

34. (2점)

> 편의점에 갑니다. (   )하고 과자를 삽니다.

① 돈   ② 물   ③ 편지   ④ 운동화

35. (2점)

> 선물을 샀습니다. 친구(   ) 줬습니다.

① 에   ② 의   ③ 에게   ④ 에서

36. (2점)

> 시험을 준비합니다. (   ) 학원에 다닙니다.

① 하지만   ② 그래서   ③ 그리고   ④ 그런데

☑ 과자 | 돈 | 신발

34.
편의점에서 살 수 있는 것은 '물'
이 알맞습니다.

'Water' is a good option that
can be purchased at
convenience stores.

☑ 선물 | 주다

35.
'(사람)에게 주다'가 알맞습니다.

'Give to (person)' is appropriate.

☑ 시험 | 학원

36.
시험 준비는 학원에 다니는 이유
니까 '그래서'가 알맞습니다.

Test preparation is the reason
for going to an academy, so 'so'
is appropriate.

정답 34. ②   **35.** ③   **36.** ②

☑ 요즘 | 매일

37.
주말에도 쉬지 않고 일하니까 '피곤합니다'가 알맞습니다.

Since I work non-stop even on weekends, 'I'm tired' is appropriate.

☑ 에어컨

38.
에어컨이 없으니까 '아주 덥습니다'나 '너무 덥습니다'가 알맞습니다.

Since there is no air conditioning, 'It's very hot' or 'It's too hot' are appropriate.

☑ 약속

39.
약속이 있을 때는 약속 장소에 가기 위해 집에서 '나갑니다'가 알맞습니다.

When you have an appointment, it is appropriate to 'leave' from home to go to the meeting place.

37. (3점)

> 요즘 주말에도 일합니다. 정말 (   ).

① 큽니다   ② 아픕니다   ③ 적습니다   ④ 피곤합니다

38. (3점)

> 집에 에어컨이 없습니다. 여름에 (   ) 덥습니다.

① 잘   ② 보통   ③ 너무   ④ 빨리

39. (2점)

> 오늘 약속이 있습니다. 열두 시에 집에서 (   ).

① 잡니다   ② 됩니다   ③ 먹습니다   ④ 나갑니다

정답 37. ④   38. ③   39. ④

연습 문제

※ [34~39] 〈보기〉와 같이 ( )에 들어갈 말로 가장 알맞은 것을 고르십시오.

34. (2점)

> 학교에 다닙니다. 버스( ) 타고 다닙니다.

① 는　　　　② 를　　　　③ 에　　　　④ 가

35. (2점)

> ( )가 없습니다. 사무실에 못 들어갑니다.

① 노트　　　② 숙제　　　③ 열쇠　　　④ 전화

36. (2점)

> 날씨가 ( ). 비도 옵니다.

① 봅니다　　② 맑습니다　　③ 흐립니다　　④ 좋습니다

37. (3점)

> 매일 ( ) 잡니다. 그래서 일찍 못 일어납니다.

① 늦게　　　② 빨리　　　③ 가끔　　　④ 바로

38. (3점)

> 회사까지 (   ). 두 시간 걸립니다.

① 깁니다   ② 멉니다   ③ 쉽습니다   ④ 가볍습니다

39. (2점)

> 저는 취미가 있습니다. 주말에 그림을 (   ).

① 탑니다   ② 춥니다   ③ 그립니다   ④ 찍습니다

어휘

기출문제 34 - 39

약국	pharmacy	명	**약국**에서 감기약을 사요.
공항	airport	명	**공항**에서 비행기를 타요.
입다	to put on	동	저는 치마를 안 **입어요**.
물어보다	to ask	동	숙제를 몰라서 친구에게 **물어봐요**.
무겁다	heavy	형	이 소파는 작지만 너무 **무거워요**.
조용하다	quiet	형	카페에 아무도 없어서 아주 **조용해요**.
모르다	don't know	동	저는 그분 전화번호를 **몰라요**.
피곤하다	tired	형	주말에도 쉬지 못해서 너무 **피곤해요**.

응용문제 34 - 39

과자	snack	명	아이가 밥보다 **과자**를 많이 먹으려고 해요.
돈	money	명	이번 달에는 여행을 갔다 와서 **돈**이 없어요.
신발	shoes	명	새로 산 **신발**을 신고 외출해요.
선물	gift	명	친구에게 받은 생일 **선물**이 아주 마음에 들어요.
주다	to give	동	언니가 저에게 용돈을 **줬어요**.
시험	test	명	이번 **시험**을 잘 못 보면 졸업할 수 없어요.
학원	academy	명	영어를 잘하고 싶어서 영어 회화 **학원**에 다녀요.
요즘	these days	명	**요즘** 인기 있는 가수를 가르쳐 주세요.
매일	everyday	부	**매일** 자동차로 출근하니까 운전을 잘해요.
에어컨	air conditioner	명	방이 더우면 **에어컨**을 켜세요.
약속	promise	명	**약속** 장소를 몰라서 친구를 못 만났어요.

연습문제 34 - 39

다니다	to commute, to attend	동	월요일부터 금요일까지 학교에 **다녀요**.
사무실	office	명	일이 안 끝나서 아직 **사무실**에 있어요.
들어가다	to enter	동	여기는 추우니까 카페로 **들어갑시다**.
날씨	weather	명	**날씨**가 좋아서 공원에 사람들이 많아요.

어휘

일찍	early	부	아침에 회의가 있어서 2시간 **일찍** 회사에 가요.
일어나다	to wake up	동	벌써 오전 10시인데 동생이 아직 안 **일어났어요**
걸리다	to take time	동	버스를 타면 30분, 지하철을 타면 10분 **걸려요**.
취미	hobby	명	**취미**가 영화 보기라서 영화관에 자주 가요.
그림	drawing	명	유명한 화가의 **그림**이 이 미술관에 있어요.

📖 문법

☑ N에게 / 한테

사람이나 동물에 쓰여 어떤 행동의 영향을 받는 대상임을 나타냅니다. 주로 '주다, 받다, 가르치다, 보내다, 전화하다, 말하다, 선물하다' 등의 서술어와 함께 쓰입니다.

Used with people or animals to indicate the object that receives the effect of an action. It is mainly used with predicates such as 'to give', 'to receive', 'to teach', 'to send', 'to call', 'to speak', 'to give a present', etc.

예 언니가 저한테 편지를 보냈습니다.
  이건 친구에게 받은 선물이에요.

☑ 못 V

어떤 능력이 없거나 어떤 행동이나 상황이 불가능함을 나타냅니다.

Indicates the lack of a certain ability or the impossibility of a certain action or situation.

예 저는 중국어를 배운 적이 없어서 못해요.
  팔을 다쳐서 테니스를 못 쳐요.

☑ N까지

주로 시간이나 장소에 쓰여 범위의 끝을 나타냅니다.

Mainly used with time or place to indicate the end of a range.

예 내일까지 숙제를 내세요.
  여기에서 부산까지는 3시간쯤 걸려요.

연습 문제 정답 및 해설

📖 [34~39]

34. ②

☑ 다니다

교통 수단은 '-을/를 타다'나 -(으)로 가다/다니다' 등으로 표현하니까 '를'이 알맞습니다.

Transportation is expressed as 'to take – (-을/를 타다)' or 'to go/commute by – (-(으)로 가다/다니다),' so '를' is appropriate.

35. ③

☑ 사무실 | 들어가다

'열쇠'가 없으면 사무실 문을 못 여니까 '열쇠'가 알맞습니다.

If you don't have the 'key,' you can't open the office door, so 'key' is appropriate.

36. ③

☑ 날씨

비도 온다고 했으니까 날씨가 좋지 않습니다. '흐립니다'가 알맞습니다.

It is not good weather because it is also said to be raining. 'cloudy' is appropriate.

37. ①

☑ 일찍 | 일어나다

충분히 못 자면 일찍 일어날 수 없습니다. '늦게'가 알맞습니다.

If you don't get enough sleep, you can't wake up early. 'late' is appropriate.

38. ②

☑ 걸리다

회사까지 걸리는 시간을 말하고 있으니까 '멉니다'가 알맞습니다.

It is talking about the time it takes to get to the company, so 'to be far' is appropriate.

39. ③

☑ 취미 | 그림

그림이 취미니까 '그림을 배웁니다'나 '그림을 그립니다' 등이 알맞습니다.
Because drawing is a hobby, 'to learn to draw' or 'to draw' is appropriate.

🔍 유형 분석 03 (40~42번)

40~42

Select inconsistent content

- You can read practical sentences and understand the details.

This is a type of question to evaluate factual comprehension ability and identifies detailed information in the text. You must read advertisements, notices, pictures, tables, etc. that contain simple text that you often encounter in daily life, and select the one that does not match the content from the options.

In this type, various types of text are presented, such as advertisements or product packaging signs, event schedules, messages, and building guide maps. Since this type of question evaluates whether you can quickly and accurately grasp only the necessary parts of the given information, it is a good idea to first look at the options one by one and match them with the information in the text.

Below is a summary of the types of texts that frequently appear in each question of this type, broadly categorized into three types. Familiarizing yourself with the related vocabulary and expressions by referring to the information below will be helpful in solving the questions.

※ The text formats of questions 40 and 41 may be presented in reverse order.

40~42 일치하지 않는 내용 고르기

➡ 실용문을 읽고 세부 내용을 파악할 수 있다.

사실적인 이해 능력을 평가하기 위한 유형으로 글의 세부 정보를 파악하는 문항입니다. 일상 생활에서 자주 접할 수 있는 간단한 텍스트가 포함된 광고나 안내문 또는 그림이나 표 등을 읽고 선택지에서 그 내용과 일치하지 않는 것을 골라야 합니다.

이 유형에서는 광고나 제품 포장의 표시, 행사 일정표, 메시지, 건물 안내도 등 다양한 형태의 텍스트가 출제됩니다. 이러한 문항 유형은 주어진 정보 속에서 필요한 부분만을 빠르고 정확하게 파악할 수 있는지를 평가하고 있기 때문에 선택지를 하나하나 먼저 보면서 텍스트에 있는 정보와 맞추어 보는 것이 좋습니다.

아래는 이 유형의 문항별로 자주 출제되고 있는 텍스트의 형태를 크게 세 가지로 구분해서 정리한 것입니다. 아래의 내용을 참고해서 관련된 어휘나 표현 등을 익혀 두면 문제를 푸는 데에 도움이 될 것입니다.

※ 40번과 41번의 텍스트 형태는 순서가 바뀌어서 출제되기도 합니다.

문항	형태	포함 정보	주요 어휘
40번	상품 포장 표지	상품명, 유통 기한, 가격, 내용물이나 재료 그림, 주의 사항 등	날짜 표현(년/월/일), −까지, −후(에), −원, 맛, 가격, 팔다, 먹다, 있다 등
41번	안내 공지	행사명이나 장소 이름, 위치 안내, 행사 날짜와 시간, 가게 이름, 휴일 안내, 문의 전화번호 등	위치 표현(안/밖/위/아래/앞/뒤/옆), 수 표현, 요일, 입구, 출구, 언제, 어디, 문의, 사용, 기간 등
42번	문자 메시지	지각 이유 설명, 약속 시간과 장소 전달, 모임이나 파티 초대 등	시간 표현(시/분), 날씨 표현, 일, 회사, 집, 영화, 출발하다, 늦다, 만나다 등

기출 문제

기출문제 🔍

※ [40~42] 다음을 읽고 맞지 <u>않는</u> 것을 고르십시오. (각 3점)

40.

① 김밥입니다.

② 천오백 원입니다.

③ 불고기 맛입니다.

④ 십이월까지 팝니다.

42.

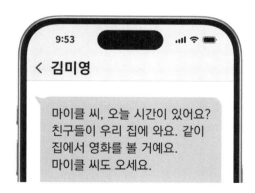

① 마이클 씨가 문자 메시지를 받습니다.

② 마이클 씨는 지금 미영 씨와 있습니다.

③ 미영 씨는 오늘 친구들을 만날 겁니다.

④ 미영 씨는 오늘 집에서 영화를 볼 겁니다.

📖 ·· 91회 읽기 40번

☑ 불고기 | 김밥 | 맛 | 팔다

40.
④ 포장지를 보면 이 김밥은 '2025년 11월 30일까지' 팝니다.

④ Looking at the packaging, this kimbap is sold 'until November 30, 2025.'

📖 ·· 64회 읽기 42번

☑ 오다 | 영화

42.
② 미영 씨가 마이클 씨에게 오늘 집에 초대하는 메시지를 보냈습니다.

② Miyoung sent Michael a message inviting him to her house today.

정답 40. ④   42. ②

응용 문제

☑ 서점 | 은행 | 건물 | 차 |
저녁 | 먹다 | 회사 | 일 |
주말 | 만나다 | 식사하다

40.

② 서점은 학교 앞 은행 건물 2 층에 있습니다.

② The bookstore is on the 2nd floor of the bank building in front of the school.

42.

③ 수미 씨는 내일 저녁에 회사에 있습니다. 그래서 민수 씨와 같이 저녁을 먹을 수 없습니다.

③ Sumi is at the company tomorrow evening. So she cannot have dinner with Minsu.

응용문제 🔍

※ [40~42] 다음을 읽고 맞지 <u>않는</u> 것을 고르십시오. (각 3점)

40.

사랑 📖 서점

위치: 학교 앞 은행 건물 (2층)
시간: 오전 10시 ~ 오후 7시

☕ 맛있는 차와 커피 : 3,000원

① 2층에 있습니다.
② 은행 앞에 있습니다.
③ 7시에 문을 닫습니다.
④ 차도 마실 수 있습니다.

42.

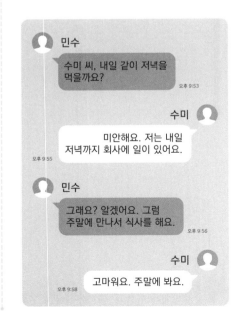

① 수미 씨는 회사에 다닙니다.
② 수미 씨는 내일 일이 많습니다.
③ 수미 씨는 보통 저녁을 안 먹습니다.
④ 수미 씨는 주말에 민수 씨를 만납니다.

정답 40. ② 42. ③

연습 문제

※ [40~42] 다음을 읽고 맞지 <u>않는</u> 것을 고르십시오. (각 3점)

40.

① 무료로 사진을 봅니다.

② 박물관은 오전에도 문을 엽니다.

③ 박물관은 시청역에서 가깝습니다.

④ 한 달 동안 사진을 볼 수 있습니다.

41.

① 가격은 이천 원입니다.

② 라면을 3분 동안 먹습니다.

③ 이 라면은 소고기 맛입니다.

④ 이 라면에 야채가 있습니다.

42.

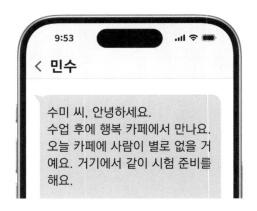

> 수미 씨, 안녕하세요.
> 수업 후에 행복 카페에서 만나요.
> 오늘 카페에 사람이 별로 없을 거
> 예요. 거기에서 같이 시험 준비를
> 해요.

① 민수 씨는 오늘 카페에 가려고 합니다.

② 민수 씨가 수미 씨에게 연락을 했습니다.

③ 민수 씨는 요즘 카페에서 일하고 있습니다.

④ 민수 씨는 수미 씨하고 시험 준비를 할 겁니다.

📝 어휘

기출문제 40 - 42

불고기	bulgogi	명	집에서 **불고기**를 만들었어요.
김밥	kimbap	명	**김밥**에는 여러 가지 재료가 들어 있습니다.
맛	taste	명	이 라면은 김치 **맛**이에요.
팔다	to sell	동	학교 식당에서는 비빔밥을 안 **팔아요**.
오다	to come	동	9시에 출발하니까 8시 50분까지 **와** 주세요.
영화	movie	명	한국 **영화**를 좋아해서 자주 봅니다.

응용문제 40 - 42

서점	bookstore	명	어제 **서점**에서 한국어 책을 샀습니다.
은행	bank	명	다음 주에 **은행**에 가서 통장을 만들 거예요.
건물	building	명	병원은 학교 앞에 있는 **건물**의 3층에 있습니다.
차	tea	명	날씨가 추워서 따뜻한 **차**를 한 잔 마시고 싶어요.
저녁	dinner	명	오늘은 가족들과 같이 **저녁**을 먹을 거예요.
먹다	to eat	동	저는 보통 아침을 안 **먹습니다**.
회사	company	명	우리 어머니는 가구 **회사**에 다니세요.
일	work	명	요즘 회사 **일**이 많아서 집에 늦게 와요.
주말	weekend	명	지난 **주말**에 고향에 갔다 왔습니다.
만나다	to meet	동	오늘 카페에서 친구를 **만날** 거예요.
식사하다	to eat	동	저녁에는 보통 가족들과 같이 **식사를 합니다**.

연습문제 40 - 42

여행	travel	명	이번 방학에는 경주로 **여행**을 갈 거예요.
사진	picture	명	여행을 가서 **사진**을 많이 찍고 싶어요.
박물관	museum	명	학교 근처에 역사 **박물관**이 있습니다.
요금	charge	명	올해 버스 **요금**이 또 올랐어요.
무료	free	명	한국 식당에서는 보통 물이 **무료**입니다.
가깝다	near	형	집에서 회사가 아주 **가깝습니다**.

라면	ramen	명	물이 끓으면 **라면**을 넣으세요.
채소	vegetable	명	아이가 **채소**를 안 먹어서 걱정이에요.
넣다	to put in	동	수업 시간에는 휴대폰을 가방에 **넣으세요**.
별로	not really	부	작년 겨울에는 **별로** 춥지 않았습니다.
준비	preparation	명	유학을 가기 전에 뭘 **준비**해야 돼요?
연락	contact	명	저는 부모님과 자주 **연락**을 합니다.

📖✏️ 문법

☑ A-(으)ㄴ N, V-는 N

뒤에 오는 명사를 수식하면서 현재의 상태를 표현하거나 그 행위가 현재 일어나고 있음을 나타냅니다. 또한 'V-는'을 사용하는 경우에는 앞에 오는 행위가 문장의 끝에 오는 동사와 같은 시간에 일어나고 있음을 나타내기도 합니다.

Modifies the noun that follows while expressing the current state or indicating that the action is currently happening. Also, using 'V-는' can indicate that the preceding action is happening at the same time as the verb at the end of the sentence.

예 이번 생일에 **예쁜** 가방을 선물로 받았어요.

언니도 제가 **다니는** 학교에 같이 다닙니다.

어제 친구하고 **재미있는** 영화를 봤습니다.

☑ A / V-(으)ㄹ 거예요

1. 객관적이고 일반적인 사례에 근거하여 어떤 내용을 추측할 때 사용합니다.

   Used when inferring something based on objective and general cases.

예 하늘이 흐리니까 비가 **올 거예요.**

김 선생님은 일찍 출발했으니까 지금쯤 **도착했을 거예요.**

2. 미래에 어떤 행위를 하거나 어떤 일이 이루어질 것임을 나타냅니다.

   Indicates that an action will be performed or something will happen in the future.

예 오늘 저녁에는 불고기를 **먹을 거예요.**

다음 학기에는 학생 수가 더 **늘 거예요.**

☑ N과 / 와

앞뒤에 오는 명사 모두가 그 대상이 됨을 나타낼 때 사용합니다.

Used when both the nouns before and after are the target.

예 저는 사과**와** 딸기를 좋아해요.

내 취미는 운동**과** 쇼핑입니다.

연습 문제 정답 및 해설

📖 [40~42]

40. ①

☑ 여행 | 사진 | 박물관 | 요금 | 무료 | 가깝다

박물관에 가서 여행 사진을 보려면 5,000원의 요금을 내야 합니다.
To see travel photos at the museum, you have to pay a fee of 5,000 won.

41. ②

☑ 라면 | 채소 | 넣다

'면을 넣고 3분 후에 드세요'의 의미는 '면을 넣고 3분 동안 더 끓이세요.'입니다.
The meaning of 'Add noodles and eat after 3 minutes' is 'Add noodles and cook for another 3 minutes.'

42. ③

☑ 별로 | 준비 | 연락

글에 나오지 않는 내용입니다. 민수 씨는 카페에서 수미 씨를 만나서 같이 시험 준비를 하려고 합니다.
This content does not appear in the text. Minsu is going to meet Sumi at the cafe to study for the exam together.

 **메모**

유형 분석 04 (43~45번)

Select matching content

- You can read a short statement and understand the details.

The problem is to read a short text consisting of three sentences and choose something that matches the content of the text from the options. Based on basic vocabulary and grammar, you must be able to understand the overall flow of the text and grasp the detailed content contained therein. Questions 43 and 45 are worth 3 points, and question 44 is worth 2 points. However, since the difficulty level of each question is not very different, the difference in point allocation does not have much significance.

In this type of questions, articles that describe 'my' experiences or feelings about everyday life are often asked. Also, since the three sentences that make up a text are sometimes connected by words such as 'and, so, but', knowing the use of these connecting adverbs will help you understand the flow of the text. It is best to look at the options after reading the entire article. In the options, incorrect answers are often given by using different time expressions or adverbs such as 'often, a little, alone' in the text, so it is recommended to pay attention to these parts.

43~45 일치하는 내용 고르기

➡ **짧은 서술문을 읽고 세부 내용을 파악할 수 있다.**

세 개의 문장으로 구성된 짧은 글을 읽고 선택지에서 글의 내용과 같은 것을 고르는 문제입니다. 기본적인 어휘와 문법을 바탕으로 글 전체의 흐름을 이해하고 그 속에 담긴 세부적인 내용들을 파악할 수 있어야 합니다. 43, 45번 문제의 배점은 3점이고 44번 문제는 배점이 2점입니다. 하지만 문제별 난이도는 크게 다르지 않기 때문에 배점 차이에 큰 의미는 없습니다.

이 유형의 문항에서는 일상생활을 주제로 '나'의 경험이나 느낌을 설명하는 글이 자주 출제됩니다. 또한 글을 구성하는 세 개의 문장들이 '그리고, 그래서, 그렇지만' 등으로 연결되는 경우도 있기 때문에 이러한 접속 부사의 쓰임을 알아 두면 글의 흐름을 이해하는 데에 도움이 될 것입니다. 선택지는 글을 모두 읽고 나서 살펴보는 것이 좋습니다. 선택지에서는 글에 나오는 시간 표현이나 '자주, 조금, 혼자' 등의 부사를 다르게 사용해서 틀린 답을 제시하는 경우가 많으므로 이러한 부분을 주의해서 보는 것이 좋습니다.

🔍 기출 문제

※ [43~45] 다음을 읽고 내용이 같은 것을 고르십시오.

43. (3점)

> 우리 집에서는 제가 요리를 합니다. 한국 음식도 잘하고 다른 나라의 음식도 잘 만듭니다. 매일 음식을 해서 가족들과 같이 먹습니다.

① 가족들은 매일 요리를 합니다.
② 저는 한국 음식을 잘 만듭니다.
③ 가족들은 한국 음식을 안 먹습니다.
④ 저는 다른 나라 음식을 잘 못 만듭니다.

44. (2점)

> 어제 친구가 한국에 왔습니다. 오늘 우리 집에 놀러 올 겁니다. 저는 집을 깨끗하게 청소했습니다.

① 저는 친구 집에 갈 겁니다.
② 저는 오늘 친구를 만납니다.
③ 친구가 오늘 한국에 왔습니다.
④ 친구하고 집을 청소할 겁니다.

📖·· **64회 읽기 43번**

☑ 요리 | 음식 | 잘하다 | 만들다

43.
① 내가 음식을 해서 가족들과 같이 먹습니다.
③ 나오지 않는 내용입니다.
④ 다른 나라의 음식도 잘 만듭니다.

① I cook and eat with my family.
③ This content does not appear.
④ I am also good at cooking food from other countries.

📖·· **83회 읽기 44번**

☑ 놀다 | 깨끗하다 | 청소하다

44.
① 친구가 오늘 우리 집에 놀러 올 겁니다.
③ 어제 친구가 왔습니다.
④ 저는 친구가 오기 전에 집을 청소했습니다.

① My friend will come to my house to play today.
③ My friend came yesterday.
④ I cleaned the house before my friend came.

정답 43. ② 44. ②

응용 문제

☑ 강아지 | 키우다 | 이용하다 |
미용실 | 날마다 | 단어 |
외우다 | 힘들다 | 열심히

43.

① 강아지와 함께 카페에 가서
재미있게 놀았습니다.
② 저는 강아지를 키우고 있습니
다.
④ 저는 한 달 전부터 강아지를
키웁니다.

① I went to the cafe with my
dog and had fun.
② I have a dog.
④ I have had a dog for a
month.

44.

② 저는 한국 회사에서 일하고
싶습니다.
③ 나오지 않는 내용입니다.
④ 저는 한국 회사에서 일하고
싶어서 한국어를 배우고 있습
니다.

② I want to work for a Korean
company.
③ This content does not
appear.
④ I am learning Korean
because I want to work for
a Korean company.

※ **[43~45] 다음을 읽고 내용이 같은 것을 고르십시오.**

43. (3점)

> 저는 한 달 전부터 강아지를 키웠습니다. 요즘은 강아지가 이용하는
> 카페와 미용실이 있습니다. 저도 지난 주말에 강아지와 함께 카페에
> 가서 재미있게 놀았습니다.

① 강아지는 카페를 싫어합니다.
② 저는 강아지를 보러 카페에 갑니다.
③ 저는 지난달부터 강아지와 같이 삽니다.
④ 강아지는 한 달 전에 미용실에 갔습니다.

44. (2점)

> 저는 한국 회사에서 일하고 싶습니다. 그래서 6개월 전부터 날마다
> 한국어를 배우고 있습니다. 단어를 외우는 게 힘들지만 계속 열심히
> 공부할 겁니다.

① 저는 매일 한국어를 공부합니다.
② 저는 지금 한국 회사에 다닙니다.
③ 저는 단어 공부를 제일 많이 합니다.
④ 저는 회사에서 한국어를 배울 겁니다.

정답 43. ③ 44. ①

📝 연습 문제

※ [43~45] 다음을 읽고 내용이 같은 것을 고르십시오.

43. (3점)

> 오늘은 하루 종일 눈이 많이 왔습니다. 저는 한국에서 눈을 처음 봤습니다. 그래서 밖에서 눈을 구경하고 사진도 많이 찍었습니다.

① 저는 오늘 집에 있었습니다.

② 저는 눈을 좋아하지 않습니다.

③ 저는 고향에서 눈을 못 봤습니다.

④ 저는 오늘 친구하고 사진을 찍었습니다.

44. (3점)

> 저는 친구와 함께 살고 있습니다. 제 친구는 아주 친절하고 요리도 잘합니다. 제 생일에는 미역국도 끓여 주고 잡채도 만들어 주었습니다.

① 우리는 함께 식당에 갈 겁니다.

② 저는 친구한테 요리를 배웁니다.

③ 친구가 오늘 우리 집에 왔습니다.

④ 저는 생일에 미역국을 먹었습니다.

45. (3점)

> 오늘 선배하고 학교 앞에서 약속이 있었습니다. 그런데 길이 너무 막혀서 30분 정도 늦게 도착했습니다. 선배는 화가 났습니다.

① 저는 선배를 못 만났습니다.

② 저는 약속 시간에 늦었습니다.

③ 저는 선배를 많이 기다렸습니다.

④ 저는 학교 앞까지 걸어서 갔습니다.

📖 어휘

기출문제 43-45

요리	cooking	명	제 동생은 **요리**를 전혀 못 합니다.
음식	food	명	저는 매운 **음식**을 자주 먹습니다.
잘하다	to do well	동	민수 씨는 컴퓨터를 아주 **잘해요**.
만들다	to make	동	이 케이크는 제가 직접 **만든** 거예요.
놀다	to play	동	주말에는 친구들을 만나서 **놀 거예요**.
깨끗하다	clean	형	신발이 **깨끗하면** 기분이 좋아요.
청소하다	to clean	동	어제 방을 **청소해서** 아주 깨끗해졌어요.

응용문제 43-45

강아지	puppy	명	저는 **강아지**와 고양이를 아주 좋아해요.
키우다	to raise	동	마당이 있는 집에 살면 강아지를 많이 **키우고** 싶어요.
이용하다	to use	동	저는 학생 식당을 자주 **이용합니다**.
미용실	beauty salon	명	어제 **미용실**에 가서 머리를 잘랐어요.
날마다	every day	부	저는 강아지와 **날마다** 산책을 합니다.
단어	word	명	수업에서 매일 새 **단어**를 배웁니다.
외우다	to memorize	동	외국어를 잘하려면 단어를 많이 **외워야** 합니다.
힘들다	tough	형	다른 나라 친구들의 이름을 외우기가 좀 **힘들어요**.
열심히	hard	부	한국 회사에 들어가고 싶어서 **열심히** 준비하고 있어요.

연습문제 43-45

눈	snow	명	저는 **눈**을 좋아해서 빨리 겨울이 왔으면 좋겠어요.
밖	outside	명	**밖**은 더우니까 안에서 이야기할까요?
구경하다	to watch	동	이번 주말에는 서울 여기저기를 **구경할 거예요**.
찍다	to take a photo	동	여행을 가서 사진을 많이 **찍었어요**.
친절하다	kind	형	그 카페는 직원들이 아주 **친절합니다**.
끓이다	to boil	동	우리 어머니는 김치찌개를 아주 잘 **끓이세요**.
선배	senior	명	1학년 때는 2학년 **선배**들이 많이 도와주었습니다.

막히다	to be blocked	동	퇴근 시간에는 항상 길이 많이 **막혀요**.
늦게	late	부	아침에 **늦게** 일어나서 학교에 지각을 했어요.
도착하다	to arrive	동	길이 많이 막혀서 약속 장소에 늦게 **도착했습니다**.
화(가) 나다	to get angry	동	제가 언니의 화장품을 다 써서 언니가 **화가 났습니다**.

📖✍️ 문법

☑ A / V-고

1. 시간의 순서와 관계없이 행위나 상태, 사실을 나열함을 나타냅니다.

   Indicates the listing of actions, states, or facts regardless of time order.

   예 우리는 같이 노래도 **부르고** 춤도 췄어요.
   제 한국 친구는 참 **친절하고** 똑똑합니다.

2. 행위들을 시간 순서에 따라 연결함을 나타냅니다.

   Indicates the connection of actions in chronological order.

   예 형은 전화를 **받고** 밖으로 나갔습니다.
   집에 들어갈 때는 신발을 **벗고** 들어가세요.

☑ A-게

형용사 뒤에 붙어서 문장에서 형용사가 부사의 기능을 할 수 있도록 만들어 줍니다.

Attached after an adjective to allow the adjective to function as an adverb in the sentence.

예 글씨를 아주 **예쁘게** 썼군요.
어제는 친구들하고 아주 **재미있게** 놀았습니다.

☑ V-고 싶다

주어가 앞에 오는 행위가 이루어지도록 희망한다는 의미를 나타냅니다. '-고 싶다'는 1인칭 주어의 평서문과 2인칭 주어의 의문문에만 사용할 수 있으며, 주어가 3인칭일 때는 '-고 싶어 하다'를 사용합니다.

Indicates that the subject desires the preceding action to be realized. '-고 싶다' can only be used in declarative sentences with a first-person subject and interrogative sentences with a second-person subject. When the subject is third person, '-고 싶어 하다' is used.

예 저는 한국에서 회사에 **다니고 싶습니다**.
이번 방학에는 뭘 **하고 싶어요**?
동생은 요즘 영어를 **배우고 싶어 합니다**.

연습 문제 정답 및 해설

📖 **[43~45]**

43. ③

☑ 눈 | 밖 | 구경하다 | 찍다

① 오늘은 밖에서 눈을 구경하고 사진도 많이 찍었습니다.
② 나오지 않는 내용입니다.
④ 나오지 않는 내용입니다.

① Today, I went outside to see the snow and took a lot of pictures.
② This content does not appear.
④ This content does not appear.

44. ④

☑ 친절하다 | 끓이다

① 친구가 집에서 요리를 해 주었습니다.
② 저는 친구와 함께 살고 있습니다.
③ 나오지 않는 내용입니다.

① My friend cooked for me at home.
② I live with my friend.
③ This content does not appear.

45. ②

☑ 선배 | 막히다 | 늦게 | 도착하다 | 화(가) 나다

① 약속 시간에 늦게 도착해서 선배를 만났습니다.
③ 선배가 저를 많이 기다렸습니다.
④ 저는 길이 막혀서 약속 시간에 늦었습니다.

① I was late for the appointment and met my senior.
③ My senior waited for me a lot.
④ I was late for the appointment because of traffic.

46~48

Selecting the main content

- **You can read a short statement and infer the main content.**

Questions 46 to 48 ask you to read a short text and select the main idea. The passage consists of about three sentences, and the main content is often contained in the front or back, as in past exam examples. However, since it sometimes appears in the middle and you need to understand the entire sentence well, it is better to read the text with concentration even though it is short. Numbers 46 and 47 are worth 3 points, and number 48 is worth 2 points. Only the last question 48 has different points, but there is no significant difference in the level of difficulty, so you don't need to worry about it.

The following grammar and expressions often appear in this type of question:

46~48 중심 내용 고르기

➡ 짧은 서술문을 읽고 중심 내용을 추론할 수 있다.

46~48번 문제는 짧은 글을 읽고 중심 생각을 고르는 문제입니다. 지문은 3문장 정도로 나오는데, 중심 내용이 기출 예시처럼 주로 앞부분이나 뒷부분에 들어있는 경우가 많습니다. 하지만 가끔 중간 부분에 나오기도 하니까 전체 문장을 잘 파악해야 하는 경우도 있으므로 짧지만 집중해서 글을 읽는 것이 좋습니다. 46~47번은 배점이 3점이고 48번은 배점이 2점입니다. 마지막 48번 문제만 배점이 다른데 난이도는 큰 차이가 없으므로 신경쓰지 않아도 됩니다.

기출 예시

제 83회　제 동생은 빵을 잘 만듭니다. 동생이 만든 빵은 아주 맛있습니다. **저도 빵 만드는 방법을 배우고 싶습니다.**

　　　　→ 저는 맛있는 빵을 만들고 싶습니다.

제 91회　**저는 등산을 하러 제주도에 왔습니다.** 그런데 오늘 비가 와서 등산을 못 했습니다. 내일은 꼭 산에 가고 싶습니다.

　　　　→ 저는 제주도에서 등산할 겁니다.

다음은 이 유형에서 자주 나오는 문법과 표현입니다.

자주 나오는 문법과 표현	-고 싶다. -(으)ㄹ겁니다. -(으)면 좋겠다. -기가 어렵다/힘들다. -(으)ㄹ 수 있다/없다. -(으)러 가다/오다. -(으)려고 하다

🔍 기출 문제

※ [46~48] 다음을 읽고 중심 내용을 고르십시오.

46. (3점)

> 오늘 자동차 박물관에 갔습니다. 박물관이 작고 자동차도 많지 않았습니다. 재미가 없어서 일찍 나왔습니다.

① 박물관에 다시 가겠습니다.
② 박물관이 더 컸으면 좋겠습니다.
③ 박물관이 마음에 들지 않았습니다.
④ 박물관에 자동차가 너무 적었습니다.

47. (3점)

> 저는 바다에서 수영하는 것을 좋아합니다. 여름에는 수영을 하러 바다에 자주 갑니다. 빨리 여름이 오면 좋겠습니다.

① 저는 여름을 제일 좋아합니다.
② 저는 수영을 잘하면 좋겠습니다.
③ 저는 여름에 바다에 가 보고 싶습니다.
④ 저는 빨리 바다에서 수영하고 싶습니다.

📖·· **64회 읽기 46번**

☑ 자동차 | 나오다

46.
자동차 박물관이 작고 자동차가 많지 않아서 재미가 없었습니다. 그래서 박물관에서 일찍 나왔다고 했습니다. 그러므로 박물관이 마음에 들지 않았다는 것이 중심 생각입니다.

The car museum was small and didn't have many cars, so it wasn't interesting. That's why I said I left the museum early. Therefore, the main idea is that I didn't like the museum.

📖·· **83회 읽기 47번**

☑ 바다 | 수영하다 | 빨리

47.
여름에 수영을 하러 바다에 자주 가니까 빨리 여름이 오면 좋겠다고 했습니다. 그러므로 빨리 바다에서 수영하고 싶다는 것이 중심 생각입니다.

I often go to the beach to swim in the summer, so I said I hope summer comes soon. Therefore, the main idea is that I want to swim in the sea soon.

정답 46. ③ 47. ④

☑ 고등학교 | 졸업

48.

고등학교 졸업 후에 못 만난 김 선생님을 이번 주말에 만나러 갈 건데 빨리 주말이 오면 좋겠다고 했습니다. 그러므로 김 선생님이 보고 싶다는 것이 중심 생각입니다.

I'm going to see Mr. Kim this weekend, whom I haven't seen since graduating high school, and I said I hope the weekend comes soon. Therefore, the main idea is that I miss Mr. Kim.

48. (2점)

> 저는 고등학교 졸업 후에 김 선생님을 못 만났습니다. 저는 이번 주말에 김 선생님을 만나러 갈 겁니다. 빨리 주말이 오면 좋겠습니다.

① 저는 선생님이 될 겁니다.

② 저는 김 선생님이 보고 싶습니다.

③ 저는 고등학교를 졸업해야 합니다.

④ 저는 학교에 다니는 것이 즐겁습니다.

정답 48. ②

응용 문제

※ [46~48] 다음을 읽고 중심 내용을 고르십시오.

46. (3점)

> 제 고향은 부산입니다. 부산에서 대학교를 졸업한 후에 서울에서 혼자 살면서 회사에 다니고 있습니다. 가끔 외로울 때도 있지만 서울에서 사는 것이 좋습니다.

① 저는 서울 생활이 좋습니다.
② 저는 부산에서 살고 싶습니다.
③ 저는 서울에서 혼자 살아서 외롭습니다.
④ 저는 부산에서 회사에 다녔으면 좋겠습니다.

48. (2점)

> 지난주에 겨울 방학을 했습니다. 친구들은 모두 고향에 갔습니다. 하지만 저는 한국어를 연습하고 싶어서 고향에 가지 않았습니다.

① 저는 겨울 방학을 좋아합니다.
② 저는 방학에 친구를 만날 겁니다.
③ 저는 방학에 고향에 안 갈 겁니다.
④ 저는 방학 동안 한국어 연습을 할 겁니다.

☑ 고향 | 대학교 | 혼자 | 외롭다

46.
대학교를 졸업할 때까지 고향인 부산에 살다가 지금은 서울에서 회사에 다니고 있습니다. 서울에서 혼자 살아서 외로울 때도 있지만 서울에 사는 것이 좋다고 했습니다. 그러므로 서울 생활이 좋다는 것이 중심 생각입니다.

I lived in my hometown of Busan until I graduated from university, and now I work for a company in Seoul. I said that even though I sometimes feel lonely living alone in Seoul, I like living in Seoul. Therefore, the main idea is that I like living in Seoul.

☑ 방학 | 연습하다

48.
지난주에 겨울 방학을 해서 친구들은 모두 고향에 갔는데 저는 한국어 연습을 하고 싶어서 고향에 안 갔다고 했습니다. 그러므로 방학 동안 한국어 연습을 할 거라는 것이 중심 생각입니다.

I said that all my friends went back to their hometowns for winter vacation last week, but I didn't go back to my hometown because I wanted to practice Korean. Therefore, the main idea is that I will practice Korean during the vacation.

정답 46. ① **48.** ④

※ [46~48] 다음을 읽고 중심 내용을 고르십시오.

46. (3점)

> 제 동생은 가수나 영화배우가 되고 싶어 합니다. 어릴 때부터 사람들 앞에서 춤을 추면서 노래하는 것을 좋아했습니다. 지금은 예술 고등학교에 들어가려고 준비하고 있습니다.

① 동생의 꿈은 연예인입니다.
② 동생은 춤을 아주 잘 춥니다.
③ 동생은 영화배우처럼 멋있습니다.
④ 동생은 예술 고등학교에 다닙니다.

47. (3점)

> 저는 보통 식사 후에 과일을 먹습니다. 하지만 오늘 인터넷에서 밥을 먹기 전에 과일을 먼저 먹으면 더 좋다는 뉴스를 봤습니다. 내일부터 과일을 먹고 밥을 먹을 겁니다.

① 저는 과일을 좋아합니다.
② 과일을 많이 먹으면 좋지 않습니다.
③ 식사 하면서 뉴스를 보면 안 됩니다.
④ 저는 앞으로 식사 전에 과일을 먹을 겁니다.

48. (2점)

> 저는 걷는 것을 좋아합니다. 그런데 요즘 날씨가 너무 추워서 밖에 나가서 걷지 못했습니다. 빨리 날씨가 따뜻해지면 좋겠습니다.

① 저는 산책을 좋아합니다.
② 저는 추운 날씨를 싫어합니다.
③ 저는 매일 걷기 운동을 합니다.
④ 저는 따뜻한 나라에 가고 싶습니다.

📖 어휘

기출문제 46 – 48

자동차	automobile	명	나라마다 **자동차** 번호판이 다릅니다.
나오다	to get out	동	학교까지 멀어서 집에서 일찍 **나와야** 돼요.
바다	ocean	명	방학에 **바다**를 보러 부산에 갈 거예요.
수영하다	to swim	동	저는 **수영하는** 것을 좋아해서 자주 수영장에 갑니다.
빨리	quickly	부	**빨리** 방학이 되면 좋겠어요.
고등학교	high school	명	제 아버지는 **고등학교** 선생님이세요.
졸업	graduation	명	고등학교를 **졸업**한 후에 바로 취직했어요.

응용문제 46 – 48

고향	hometown	명	제 **고향**은 제주도입니다.
대학교	university	명	**대학교**에 들어가서 친구들을 많이 사귀었어요.
혼자	alone	부	저는 **혼자** 쇼핑하는 것도 좋아해요.
외롭다	lonely	형	명절에 특히 더 **외로운** 것 같아요.
방학	vacation	명	여름 **방학**에 제주도로 여행을 갈 거예요.
연습하다	to practice	동	다음 주에 댄스 공연이 있어서 **연습해야** 돼요.

연습문제 46 – 48

가수	singer	명	요즘 **가수**들은 춤도 잘 추고 노래도 잘 불러요.
영화배우	movie star	명	제가 좋아하는 **영화배우**가 나오는 영화예요.
어리다	young	형	**어릴** 때부터 키가 컸어요.
예술	art	명	전시회에서 다양한 **예술** 작품을 볼 수 있어요.
먼저	first	부	할아버지께서 **먼저** 드실 때까지 기다렸어요.
뉴스	news	명	아버지께서는 **뉴스**를 보면서 식사를 하세요.
걷다	to walk	동	집에서 회사까지 **걸어서** 갑니다.
나가다	to go out	동	우리 강아지는 밖에 **나가는** 것을 제일 좋아해요.

📖✍️ 문법

☑ V-기 전에

어떤 행위가 앞에 오는 사실보다 시간상 앞섬을 나타내는 표현입니다. 명사와 쓰일 때는 'N 전에'를 사용합니다.

This expression indicates that an action occurs before the fact mentioned earlier. When used with a noun, 'N 전에' is used.

예 영화를 보기 전에 영화표를 살 거예요.

밥을 먹기 전에 과자를 먹지 마세요.

식사하기 전에 약을 드세요.

☑ A / V-지 않다

동사와 형용사 뒤에 붙어 부정의 의미를 나타냅니다. '안 A/V'의 긴 부정의 형태입니다.

Attaches to the stem of verbs and adjectives to indicate negation. It is the long negative form of '안 A/V'.

예 이 신발은 **비싸지 않습니다.**

저는 보통 아침 밥을 **먹지 않습니다.**

☑ A / V-(으)ㄹ 때

동사나 형용사 뒤에 붙어 어떤 행위나 상황이 계속되는 동안이나 시간, 또는 어떤 행위나 상황이 일어난 경우를 나타내는 표현입니다.

This expression, attached to the stem of an adjective or verb, indicates the duration or time of an action or situation, or the case in which an action or situation occurs.

예 저는 기분이 **좋을 때** 노래를 불러요.

어릴 때부터 키가 커서 농구 선수가 되고 싶었어요.

한국에 처음 **왔을 때** 한국어를 전혀 몰랐어요.

연습 문제 정답 및 해설

[46 ~ 48]

46. ①

☑ 가수 | 영화배우 | 어리다 | 예술

어릴 때부터 사람들 앞에서 춤을 추면서 노래하는 것을 좋아한 동생은 가수나 영화 배우가 되고 싶어 한다고 했습니다. 따라서 중심 생각은 동생의 꿈은 연예인입니다.

My younger sibling has always loved singing and dancing in front of people, and they said they want to be a singer or a movie actor. Therefore, the main idea is that my sibling's dream is to be a celebrity.

47. ④

☑ 먼저 | 뉴스

식사 후에 과일을 먹었는데 인터넷 뉴스에서 밥을 먹기 전에 과일을 먼저 먹으면 좋다고 했습니다. 따라서 중심 생각은 '앞으로 식사 전에 과일을 먹을 겁니다.'입니다.

I ate fruit after a meal, but an online news article said it was good to eat fruit before eating. So the central idea is that from now on I will eat fruit before my meals.

48. ①

☑ 걷다 | 나가다

걷는 것을 좋아하는데 날씨가 추워서 밖에 나가지 못했다고 했습니다. 따라서 중심 생각은 '산책을 좋아합니다.'입니다.

I like to walk, but I couldn't go out because the weather was cold. Therefore, the main idea is that I like to take walks.

Read a simple essay, understand the context, choose the right word to fill in the blank, understand the details, and solve two problems by reading one passage and choosing the matching content. The passage is about 5 sentences.

간단한 수필을 읽고 문맥을 파악하여 빈칸에 알맞은 말을 고르고, 세부 내용을 파악하여 일치하는 내용을 고르는 문제로 한 지문을 읽고 두 개의 문제를 풉니다. 지문은 5문장 정도입니다.

49 빈칸에 알맞은 말 고르기

➡ 간단한 수필을 읽고 문맥을 파악할 수 있다.

49번 문제는 빈칸에 들어가는 것을 선택지에서 고르는 문제입니다. 주로 빈칸에 들어가는 것은 기출 예시처럼 동사나 형용사에 문법 표현이 결합된 어구입니다. 빈칸의 앞뒤 문장만 보고 풀 수 있는 문제도 있지만, 글을 전체적으로 읽고 이해한 후 흐름에 맞는 알맞은 말을 골라야 하는 문제도 있습니다. 이 문제는 먼저 지문을 읽기 전에 선택지부터 확인하는 것이 좋습니다.

49

Choosing the right word to fill in the blank

- You can read a simple essay and understand the context.

Question 49 is about choosing from a list of options to fill in the blank space. What usually goes into the blank space is a phrase that combines a verb or adjective with a grammatical expression, as in the previous example. There are some problems that can be solved by just looking at the sentences before and after the blank space, but there are also problems that require reading and understanding the text as a whole and then choosing the right words to fit the flow. For this question, it is best to check the options first before reading the passage.

50 일치하는 내용 고르기

➡ 간단한 수필을 읽고 세부 내용을 파악할 수 있다.

50번 문제는 주어진 내용과 같은 것을 선택지에서 고르는 문제입니다. 주어진 문장이 선택지에 똑같이 나오지 않고 기출 예시처럼 비슷한 말이나 의미로 바뀌어 나오기 때문에 유의어나 비슷한 의미의 문법 등을 공부하는 것이 좋습니다. 이 문제는 선택지부터 읽는 것보다는 전체적인 글을 읽고 선택지에서 관련이 없는 내용을 하나씩 지우며 답을 찾는 것이 좋습니다.

기출 예시

제 64회   공연은 정말 **신나고** 좋았습니다. →
④ 저는 공연을 봐서 **기분이 좋았습니다.**

제 83회   저는 아이들을 **좋아해서** →
① 저는 아이들이 **좋습니다.**

50

Select matching content

- You can read a simple essay and understand the details.

Question 50 is a question of choosing from the options the same thing as the given content. Since the given sentences do not appear the same in the options but are replaced with similar words or meanings as in past exam examples, it is a good idea to study synonyms and grammar with similar meanings. For this problem, rather than reading the options first, it is better to read the entire text and erase irrelevant information from the options one by one to find the answer.

🔊 91회 듣기 49-50번

☑ 친하다 | 결혼하다 |
　 결혼식 | 부부 | 남편 |
　 초대하다 | 함께

49.

빈칸 앞뒤 문장을 보면 친구의 집에 초대받아서 '집을 구경하다, 음식을 맛있게 먹었다, 결혼식 사진도 봤다'의 내용이 있으므로 시간의 순서에 따라 문장을 연결하는 문법 '-고'를 쓴 '구경하고'가 알맞습니다.

If you look at the sentences before and after the blank, they mention being invited to a friend's house, 'looking around the house, enjoying delicious food, and seeing wedding photos.' Therefore, the correct answer is '구경하고,' using the grammatical form '-고' to connect actions in chronological order.

50.

① 지영 씨 부부가 저와 남편을 집으로 초대했습니다.
② 오늘 지영 씨 부부가 저와 남편을 집으로 초대했습니다.
④ 지영 씨 부부가 만든 음식을 맛있게 먹었습니다.

① Jiyoung and her husband invited me and my husband to their house.
② Jiyoung and her husband invited me and my husband to their house.
④ We enjoyed the delicious food they had prepared.

기출문제 🔍

※ [49~50] 다음을 읽고 물음에 답하십시오. (각 2점)

> 지영 씨는 제 친한 친구인데 지난달에 결혼했습니다. 저와 제 남편은 지영 씨의 결혼식에 갔습니다. 그래서 오늘 지영 씨 부부가 저와 남편을 집으로 초대했습니다. 우리는 지영 씨의 집을 (㉠) 지영 씨 부부가 만든 음식을 맛있게 먹었습니다. 그리고 결혼식 사진도 함께 봤습니다.

49. ㉠에 들어갈 말로 가장 알맞은 것을 고르십시오.

① 구경하고　　　　② 구경하러
③ 구경하는　　　　④ 구경해도

50. 윗글의 내용과 같은 것을 고르십시오.

① 저는 오늘 지영 씨를 집에 초대했습니다.
② 지영 씨는 오늘 제 남편을 못 만났습니다.
③ 저는 오늘 지영 씨의 결혼식 사진을 봤습니다.
④ 지영 씨는 오늘 저와 식당에서 밥을 먹었습니다.

정답 49. ① 　50. ③

응용 문제

응용문제 🔍

※ [49~50] 다음을 읽고 물음에 답하십시오. (각 2점)

> 저와 제 남편은 좋아하는 음식이 다릅니다. 저는 생선을 좋아하는데 남편은 고기를 좋아합니다. 특히 돼지고기를 (㉠) 볶아서 만든 음식을 좋아합니다. 남편은 밥을 먹을 때 고기반찬이 없으면 아이처럼 밥을 잘 안 먹으려고 합니다. 그래서 저는 자주 고기반찬을 준비합니다.

49. ㉠에 들어갈 말로 가장 알맞은 것을 고르십시오.

① 사거나   ② 굽거나

③ 고르거나   ④ 준비하거나

50. 윗글의 내용과 같은 것을 고르십시오.

① 저는 돼지고기를 좋아합니다.

② 저는 고기반찬을 자주 만듭니다.

③ 제 남편은 생선을 자주 먹습니다.

④ 제 남편은 항상 아이와 같이 식사를 합니다.

☑ 다르다 | 생선 | 고기 | 특히 | 돼지고기 | 볶다 | 반찬 | 아이

49.
빈칸 뒤 문장을 보면 '볶아서 만든 음식'의 내용이 있으므로 요리 방법의 표현인 '굽거나'가 알맞습니다.

Looking at the sentence after ㉠, the content is 'food made by stir-frying,' so answer ②, which uses the cooking method expression 'grill or,' is correct.

50.
① 저는 생선을 좋아합니다.
③ 남편은 고기를 좋아합니다.
④ 나오지 않은 내용입니다.

① I like fish.
③ My husband likes meat.
④ This content was not mentioned

정답 49. ②   50. ②

※ [49~50] 다음을 읽고 물음에 답하십시오. (각 2점)

> 지난주 토요일에 친구와 같이 강릉의 커피 거리에 갔다 왔습니다. 커피 거리에 있는 카페들은 대부분 바다를 보면서 커피를 마실 수 있었습니다. (㉠) 테이블이 밖에 있는 카페도 많았습니다. 날씨가 좋아서 우리는 밖에 앉았습니다. 예쁜 사진도 찍고 바다도 볼 수 있어서 정말 행복한 하루였습니다.

49. ㉠에 들어갈 말로 가장 알맞은 것을 고르십시오.

① 그리고   ② 그러면

③ 그러나   ④ 그래서

50. 윗글의 내용과 같은 것을 고르십시오.

① 저는 혼자 강릉에 갔습니다.

② 토요일에 날씨가 좋지 않았습니다.

③ 커피 거리의 카페는 모두 바다 앞에 있습니다.

④ 저는 카페에서 사진을 찍고 바다를 구경했습니다.

어휘

기출문제 49 – 50

친하다	friendly	형	저는 우리 반 친구들 중에 지영 씨와 제일 **친해요**.
결혼하다	to get married	동	저는 1년 전에 **결혼했습니다**.
결혼식	wedding ceremony	명	지난주에 친구의 **결혼식**에 갔다 왔어요.
부부	married couple	명	우리 **부부**는 자주 싸웁니다.
남편	husband	명	제 **남편**은 회사원이에요.
초대하다	to invite	동	제 생일에 친구들을 **초대했어요**.
함께	together	부	방학에 친구들과 **함께** 부산에 가려고 해요.

응용문제 49 – 50

다르다	different	형	동생과 저는 성격이 **달라요**.
생선	fish	명	**생선** 가게에 가서 오징어를 샀어요.
고기	meat	명	저는 **고기**를 자주 먹어요.
특히	especially	부	저는 과일을 좋아합니다. **특히** 딸기를 좋아합니다.
돼지고기	pork	명	소고기보다 **돼지고기**가 더 싸요.
볶다	to fry	동	마늘을 넣어서 **볶아요**.
반찬	side dish	명	**반찬** 가게에서 여러 가지 반찬을 팝니다.
아이	kid	명	**아이**가 놀이터에서 넘어져서 다쳤어요.

연습문제 49 – 50

갔다 오다	to go and come back	동	쉬는 시간에 편의점에 **갔다** 왔어요.
대부분	mostly	부	그 사람의 말은 **대부분** 거짓말이었어요.
테이블	table	명	컵은 **테이블** 위에 있어요.
행복하다	happy	형	**행복한** 하루를 보내고 싶습니다.
하루	day	명	**하루** 일과를 말해 보세요.

📖✏️ 문법

☑ V-(으)ㄴ / 는 / -(으)ㄹ N

동사 뒤에 붙어 뒤에 오는 명사를 수식합니다. 과거는 'V-(으)ㄴ N', 현재는 'V-는 N', 미래는 'V-(으)ㄹ N'의 형태로 쓰입니다.

This attaches to the stem of a verb to modify the noun that comes after it. It is used in the past tense as 'V-(으)ㄴ N', present tense as 'V-는 N', and future tense as 'V-(으)ㄹ N'.

예 이 책은 지난주에 읽은 책이에요.

냉면은 보통 여름에 먹는 시원한 음식입니다.

이 바지는 내일 입을 옷이니까 여기에 두세요.

☑ N처럼

앞에 오는 명사의 특징과 비슷함을 나타냅니다.

Indicates that it is similar to the characteristics of the noun that comes before it.

예 제 친구는 외국 사람인데 한국 **사람처럼** 한국말을 잘해요.

연습 문제 정답 및 해설

📖 [49~50]

☑️ 갔다 오다 | 대부분 | 테이블 | 행복하다 | 하루

49. ①

빈칸 앞뒤 문장을 보면 '카페들은 대부분 바다를 보면서 커피를 마실 수 있었다'와 '테이블이 밖에 있는 카페도 많았다'의 내용이 나옵니다. 커피 거리의 카페에 대한 내용을 나열하고 있으므로 ㉠에는 '그리고'가 알맞습니다.

Looking at the sentences before and after the blank, we see that 'most cafés allowed you to enjoy coffee with an ocean view' and 'many cafés had outdoor seating.' Since these sentences are listing features of the cafés on the coffee street, 'and' is the most appropriate word for ㉠.

50. ④

① 친구와 같이 강릉 커피거리에 갔다 왔습니다.
② 날씨가 좋아서 우리는 밖에 앉았습니다.
③ 카페들은 대부분 바다를 보면서 커피를 마실 수 있습니다.

① I went to Gangneung Coffee Street with my friend.
② The weather was nice, so we sat outside.
③ In most cafes, you can drink coffee while looking at the sea.

It's a matter of reading a simple explanation and figuring out the appropriate word to fill in the blank and what it's about. Read one passage and solve two problems. Question 51 is worth 3 points, Question 52 is worth 2 points, and there are about 4 to 5 passages.

간단한 설명문을 읽고 빈칸에 알맞은 말과 무엇에 대한 내용인지를 파악하는 문제입니다. 한 지문을 읽고 두 개의 문제를 풉니다. 51번은 배점이 3점이고 52번은 배점이 2점이며, 지문은 4~5개 정도입니다.

51 빈칸에 알맞은 말 고르기

➡ 설명문을 읽고 문맥을 파악할 수 있다.

51

Choosing the right word to fill in the blank

- You can read the explanation and understand the context.

Question 51 is about choosing from a list of options that fill in the blank spaces. Based on the publicly available test paper, the questions that mainly fill in the blanks included conjunctions in episodes 64 and 91, and the question of choosing a phrase combining a grammatical expression with a verb or adjective was asked in episode 83. To solve this problem well, you must understand the relationship between the sentence before and after the blank space.

51번 문제는 빈칸에 들어가는 것을 선택지에서 고르는 문제입니다. 주로 빈칸에 들어가는 것은 공개된 시험지를 기준으로 64회와 91회에서는 접속사가 출제되었고 83회에서는 동사나 형용사에 문법 표현이 결합된 어구를 고르는 문제가 출제되었습니다. 이 문제를 잘 풀기 위해서는 빈칸의 앞 문장과 뒤 문장의 관계를 잘 파악해야 합니다.

접속사 정리

나열	그리고
반대, 대조	그런데, 그러나, 그렇지만, 하지만, 그래도
이유, 원인	그래서, 그러므로, 따라서
조건	그러면

52 화제 고르기

➡ **설명문을 읽고 화제를 파악할 수 있다.**

52번 문제는 전체적인 내용을 읽고 무엇에 대한 내용인지 화제를 고르는 문제입니다. 첫 문장에서 전체적인 내용에 대한 화제를 제시합니다. 그리고 그 화제에 대한 구체적인 내용이 나오는데, 먼저 글의 화제를 찾고 그 화제에 대해 무엇을 말하고 있는지 기출 예시처럼 '이유, 방법, 좋은 점, 할 수 있는 일/장소 등'의 구체적인 것을 선택지에서 찾아야 합니다.

기출 예시

제 91회　외국인 학생들에게 **한복을 빌려주는** 서비스를 시작했습니다.

① 한복을 사는 **이유**

② 한복을 빌리는 **방법**

③ 한복을 입으면 **좋은 점**

④ 한복을 싸게 살 수 있는 **장소**

52

Choosing a topic

- You can understand the topic by reading the explanation.

Question 52 is a question of reading the entire text and choosing a topic about what it is about. The first sentence presents the topic of the overall content. And then the specific content about that topic comes up. First, you need to find the topic of the article and find specific things like 'reason, method, good points, things/places that can be done, etc.' from the options as in past examples of what is being said about that topic.

🔍 기출 문제

📖 ·· 83회 읽기 51-52번

☑ 축제 | 세계 지도 | 꽃다발

51.

빈칸 앞 문장을 보면 '꽃다발을 만들다'와 '꽃 그림 그리기를 하다'로 꽃 축제에서 할 수 있는 일을 말하고 있습니다. 따라서 나열할 때 사용하는 문법인 '-거나'가 들어간 '만들거나'가 알맞습니다.

Looking at the sentence before the blank, it talks about things you can do at the flower festival, such as 'making flower bouquets' and 'drawing pictures of flowers'. Therefore, the appropriate word to fill in the blank is '만들거나 (make or)', which is used to list actions in Korean grammar.

52.

꽃 축제에서 '세계 여러 나라의 꽃을 볼 수 있고, 꽃으로 세계 지도를 만들기도 하며, 꽃다발을 만들거나 꽃 그림 그리기를 할 수 있다'는 것을 설명하고 있습니다. 즉, 꽃 축제에서 할 수 있는 일을 설명하고 있습니다.

It explains that at the flower festival, 'you can see flowers from many countries around the world, make a world map with flowers, make a bouquet of flowers, or draw a picture of flowers.' In other words, it explains what you can do at the flower festival.

기출문제 🔍

※ [51~52] 다음을 읽고 물음에 답하십시오.

> 인주시에서는 매년 5월 '인주 꽃 축제'를 엽니다. 이 축제에서는 세계 여러 나라의 꽃을 볼 수 있습니다. 특히 올해 축제에서는 많은 사람이 모여서 꽃으로 세계 지도 만들기를 합니다. 또 평일 오전에 가면 무료로 꽃다발을 (㉠) 꽃 그림 그리기를 할 수 있습니다.

51. ㉠에 들어갈 말로 가장 알맞은 것을 고르십시오. (3점)

① 만드는데   ② 만드니까

③ 만들거나   ④ 만들려고

52. 무엇에 대한 내용인지 맞는 것을 고르십시오. (2점)

① 꽃 축제를 여는 이유

② 꽃 축제가 열리는 장소

③ 꽃 축제에 들어가는 방법

④ 꽃 축제에서 할 수 있는 일

정답 51. ③   52. ④

🔍 응용 문제

응용문제 🔍

※ [51~52] 다음을 읽고 물음에 답하십시오.

> 사람들이 가장 많이 이용하는 교통수단은 버스와 지하철입니다. 버스와 지하철을 잘 이용하면 교통비를 아낄 수 있습니다. 버스를 탈 때에는 현금을 내는 것 보다 교통카드를 사용하면 좋습니다. 특히 요즘은 현금을 받지 않는 버스가 많습니다. 그리고 버스나 지하철을 (㉠)에도 같은 교통카드를 사용해서 정해진 시간 안에 환승하면 요금을 할인받을 수 있습니다.

51. ㉠에 들어갈 말로 가장 알맞은 것을 고르십시오. (3점)

① 건널 때　　　　　② 내릴 때

③ 출발할 때　　　　④ 갈아탈 때

52. 무엇에 대한 내용인지 맞는 것을 고르십시오. (2점)

① 교통수단의 종류

② 교통비를 아끼는 방법

③ 교통카드를 사는 장소

④ 대중교통을 이용하는 순서

☑ 가장 | 교통수단 | 교통비 | 아끼다 | 사용하다 | 현금 | 교통카드 | 정해지다 | 환승하다 | 할인

51.
빈칸 뒤에 보면 '같은 교통 카드를 사용해서 환승하면'이라는 문장이 있기 때문에 환승의 의미인 '갈아탈 때'가 알맞습니다.

Since the sentence after the blank says "when you transfer using the same transportation card," the appropriate phrase to fill in the blank is "갈아탈 때 (when you transfer)," which expresses the meaning of transferring.

52.
버스와 지하철을 이용할 때 교통비를 아낄 수 있는 방법에 대해 설명하고 있습니다.

We explain how to save on transportation costs when using buses and subways.

정답 51. ④　**52.** ②

📝 연습 문제

※ [51~52] 다음을 읽고 물음에 답하십시오.

> 요즘 갑자기 더워진 날씨 때문에 에어컨을 오랫동안 사용하게 되어 여름 감기에 걸리는 사람들이 많다고 합니다. 에어컨을 사용하면서 감기에 걸리지 않기 위해서는 실내 온도를 26℃ 정도로 유지하며 창문을 열어서 환기를 해야 합니다. 그리고 에어컨 청소를 자주 해 주는 것도 좋습니다. 에어컨의 찬 바람을 직접 맞는 것도 좋지 않기 때문에 실내에서는 소매가 긴 옷을 (㉠) 체온을 유지할 수 있습니다.

51. ㉠에 들어갈 말로 가장 알맞은 것을 고르십시오. (3점)

① 입어도   ② 입는데

③ 입으면   ④ 입었지만

52. 무엇에 대한 내용인지 맞는 것을 고르십시오. (2점)

① 여름 감기 예방법

② 에어컨 사용 순서

③ 여름에 먹으면 좋은 음식

④ 실내 온도를 유지하는 방법

 **어휘**

기출문제 51 – 52

축제	festivities	명	계절마다 **축제**가 많이 열립니다.
세계 지도	world map	명	제 방에는 **세계 지도**가 걸려 있어요.
꽃다발	bouquet	명	졸업식에 가지고 갈 **꽃다발**을 샀어요.

응용문제 51 – 52

가장	most	부	제가 **가장** 좋아하는 음식은 삼겹살이에요.
교통수단	means of transportation	명	자주 이용하는 **교통수단**이 무엇입니까?
교통비	transportation expenses	명	**교통비**가 비싸서 가까운 거리는 걸어 다녀요.
아끼다	to economize	동	유학생이라서 돈을 **아껴야** 돼요.
사용하다	to use	동	어른에게 존댓말을 **사용해요**.
현금	cash	명	**현금**보다 카드를 더 많이 사용해요.
교통카드	transportation card	명	**교통카드**를 어디에서 살 수 있어요?
정해지다	to be determined	동	약속 날짜가 **정해지면** 전화할게요.
환승하다	to change, to transfer	동	지하철을 **환승하려면** 여기에서 내리세요.
할인	discount	명	학생증이 있으면 **할인**을 받을 수 있습니다.

연습문제 51 – 52

갑자기	suddenly	부	**갑자기** 날씨가 추워졌어요.
오랫동안	for a long time	명	**오랫동안** 앉아 있으면 건강에 안 좋아요.
감기	cold	명	**감기**에 걸려서 열이 나요.
실내 온도	room temperature	명	지금 **실내 온도**가 몇 도예요?
유지하다	to maintain	동	건강을 **유지하려면** 열심히 운동해야 됩니다.
환기하다	to ventilate	동	30분마다 **환기하는** 것을 추천해요.
소매	sleeve	명	**소매**가 짧은 옷은 추워 보여요.
체온	temperature	명	**체온**이 너무 낮으면 건강에 좋지 않아요.

📖 문법

✓ V-게 되다

동사 뒤에 붙어 어떤 상황이 외부의 영향을 받아 어떠한 결과에 이르거나 상황이나 상태가 변화함을 나타내는 표현입니다.

It is an expression that is attached to the end of a verb to indicate that a situation is influenced by an external force, leading to a certain result, or that the situation or state changes.

예 처음에는 매운 음식을 못 먹었는데 지금을 잘 **먹게 됐어요**.

한국 대학교에 **입학하게 돼서** 한국에 왔어요.

✓ 'ㄹ' 탈락

'ㄹ' 받침으로 끝나는 형용사와 동사는 다음과 같이 활용합니다.

Adjectives and verbs that end with the consonant 'ㄹ' are used as follows.

– 열다, 살다, 알다, 놀다, 만들다, 들다, 달다. 힘들다

(1) 어미와 결합할 때 받침이 없는 것으로 여기고 '으'를 넣지 않습니다.

'ㄹ' + 으	열다 + (으)면 → 열으면 → 열면

'ㄹ' + ㄴ, ㅂ, ㅅ	열다 + (으)니까 → 열으니까 → 여니까

(2) 어미가 'ㄴ, ㅂ, ㅅ'으로 시작하는 경우 'ㄹ' 받침은 탈락됩니다.

(3) '–(으)ㄹ 거예요'와 같은 '–을/ㄹ' 형태의 어미와 결합할 때도 'ㄹ' 받침이 탈락합니다.

'ㄹ' + 을 거예요	열다 + 을 거예요 → 열을 거예요 → 열 거예요

예 저는 다음 달부터 한국에 **삽니다**.

저녁에는 한국 음식을 **만들 거예요**.

☑ '으' 탈락

형용사와 동사의 어간이 모음 '―'로 끝나는 경우, 모음 '―'는 '―아/어'로 시작하는 어미와 결합할 때 탈락합니다.

If the stems of adjectives and verbs end with the vowel '―', the vowel '―' is eliminated when combined with an ending that begins with '-아/어'.

– 바쁘다, 아프다, 나쁘다, 예쁘다, (배가) 고프다, 쓰다, 크다, 끄다

'으' + 아/어	바쁘다 + 아요 → 바빠요 예쁘다 + 어요 → 예뻐요 크다 + 어요 → 커요

예 머리가 **아파서** 약을 먹었어요.

친구한테 보낼 이메일을 **썼어요**. 혹은 **써야** 해요.

☑ 'ㄷ' 불규칙

받침 'ㄷ'으로 끝나는 동사 중 일부는 모음으로 시작하는 어미와 결합할 때 받침 'ㄷ'이 'ㄹ'로 바뀝니다.

For some verbs that end with the final consonant 'ㄷ', the final consonant 'ㄷ' changes to 'ㄹ' when combined with an ending that begins with a vowel.

'ㄷ' + 아/어/으	듣다 + 어요 → 듣어요 → 들어요 걷다 + (으)면 → 걷으면 → 걸으면

* 다음 단어는 불규칙 활용을 하지 않고 규칙 활용을 합니다.

– 닫다, 받다

예 저는 매일 노래를 **들어요**.

매일 **걸으면** 건강에 좋아요.

창문을 좀 **닫아** 주세요.

☑ 'ㅂ' 불규칙

받침 'ㅂ'으로 끝나는 형용사와 동사 중 일부는 모음으로 시작하는 어미와 결합할 때 받침 'ㅂ'이 '우'로 바뀝니다.

Some adjectives and verbs that end with the final consonant 'ㅂ' start with a vowel. When combined with a suffix, the final consonant 'ㅂ' changes to '우'.

문법

– 춥다, 덥다, 쉽다, 어렵다, 맵다, 귀엽다, 더럽다, 시끄럽다

| 'ㅂ' + 아/어/으 | 춥다 + 어요 → 추우어요 → 추워요 |
| | 맵다 + (으)니까 → 매우 + (으)니까 → 매우니까 |

* 다음 단어는 불규칙 활용을 하지 않고 규칙 활용을 합니다.

– 입다, 좁다

예 제 동생은 아주 귀여워요.

이건 어려우니까 선생님께 물어보세요.

✓ '르' 불규칙

'르'로 끝나는 형용사와 동사 뒤에 어미 '-아/어'가 결합하면 '一'가 탈락하고 'ㄹ'이 덧붙습니다.

When the ending '-아/어' is combined with an adjective ending in '르' and a verb, '一' is dropped and 'ㄹ' is added.

– 모르다, 고르다, (노래를) 부르다, 자르다, 바르다, 빠르다, 다르다, (배가) 부르다

| '르' + 아/어 | 모르다 + 아요 → 몰르아요 → 몰라요 |
| | 부르다 + 어요 → 불르어요 → 불러요 |

예 지난주에 미용실에서 머리를 잘랐어요.

배가 불러서 나중에 먹을게요.

✓ 'ㅎ' 탈락

'ㅎ'으로 끝나는 형용사 중 일부는 다음과 같이 활용합니다.

Some of the adjectives that end in 'ㅎ' are used as follows.

– 노랗다, 파랗다, 하얗다, 빨갛다, 까맣다, 어떻다. 그렇다, 이렇다

(1) '-아/어'로 시작되는 어미와 결합할 때 받침 'ㅎ'이 탈락하고 '-아/어'는 '애'로, '-야'는 '얘'로 바뀝니다.

| 'ㅎ' + 아/어 | 빨갛다 + 아요 → 빨갛아요→ 빨개요 |
| | 하얗다 + 어요 → 하얗아요 → 하얘요 |

(2) '으'로 시작되는 어미와 결합될 때는 받침 'ㅎ'과 '으'가 탈락합니다.

| 'ㅎ' + -으- | 빨갛다 + (으)ㄴ → 빨갛은 → 빨간 |

* 다음 단어는 불규칙 활용을 하지 않고 규칙 활용을 합니다.
  The following words are used regularly rather than irregularly.

– 좋다, 넣다, 놓다

예 내일 노란색 양말을 신을 거예요.
   날씨가 추워서 얼굴이 **빨개졌어요.**

✅ 'ㅅ' 불규칙

'ㅅ' 받침으로 끝나는 형용사와 동사 뒤에 모음으로 시작하는 어미가 오면 'ㅅ'이 탈락합니다.

When adjectives and verbs that end with the consonant 'ㅅ' are followed by endings that begin with a vowel, 'ㅅ' is dropped.

– 낫다, 붓다, 짓다, 젓다

| 'ㅅ' + 아/어/으 | 낫다 + 아요 → 낫아요 → 나아요 |
| | 붓다 + (으)니까 → 붓으니까 → 부으니까 |

* 다음 단어는 불규칙 활용을 하지 않고 규칙 활용을 합니다.
  The following words are used regularly rather than irregularly.

– 웃다, 씻다, 벗다

예 감기는 다 **나았어요.**
   이 건물은 **지은** 지 100년이 되었습니다.
   외출 후에 집에 오면 꼭 손을 **씻으세요.**

📖 [51~52]

☑ 갑자기 | 오랫동안 | 감기 | 실내 온도 | 유지하다 | 환기하다 | 소매 | 체온

51. ③

빈칸 앞뒤 문장을 보면 '소매가 긴 옷을 입다, 체온을 유지하다'입니다. 이 표현을 통해 ㉠에는 체온을 유지할 수 있는 조건이나 가정을 나타내는 '–(으)면'이 들어간 '입으면'이 알맞습니다.

If you look at the sentences before and after ㉠, it is 'to wear clothes with long sleeves, to maintain body temperature.' Through this expression, we can see that '-(으)면' is included in ㉠, which represents the condition or assumption that can maintain body temperature.

52. ①

여름 감기에 걸리지 않기 위해서 해야 하는 일을 설명하고 있습니다. 따라서 여름 감기 예방법이 정답입니다.

The text explains what to do to avoid catching a summer cold. Therefore, the answer is how to prevent summer colds.

메모

It's a question of reading the text and choosing an answer. You must read about 5 sentences and then solve two problems. Familiar content such as episodes experienced in daily life, one's own family, work, and hobbies is presented. The first thing you need to do is read the first sentence of the article to understand the main content of the article. After that, it is a good idea to solve the problem by comparing the contents of question 53 to 54 with the contents of the text.

글을 읽고 답을 고르는 문제입니다. 5문장 정도의 글을 읽고 두 문제를 풀어야 합니다. 일상생활에서 경험한 에피소드나 자신의 가족, 일, 취미 등 친숙한 내용이 제시됩니다. 가장 먼저 해야 하는 것은 글의 첫 문장을 읽어 글의 핵심 내용을 파악하는 것입니다. 그 후 53~54번의 선택지 내용을 글의 내용과 비교하면서 문제를 푸는 것이 좋습니다.

53 빈칸에 알맞은 말 고르기

➡ 간단한 수필을 읽고 문맥을 파악할 수 있다.

53번은 ㉠에 들어갈 표현을 찾는 문제이니 ㉠에 각각의 선택지를 넣어 해당 문장을 읽어 보면 쉽게 문제를 풀 수 있습니다. ㉠을 포함하는 문장만으로 문제를 풀기 어려울 경우에는 그 문장의 앞 문장을 확인해 보십시오. 선택지는 주로 하나의 내용을 4개의 문법으로 제시하는 유형이나 4개의 다른 내용을 하나의 문법으로 제시하는 유형으로 출제됩니다.

53

Choosing the right word to fill in the blank

- You can read a simple essay and understand the context.

Question 53 is a question of finding an expression that goes into ㉠, so you can easily solve the problem by putting each option in ㉠ and reading the sentence. If it is difficult to solve a problem with only sentences containing ㉠, check the sentence before that sentence. Options are mainly presented in the form of presenting one content using four grammars or presenting four different contents using one grammar.

기출 예시

1) 1개의 내용을 4개의 문법으로 제시

그때 친구가 기숙사에 와서 저를 데리고 병원에 갔습니다. 기숙사로 (㉠) 친구가 밥도 사 주었습니다.

① 돌아오지만　　　② 돌아오려면

③ 돌아오지 말고　　④ 돌아오기 전에

2) 4개의 다른 내용을 1개의 문법으로 제시

우리는 경기를 보면서 치킨도 먹고 함께 노래도 불렀습니다. 텔레비전으로 경기를 보는 것보다 (㉠) 더 재미있었습니다.

① 주말에 자는 것이　　② 경기를 해 보는 것이

③ 친구 집에 가는 것이　④ 야구장에서 보는 것이

54 일치하는 내용 고르기

➡ 간단한 수필을 읽고 세부 내용을 파악할 수 있다.

54번은 글의 전체적인 내용과 관련이 있습니다. 하지만 54번도 선택지의 내용을 먼저 확인하고 글의 내용과 하나씩 비교해 보면 효율적으로 문제를 풀 수 있습니다. 선택지에 나오는 단어가 글 안에 있을 경우에는 그 부분의 문장과 비교해 보면 좋습니다. 정답이 아닌 선택지는 대부분 말하지 않은 내용이나 반대되는 내용이 많습니다.

54

Select matching conten

- You can read a simple essay and understand the details.

Question 54 is related to the overall content of the article. However, you can solve the problem efficiently by first checking the content of question 54 and comparing it with the content of the text one by one. If the word that appears in the selection is in the text, it is good to compare it with the sentence in that part. Most of the options that are not correct have a lot of unsaid or contradictory content.

⊕ 기출 문제

📖·· 91회 읽기 53-54번

☑ 퇴근 | 모임

53.
'일 끝나고 매일 모이는 것이 힘들다'와 '친구들과 같이 하니까 재미있다'라는 내용은 '–지만'으로 연결하는 것이 알맞습니다.

It is difficult to meet every day after work' and 'It is fun because I do it with my friends' are appropriately connected with '–지만 (but)'.

54.
① 친구들과 같이 운동을 합니다.
② 처음에는 아침에 피곤했는데 지금은 괜찮습니다.
④ 매일 모임을 합니다.

① I exercise with my friends.
② I was tired in the morning at first, but I'm fine now.
④ We meet every day.

기출문제 🔍

※ [53~54] 다음을 읽고 물음에 답하십시오.

> 저는 퇴근 후에 친구들과 매일 배드민턴 모임을 합니다. 우리는 오후 8시에 모여서 배드민턴을 칩니다. 일 끝나고 매일 모이는 것이 (㉠) 친구들과 같이 하니까 재미있습니다. 처음에는 다음 날 아침에 너무 피곤했는데 지금은 괜찮습니다. 몸도 더 건강해지는 것 같습니다.

53. ㉠에 들어갈 말로 가장 알맞은 것을 고르십시오. (2점)

① 힘들면   ② 힘들게

③ 힘들거나   ④ 힘들지만

54. 윗글의 내용과 같은 것을 고르십시오. (3점)

① 저는 퇴근하고 혼자 운동을 합니다.

② 저는 요즘 아침에 계속 피곤합니다.

③ 배드민턴 모임은 오후 여덟 시에 합니다.

④ 배드민턴 모임은 일주일에 한 번 있습니다.

정답 53. ④   54. ③

🔍 응용 문제

응용문제 🔍

※ [53~54] 다음을 읽고 물음에 답하십시오.

> 저는 드라마 보는 것을 정말 좋아합니다. 시간이 있으면 집에서 드라마를 봅니다. 한국 드라마도 좋아하고 외국 드라마도 많이 봅니다. 그런데 요즘은 (㉠) 드라마를 볼 시간이 없습니다. 이번 주말에는 오랜만에 집에서 쉬니까 드라마를 많이 볼 수 있습니다. 빨리 주말이 되면 좋겠습니다.

53. ㉠에 들어갈 말로 가장 알맞은 것을 고르십시오. (2점)

① 일이 바빠서   ② 일이 바빠도

③ 일이 바쁘게   ④ 일이 바쁘지만

54. 윗글의 내용과 같은 것을 고르십시오. (3점)

① 저는 한국 드라마만 봅니다.

② 저는 드라마를 별로 안 봅니다.

③ 이번 주말에 드라마를 보려고 합니다.

④ 한국 드라마보다 외국 드라마를 좋아합니다.

☑ 외국 | 오랜만

53.
'일이 바쁘다'는 '드라마를 볼 시간이 없다'의 이유니까 '-아/어서'로 연결하는 것이 알맞습니다.

'I am busy with work' is the reason for 'I don't have time to watch dramas,' so it is appropriate to connect them with '-아/어서 (because/so)'.

54.
① 외국 드라마도 많이 봅니다.
② 드라마를 좋아해서 시간이 있으면 집에서 드라마를 봅니다.
④ 나오지 않은 내용입니다.

① I also watch a lot of foreign dramas.
② I like dramas, so I watch dramas at home if I have time.
④ This content was not mentioned.

정답 53. ①   54. ③

※ [53~54] 다음을 읽고 물음에 답하십시오.

며칠 전에 버스에 지갑을 놓고 내렸습니다. 지갑을 찾으려고 버스 회사에 (㉠) 지갑을 찾을 수 없었습니다. 좋아하는 지갑이었기 때문에 기분이 안 좋았습니다. 그런데 다음 날 경찰서에서 전화가 왔습니다. 지갑을 주운 사람이 경찰서에 지갑을 가져온 겁니다. 지갑을 다시 찾아서 정말 기뻤습니다.

---

53. ㉠에 들어갈 말로 가장 알맞은 것을 고르십시오. (2점)

① 물어봤지만   ② 들어 봤지만

③ 걸어 봤지만   ④ 만나 봤지만

54. 윗글의 내용과 같은 것을 고르십시오. (3점)

① 경찰이 지갑을 주웠습니다.

② 버스에서 지갑을 잃어버렸습니다.

③ 저는 지금까지 기분이 좋지 않습니다.

④ 지갑은 버스 회사에 가서 찾을 겁니다.

📖 어휘

기출문제 53 – 54

퇴근	leave work	명	오전 8시까지 출근하고 오후 6시에 **퇴근**해요.
모임	gathering	명	우리 동아리는 일주일에 한 번 **모임**이 있어요.

응용문제 53 – 54

외국	foreign country	명	아버지의 일 때문에 **외국**에서 살게 됐어요.
오랜만	long time no see	명	2년 동안 못 만난 친구하고 **오랜만**에 만나기로 했어요.

연습문제 53 – 54

지갑	wallet	명	동전이 많아서 **지갑**이 무거워요.
놓다	to put	동	그 책상은 침대 옆에 **놓으세요**.
내리다	to get off	동	KTX를 타려면 서울역에서 **내려야** 해요.
경찰서	police office	명	길을 잃은 아이를 **경찰서**에 데려다 줬어요.
줍다	to pick up	동	쓰레기를 **주워서** 쓰레기통에 버렸어요.
잃어버리다	to lose	동	핸드폰을 **잃어버려서** 새로 샀어요.

📖 문법

☑ V-는 것

현재의 행동이나 그에 관련된 사물을 나타냅니다. 동사와 '있다/없다'에 사용합니다.

It refers to current actions or things related to them. Used with verbs and 'there is/is not (있다/없다)'.

예 피아노 치는 것이 취미예요.

이 드라마가 요즘 제가 보고 있는 것이에요.

☑ A-(으)ㄴ데, V-는데

형용사와 동사에 쓰여 다음과 같은 의미를 나타냅니다. '있다/없다'는 '-는데'를, 과거형은 'A/V-았/었는데'를 사용합니다.

It is used in adjectives and verbs to express the following meanings. For 'there is/isn't (있다/없다)', '-는데' is used, and for past tense, 'A/V-았/었는데' is used.

1. 앞 내용이 뒤에 오는 내용의 관련 상황이나 배경이 됨을 나타냅니다.

   Indicates that the preceding content serves as a related situation or background for the following content.

예 가격이 너무 **싼데** 괜찮을까?

요즘 아르바이트를 **하는데** 아주 재미있어요.

주말에 백화점에 **갔는데** 사람이 정말 많았어요.

2. 앞 내용이 뒤에 오는 내용의 원인이나 이유가 됨을 나타냅니다. 뒤에 오는 내용에는 주로 명령, 부탁, 제안이나 질문이 올 수 있습니다. 'A/V-(으)니까'와 비슷한 표현입니다.

   Indicates that the preceding content is the cause or reason for the following content. What follows can often be a command, request, suggestion, or question. It is a similar expression to 'A/V-(으)니까'.

예 피곤한데 오늘은 좀 쉽시다.

지금 눈이 많이 오는데 지하철을 타고 갈까요?

3. 앞 내용과 다른 상황이나 결과가 이어짐을 나타내며 대조되는 두 가지 사실을 말할 때 사용합니다. 'A/V-지만'과 비슷한 표현입니다.

   It indicates that a situation or result is different from the previous content and is used when talking about two contrasting facts. It is a similar expression to 'A/V-지만'.

예 저는 키가 **큰데** 동생은 키가 작아요.

저는 매운 음식을 잘 **먹는데** 남편은 잘 못 먹어요.

☑ A / V-기 때문에

형용사나 동사에 쓰여 어떤 일의 이유나 원인을 나타냅니다.

Used as an adjective or verb to indicate the reason or cause of something.

예 이 식당은 비싸지만 **맛있기 때문에** 손님이 많아요.

매운 음식을 잘 **못 먹기 때문에** 떡볶이를 못 먹어요.

연습 문제 정답 및 해설

📖 [53~54]

☑️ 지갑 | 놓다 | 내리다 | 경찰서 | 줍다 | 잃어버리다

53. ①

버스 회사에 지갑이 있는지 확인하려면 '전화해 보다'나 '물어보다'가 적당하니까 '물어봤지만'이 알맞습니다.

To check whether the bus company has your wallet, 'call(전화해 보다)' or 'ask (물어보다)' are appropriate, so 'I asked but (물어봤지만)' is appropriate.

54. ②

① 지갑을 주운 사람이 경찰서에 지갑을 가져왔습니다.
③ 지갑을 찾은 후에는 기뻤습니다.
④ 지갑은 경찰서에 있습니다.

① The person who picked up the wallet brought it to the police station.
③ I was happy after finding the wallet.
④ The wallet is at the police station.

메모

This section involves reading a short explanatory text, choosing the right word for the blank by understanding the context, and choosing the statement that matches the details of the text. You will read one passage and solve two questions. Question 55 is worth 2 points, and question 56 is worth 3 points. The passage is about 6-7 sentences long.

The text often introduces a place (theater, museum, market, etc.) or food (tteokbokki, tea, etc.) and then compares the past and present to highlight changes or special features. Therefore, it is helpful to focus on what is being compared, what has changed, and what is special while solving the questions.

55

Choosing the right word to fill in the blank

- You can read the explanation and understand the context.

Question 55 involves choosing from a list of options that fill in the blank spaces. What usually goes into the blank space is a phrase that combines a verb or adjective with a grammatical expression.

설명문을 읽고 문맥을 파악하여 빈칸에 알맞은 말을 고르고, 세부 내용을 파악하여 일치하는 내용을 고르는 문제로 한 지문을 읽고 두 개의 문제를 풉니다. 55번은 배점이 2점이고 56번은 배점이 3점이며, 지문은 6~7개 정도입니다.

주로 어떤 장소(극장, 박물관, 시장 등), 음식(떡볶이, 차 등) 등을 소개한 후에 과거와 현재를 비교하여 달라진 것이나 특별한 점이 지문으로 출제됩니다. 그러므로 무엇을 비교하는지, 무엇이 달라졌는지, 특별한 점이 무엇인지를 찾아가면서 문제를 푸는 것이 좋습니다.

55 빈칸에 알맞은 말 고르기

➡ 설명문을 읽고 문맥을 파악할 수 있다.

55번 문제는 빈칸에 들어가는 것을 선택지에서 고르는 문제입니다. 주로 빈칸에 들어가는 것은 동사나 형용사에 문법 표현이 결합된 어구입니다.

56 일치하는 내용 고르기

➡ 설명문을 읽고 세부 내용을 파악할 수 있다.

56번 문제는 주어진 내용과 같은 것을 선택지에서 고르는 문제입니다. 주어진 문장이 선택지에 똑같이 나오지 않고 비슷한 말이나 의미로 바뀌어 나오기 때문에 유의어나 비슷한 의미의 문법 등을 공부하는 것이 좋습니다. 이 문제는 선택지부터 읽는 것보다는 전체적인 글을 읽고 선택지에서 관련이 없는 내용을 하나씩 지우며 답을 찾는 것이 좋습니다.

56

Select matching content

- You can read the explanation and understand the details.

Question 56 is a question of choosing from the options the same thing as the given content. Since a given sentence does not appear the same in the options but is replaced with similar words or meanings, it is a good idea to study synonyms and grammar with similar meanings. For this problem, rather than reading the options first, it is better to read the entire text and erase irrelevant information from the options one by one to find the answer.

🔍 기출 문제

☑ 국수 | 방송 | 분위기

55.
빈칸 앞뒤 문장을 보면 방송에 나온 후 동문 시장도 함께 유명해졌다고 합니다. 그러므로 동문 시장이 유명해진 이유를 찾으면 되는데, 그 이유는 국수 가게에 손님이 많이 와서 시장도 함께 유명해진 것입니다.

Looking at the sentences before and after blank it says that Dongmun Market also became famous after appearing on TV. Therefore, we need to find the reason why Dongmun Market became famous, which is that the market became famous along with the noodle shop because many customers came to the noodle shop.

56.
① 동문시장의 분위기는 크게 달라졌습니다.
② 동문시장도 함께 유명해졌기 때문입니다.
④ 나오지 않는 내용입니다.

① The atmosphere of Dongmun Market has changed a lot.
② It is because Dongmun Market also became famous.
④ This information is not mentioned

기출문제 🔍

※ [55~56] 다음을 읽고 물음에 답하십시오.

> 동문시장은 작고 조용한 시장이었습니다. 이곳에는 70년이 된 작은 국수 가게가 하나 있습니다. 얼마 전 이 국수 가게가 방송에 소개되었습니다. 그 후 동문시장의 분위기는 크게 달라졌습니다. 방송에 나온 후 이 국수 가게에 (㉠) 동문시장도 함께 유명해졌기 때문입니다.

55 . ㉠에 들어갈 말로 가장 알맞은 것을 고르십시오. (2점)

① 일할 자리가 나서
② 바뀐 것이 없어서
③ 없는 물건이 없어서
④ 오는 사람이 많아져서

56. 윗글의 내용과 같은 것을 고르십시오. (3점)

① 이 시장은 전과 달라진 것이 없습니다.
② 이 시장은 요즘에 사람이 거의 없습니다.
③ 이 가게는 생긴 지 칠십 년이 되었습니다.
④ 이 가게는 방송에 소개된 후 문을 닫았습니다.

정답 55. ④   56. ③

🔍 응용 문제

경기도 | 전화기 |
스마트폰 | 애니메이션 |
체험 | 즐기다 | 어른

응용문제 🔍

※ [55~56] 다음을 읽고 물음에 답하십시오.

얼마 전 경기도에 있는 폰박물관에 다녀왔습니다. 이 박물관에는 오래전에 사용된 전화기부터 요즘에 새로 나온 다양한 스마트폰이 있습니다. 스마트폰을 이용해서 애니메이션을 만들어 보는 체험도 즐길 수 있어서 아이들이 좋아합니다. 그리고 60대 이상 어른들한테 무료로 스마트폰 (㉠) 수업도 있어서 스마트폰으로 문자를 보내거나 사진 찍는 것을 배우러 오는 어른들도 많습니다.

---

55. ㉠에 들어갈 말로 가장 알맞은 것을 고르십시오. (2점)

① 물건을 사 주는

② 종류를 찾아 주는

③ 사용법을 가르쳐 주는

④ 사용 시간을 알려 주는

56. 윗글의 내용과 같은 것을 고르십시오. (3점)

① 폰박물관에서 스마트폰을 팝니다.

② 폰박물관에는 어른들도 많이 옵니다.

③ 폰박물관에는 오래된 전화기가 없습니다.

④ 폰박물관에서 애니메이션을 볼 수 있습니다.

55.
빈칸 뒤 문장을 보면 스마트폰으로 문자를 보내거나 사진 찍는 것을 배우러 오는 어른들도 많다고 했으니까 '사용법을 가르쳐 주는'이 알맞습니다.

Since the sentence after the blank says that many adults come to learn how to send text messages or take pictures with a smartphone, the appropriate phrase to fill in the blank is '사용법을 가르쳐 주는 (teaching how to use it)'.

56.
① 이 박물관에는 다양한 스마트폰이 있습니다.
③ 오래전에 사용된 전화기부터 다양한 스마트폰이 있습니다.
④ 애니메이션을 만들어 보는 체험도 즐길 수 있어서

① This museum has a variety of smartphones.
③ There are various smartphones, from phones used a long time ago to modern ones.
④ You can also enjoy the experience of making animations.

정답 55. ③   56. ②

📝 연습 문제

※ [55~56] 다음을 읽고 물음에 답하십시오.

> 명절 음식은 지역마다 다릅니다. 그중에서 경기도와 강원도 등에서 즐겨 먹는 만두는 설날의 음식으로 종류가 다양합니다. 그중에서 고기를 넣은 고기 만두와 김치를 넣은 김치 만두가 가장 대표적입니다. 옛날에는 가족들이 모여서 만두를 (㉠) 요즘은 마트나 시장에서 파는 만두를 사 먹습니다. 그리고 혼자 명절을 지내는 사람들도 많기 때문에 편의점에서는 만둣국 도시락을 팔기도 합니다.

55. ㉠에 들어갈 말로 가장 알맞은 것을 고르십시오. (2점)

① 맛있게 먹었는데
② 포장해 먹었는데
③ 볶아서 먹었는데
④ 만들어 먹었는데

56. 윗글의 내용과 같은 것을 고르십시오. (3점)

① 지역마다 명절에 먹는 음식이 다릅니다.
② 경기도와 강원도에서는 만두를 먹지 않습니다.
③ 고기와 김치를 넣어서 만든 만두가 유명합니다.
④ 편의점에서 만둣국 도시락을 먹는 사람들이 많습니다.

📒 어휘

기출문제 55 – 56

국수	noodle	명	한국에서는 옛날에 결혼식에서 **국수**를 먹었어요.
방송	broadcast	명	자주 다니는 식당이 **방송**에 나와서 유명해졌어요.
분위기	atmosphere	명	이 카페는 **분위기**가 좋아서 자주 와요.

응용문제 55 – 56

경기도	Gyeonggi-Do	명	수원은 **경기도**에 있어요.
전화기	phone	명	요즘 집에 **전화기**가 많이 없어요.
스마트폰	smartphone	명	요즘은 **스마트폰**으로 필요한 정보를 찾아요.
애니메이션	animated movie	명	친구와 **애니메이션** 영화를 보러 갔어요.
체험	experience	명	제주도에 가면 귤을 따는 **체험**이 있어요.
즐기다	to take pleasure in	동	여름에는 휴가를 **즐기러** 떠나는 사람들이 많아요.
어른	adult	명	아이부터 **어른**까지 함께 볼 수 있는 영화예요.

연습문제 55 – 56

명절	holiday	명	설날과 추석은 한국의 최대 **명절**이에요.
지역	region	명	**지역**을 대표하는 축제가 있습니다.
강원도	Gangwon-Do	명	강릉은 **강원도**에 있어요.
만둣국	dumpling soup	명	만두를 사서 **만둣국**을 만들었어요.
도시락	lunch box	명	편의점에서 파는 **도시락**이 맛있어요.

📖✏️ 문법

☑ A-아 / 어지다

형용사 뒤에 붙어 점점 어떤 상태로 변화되어 감을 나타내는 표현입니다.

It is an expression attached to the stem of an adjective to indicate a gradual change to a certain state.

예 기분이 나쁠 때에 초콜릿을 먹으면 기분이 **좋아져요**.

이 차를 마시면 몸이 **따뜻해질** 거예요.

☑ V-(으)러 가다 / 오다

동사 뒤에 붙어 어떤 장소에 가거나 오는 목적 또는 의도를 나타낼 때 쓰는 표현입니다.

It is an expression attached to the stem of a verb and used to express the purpose or intention of going to or coming to a certain place.

예 밥을 **먹으러** 식당에 같이 가요.

부모님께서 저를 **만나러** 한국에 오실 거예요.

☑ N마다

명사 뒤에 붙어 빠짐없이, 모두의 의미를 나타내는 표현입니다. '매일, 매월, 매년'은 '날마다, 달마다, 해마다'로 각각 씁니다.

It is an expression that is attached to the end of a noun and expresses the entire meaning. 'Every day, every month, every year' is written as 'Every day, every month, and every year.'

예 **주말마다** 등산을 가요.

나라마다 문화가 다릅니다.

우리 기숙사는 **방마다** 화장실이 있어서 좋아요.

📝 연습 문제 정답 및 해설

📖 **[55~56]**

☑️ 명절 | 지역 | 강원도 | 만둣국 | 도시락

55. ④

빈칸 앞뒤 문장을 보면 옛날과 요즘을 비교하고 있습니다. 요즘은 만두를 사 먹지만 옛날에는 가족들이 모여서 만두를 만들었다는 내용이 알맞습니다.

Looking at the sentences before and after ㉠, the text is comparing the past and present. It would be appropriate to say that these days, people buy dumplings, but in the past, families gathered to make dumplings.

56. ①

② 경기도와 강원도 등에서 즐겨 먹는 만두는 설날의 음식으로 종류가 다양합니다.
③ 고기를 넣은 고기 만두와 김치를 넣은 김치 만두가 가장 대표적입니다.
④ 혼자 명절을 지내는 사람들도 많기 때문에 편의점에서는 만둣국 도시락을 팔기도 합니다.

② There are many types of dumplings that are enjoyed in Gyeonggi-do and Gangwon-do as a Lunar New Year food.
③ Meat dumplings with meat and kimchi dumplings with kimchi are the most representative.
④ Since many people celebrate the holidays alone, convenience stores sometimes sell dumpling soup lunch boxes.

유형 분석 10 (57~58번)

57~58

Choose things arranged in the right order

- You can read simple texts and infer the relationships between text units.

It is a type of arrangement that allows the flow of the four sentences presented as (가), (나), (다), and (라) to flow naturally, and is one of the types that beginner level learners find difficult.

Looking at the characteristics of each question, question 57, which is worth 3 points, mainly deals with stories related to the speaker, 'I'. The text develops around various stories about 'I', ranging from daily interests, hobbies, experiences, and impressions to future plans and thoughts. On the other hand, question 58, which is worth 2 points, presents texts with more social and objective topics. For example, in the 60th exam, the topic was 'traffic accidents in front of schools', in the 83rd exam, it was 'the story of the penguin post office in Antarctica', and in the 91st exam, it was 'the necessity of planning.'

57~58 알맞은 순서로 배열한 것 고르기

➡ 간단한 글을 읽고 글 단위 간의 관계를 추론할 수 있다.

(가), (나), (다), (라)로 제시되어 있는 4문장의 흐름이 자연스럽게 이어질 수 있도록 배열하는 유형으로 초급 단계의 학습자들이 어려워하는 유형 중 하나에 속합니다.

문항별 특징을 살펴보면 먼저 배점이 3점인 57번은 주로 화자인 '나'와 관련된 이야기로 출제가 됩니다. 일상적인 관심과 취미, 경험과 감상에서부터 앞으로의 계획이나 생각 등에 이르기까지 '나'에 대한 크고 작은 이야기를 소재로 글이 전개되고 있습니다. 이와 달리 배점이 2점인 다음 58번에서는 보다 사회적이고 객관적인 소재들로 구성된 글이 출제됩니다. 예를 들어 60회에서는 '학교 앞 교통사고 문제', 83회에서는 '남극의 펭귄 우체국 이야기', 91회에서는 '계획의 필요성'을 소재로 하는 글이 출제되었습니다.

이러한 글들의 논리적인 순서를 빠른 시간에 파악하기 위해서는 글에 제시된 접속 부사의 쓰임을 제대로 이해하는 것도 중요합니다. 접속 부사 중에서는 '그래서'와 '또'가 자주 제시되는데, 이 두 가지 말로 시작되는 문장은 보통 순서상 세 번째 문장이 되는 경우가 많습니다. 첫 번째 문장에서 가볍게 이야기의 배경을 제시하면 두 번째 문장에서는 소재가 되는 사건이나 대상을 구체적으로 소개하고, 접속 부사로 시작되는 세 번째 문장에서 그 내용을 더 이어가거나 거기에 다른 내용을 추가해서 마지막 네 번째 문장의 결론으로 연결시키는 구조입니다. 그 밖에 '그렇게 하면, 이제부터, 다음부터, 내일부터' 등의 말로 시작되는 문장은 의미상 마지막 네 번째 순서가 되는 경우가 많다는 점도 참고해 두시기 바랍니다.

To quickly grasp the logical order of these texts, it is also important to properly understand the use of conjunctions presented in the text. Among conjunctions, '그래서 (so)' and '또 (also)' are frequently presented, and sentences starting with these two words often come third in the order. The first sentence briefly sets the background of the story, the second sentence specifically introduces the event or object that is the topic, and the third sentence, starting with a conjunction, continues or adds to that content, leading to the conclusion in the fourth sentence. Also, keep in mind that sentences starting with phrases like 그렇게 하면 (if you do that), 이제부터 (from now on), 다음부터 (from next time), and 내일부터 (from tomorrow) often come last in the order.

📖 ·· 91회 읽기 57번

☑️ 기념품 | 그림 | 유명하다 | 주로

57.

'여행 기념품 구입'에 대한 나의 경험과 생각이 제시되어 있는 글입니다. 이야기의 배경이 되는 (가), 좀 더 구체적으로 그것을 설명한 (라), 그리고 거기에 보충 설명을 추가한 (다), 희망하는 내용을 제시한 (나)의 순서로 연결되는 것이 적절합니다.

This is a text that presents my experiences and thoughts on 'buying travel souvenirs.' It is appropriate to connect in the order of (가), which sets the background of the story, (라), which explains it in more detail, (다), which adds supplementary explanations, and (나), which presents the desired content.

기출문제 🔍

※ [57~58] 다음을 순서에 맞게 배열한 것을 고르십시오.

57. (3점)

> (가) 저는 여행을 가면 기념품을 꼭 삽니다.
>
> (나) 다음에는 산이나 바다 그림이 있는 컵을 사고 싶습니다.
>
> (다) 지금까지는 유명한 건물 그림이 있는 컵을 많이 샀습니다.
>
> (라) 기념품 중에서 여행한 장소의 그림이 있는 컵을 주로 삽니다.

① (가)-(나)-(다)-(라)   ② (가)-(라)-(다)-(나)

③ (라)-(가)-(나)-(다)   ④ (라)-(나)-(다)-(가)

정답 57. ②

58. (2점)

> (가) 회사원들의 이런 생활은 목에 좋지 않습니다.
>
> (나) 그래서 잠깐씩 일어나서 목 운동을 해야 합니다.
>
> (다) 또 목 주위를 따뜻하게 해 주는 것도 도움이 됩니다.
>
> (라) 회사원들은 오랜 시간 앉아서 컴퓨터를 보고 일합니다.

① (가)-(나)-(라)-(다) ② (가)-(다)-(나)-(라)
③ (라)-(가)-(나)-(다) ④ (라)-(다)-(나)-(가)

📖 ·· **64회 읽기 58번**

☑ 회사원 | 목 | 잠깐 | 주위 |
따뜻하다 | 오랜

58.

'회사 생활 중 목 건강을 지키는 법'에 관한 글입니다. 회사원들의 상황을 설명하고 있는 (라), 그로 인한 문제를 제기하고 있는 (가), 그리고 문제의 해결 방법을 제시하고 있는 (나), 거기에 추가적인 설명을 더하고 있는 (다)의 순서로 연결되는 것이 적절합니다.

This is a text about 'how to protect your neck health during office life'. It is appropriate to connect in the order of (라), which explains the situation of office workers, (가), which raises the problem caused by it, (나), which presents solutions to the problem, and (다), which adds further explanations.

정답 58. ③

🔍 응용 문제

☑ 비밀번호 | 기억하다 |
바꾸다 | 통장 | 우표 |
우체통 | 엽서 | 세계

57.

'비밀번호 설정'에 대한 나의 생각이 제시되어 있는 글입니다. 내 현재 상황에 대한 이야기로 글 시작하고 있는 (라), 거기에 좀 더 구체적인 설명을 더한 (가), 그리고 앞으로의 변화와 그 이유를 밝힌 (나)와 (다)의 순서로 연결되는 것이 적절합니다.

This is a text that presents my thoughts on 'setting passwords.' It is appropriate to connect in the order of (라), which starts the text with a story about my current situation, (가), which adds more specific explanations, and (나) and (다), which reveal future changes and the reasons for them.

응용문제 🔍

※ [57~58] 다음을 순서에 맞게 배열한 것을 고르십시오.

57. (3점)

> (가) 그렇게 하면 비밀번호를 잘 기억할 수 있습니다.
>
> (나) 그러나 새로 만든 숫자로 비밀번호를 바꾸려고 합니다.
>
> (다) 그런 번호는 다른 사람들도 쉽게 알 수 있기 때문입니다.
>
> (라) 저는 보통 제 생일이나 전화번호를 통장 등의 비밀번호로 사용합니다.

① (다)-(나)-(가)-(라)   ② (다)-(라)-(나)-(가)

③ (라)-(가)-(다)-(나)   ④ (라)-(가)-(나)-(다)

정답 57. ④

58. (2점)

> (가) 서울의 명동에는 우표 박물관이 있습니다.
>
> (나) 또 우표와 우체통의 역사도 배울 수 있습니다.
>
> (다) 박물관 구경을 마치고 나갈 때 선물로 예쁜 엽서도 줍니다.
>
> (라) 여기에 가면 세계 여러 나라의 우표를 구경할 수 있습니다.

① (가)-(라)-(나)-(다)　　　② (가)-(나)-(라)-(다)

③ (라)-(가)-(나)-(다)　　　④ (라)-(나)-(가)-(다)

58.

'우표 박물관'을 소개하는 글입니다. 글의 소재가 되는 우표 박물관 이야기를 시작하고 있는 (가), 거기에서 할 수 있는 일을 설명하고 있는 (라), 그리고 추가적인 정보를 더하고 있는 (나), 마지막으로 박물관 구경을 마친 후 일어나는 일에 대해 설명하고 있는 (다)의 순서로 연결되는 것이 적절합니다.

This is an introduction to the 'Stamp Museum.' It is appropriate to connect in the order of (가), which starts the story about the Stamp Museum, which is the topic of the text, (라), which explains what you can do there, (나), which adds additional information, and (다), which explains what happens after you finish looking around the museum.

정답 58. ①

※ [57~58] 다음을 순서에 맞게 배열한 것을 고르십시오.

57. (3점)

(가) 저는 경치가 좋은 곳에 가면 사진을 꼭 찍습니다.

(나) 다음에는 아름다운 산의 모습도 찍어 보고 싶습니다.

(다) 지금까지는 바다에서 해가 뜨는 사진을 많이 찍었습니다.

(라) 아름다운 경치 중에서도 바다가 있는 사진을 주로 찍습니다.

① (가)-(나)-(다)-(라)　　② (가)-(라)-(다)-(나)
③ (라)-(가)-(다)-(나)　　④ (라)-(나)-(가)-(다)

58. (2점)

(가) 그리고 다른 손님들도 위험하게 만들 수 있습니다.

(나) 식당이나 카페에 가면 그 안에서 뛰어다니는 아이들을 볼 수 있습니다.

(다) 그래서 요즘 아이들과 함께 가면 들어갈 수 없는 가게가 늘고 있습니다.

(라) 그렇게 뜨거운 음식이나 음료가 있는 곳에서 뛰어다니면 아이들이 다치기 쉽습니다.

① (나)-(라)-(가)-(다)　　② (나)-(가)-(다)-(라)
③ (다)-(가)-(라)-(나)　　④ (다)-(라)-(나)-(가)

📝 어휘

기출문제 57 - 58

기념품	souvenir	명	제주도 여행의 **기념품**으로 초콜릿을 샀어요.
그림	painting	명	제 동생은 **그림**을 잘 그립니다.
유명하다	famous	형	이 배우는 한국에서 아주 **유명합니다**.
주로	mostly	부	집에 쉴 때는 **주로** 음악을 듣습니다.
회사원	employee	명	저는 디자인 회사에 다니는 **회사원**입니다.
목	throat	명	**목**이 아프면 따뜻한 물을 많이 마셔야 해요.
잠깐	for a moment	명	힘들면 **잠깐** 쉬고 하세요.
주위	surroundings	명	제 **주위**에는 정말 좋은 친구들이 많습니다.
따뜻하다	warm	형	봄이 오면 날씨가 **따뜻해질** 거예요.
오랜	long time	관	저는 **오랜** 시간 한국어를 배웠어요.

응용문제 57 - 58

비밀번호	password	명	가끔 집의 **비밀번호**를 잊어버립니다.
기억하다	to remember	동	비밀번호는 **기억하기** 쉬운 것으로 만들어야 해요.
바꾸다	to change	동	어제 산 옷이 작아서 **바꾸러** 갈 거예요.
통장	bankbook	명	요즘은 은행에 가지 않고 인터넷으로 **통장**을 만듭니다.
우표	stamp	명	저는 세계 여러 나라의 **우표**를 모으고 있어요.
우체통	mailbox	명	편지를 써서 **우체통**에 넣었습니다.
엽서	postcard	명	고향 친구한테 예쁜 그림 **엽서**를 보냈어요.
세계	world	명	돈이 많으면 **세계** 여행을 하고 싶어요.

연습문제 57 - 58

경치	sight	명	그곳은 산과 바다가 있어서 **경치**가 아주 좋습니다.
아름답다	beautiful	형	이 도시는 건물들이 참 **아름답습니다**.
모습	figure	명	10년 전에 돌아가신 할머니의 **모습**이 요즘도 생각나요.
해	sun	명	아침에 **해**를 보러 한강에 갔습니다.

뜨다	to rise	동	여름이 되니까 해가 **뜨는** 시간이 빨라졌어요.
손님	customer	명	이 식당은 음식이 맛있어서 **손님**이 많습니다.
위험하다	dangerous	형	혼자 여행을 하면 **위험할** 때가 있습니다.
뛰어다니다	to run around	동	집안에서 너무 시끄럽게 **뛰어다니면** 안 됩니다.
뜨겁다	hot	형	냄비가 **뜨거우니까** 조심하세요.
다치다	to get hurt	동	어제 운동장에서 넘어져서 다리를 **다쳤어요**.
늘다	to increase	동	요즘 집에서 일하는 사람들이 많이 **늘었어요**.

📖 문법

☑ A / V-(으)면

1. 앞 문장의 내용이 뒤 문장 내용(일회성 사건)의 가정적 조건이 됨을 나타냅니다.

Indicates that the content of the previous sentence is a one-time event and becomes a hypothetical condition for the content of the following sentence.

예 내일 비가 **오면** 저는 그냥 집에 있겠습니다.

만약 영화표가 다 **팔렸으면** 쇼핑을 하러 갈까요?

2. 앞 문장의 내용이 뒤 문장 내용(반복적이고 일반적인 사건)의 가정적 조건이 됨을 나타냅니다.

Indicates that the content of the preceding sentence becomes a hypothetical condition for the content of the following sentence, which is a repetitive and general event.

예 날씨가 **추우면** 두꺼운 옷을 입으세요.

열심히 **노력하면** 성공할 수 있을 거예요.

☑ V-아야 / 어야 하다

당연히 해야 하는 행위나 어떤 의무를 나타내며, 의미상 청유형이나 명령형은 쓰지 않습니다.

This indicates an action that must be done or an obligation, and it is not used with the hortative or imperative mood.

예 이 약은 식사를 한 후에 **먹어야 해요.**

한국 대학에 입학하려면 한국어를 **배워야 합니다.**

☑ N(이)나

둘 이상의 대상을 나열하거나 그 중에 어떤 것을 선택함을 나타냅니다.

This indicates the listing of two or more items or the selection of one of them.

예 방학에는 제주도나 부산으로 여행을 갈 거예요.

학교까지 지하철이나 버스를 타고 갑니다.

📖 **[57~58]**

57. ②

☑ 경치 | 아름답다 | 모습 | 해 | 뜨다

'아름다운 경치의 사진을 찍는 것'에 대한 나의 경험이 제시되어 있는 글입니다. 글의 소재가 되는 나의 사진 이야기로 이야기를 시작하고 있는 (가), 거기에 대해 좀 더 구체적으로 설명하고 있는 (라), 그리고 추가적인 설명을 더한 (다)와 앞으로의 희망을 말하고 있는 (나)의 순서로 연결되는 것이 적절합니다.

This is a text that presents my experience of 'taking pictures of beautiful scenery.' It is appropriate to connect in the order of (가), which starts the story with my photography, which is the topic of the text, (라), which provides more specific explanations about it, and (다) and (나), which add further explanations and express future hopes.

58. ①

☑ 손님 | 위험하다 | 뛰어다니다 | 뜨겁다 | 다치다 | 늘다

'공공장소에서 뛰어다니는 아이들'에 대한 나의 생각을 이야기하는 글입니다. 카페나 식당 등에서 문제가 될 수 있는 아이들의 상황을 제시하고 있는 (나), 그로 인한 문제점과 추가적인 내용을 설명하고 있는 (라)와 (가), 그리고 그러한 문제의 해결을 위해 하고 있는 일을 설명하고 있는 (다)의 순서로 연결되는 것이 적절합니다.

This is a text that talks about my thoughts on 'children running around in public places.' It is appropriate to connect in the order of (나), which presents the situation of children that can be problematic in cafes, restaurants, etc., (라) and (가), which explain the problems caused by it and additional information, and (다), which explains what is being done to solve the problem.

메모

It's a question of reading the text and choosing an answer. Approximately 5 sentences of writing about health, knowledge for living a good life, and personal hobbies or experiences are presented. Checking questions 59 and 60 first and then reading the text will help you solve them.

59

Choosing where to put a sentence

- You can read a simple essay and infer the relationship between writing units.

Question 59 is the question of choosing where to place the presented sentence. First, read the first sentence to get a rough idea of what the main content is and anticipate the overall flow. You can also solve the problem by putting the presented sentences into each part and reading them together with the preceding and following content. Conjunctions help us determine location.

글을 읽고 답을 고르는 문제입니다. 건강이나 바른 생활을 위한 지식, 개인의 취미나 경험에 대한 글이 5문장 정도 제시됩니다. 먼저 59번과 60번 문제를 확인한 후 글을 읽는 것이 문제를 푸는 데 도움이 됩니다.

59 문장이 들어갈 위치 고르기

➡ 간단한 수필을 읽고 글 단위 간의 관계를 추론할 수 있다.

59번은 제시된 문장이 들어갈 위치를 고르는 문제입니다. 먼저 첫 문장을 읽어 내용의 중심 내용이 무엇인지 대략적으로 파악하여 전체적인 흐름을 예상합니다. 그리고 제시된 문장을 각각의 부분에 넣어 앞뒤 내용과 함께 읽어 보면 풀 수 있습니다. 접속사가 있으면 위치를 파악하는 데에 도움이 됩니다.

60 일치하는 내용 고르기

➡ 간단한 수필을 읽고 세부 내용을 파악할 수 있다.

60번은 다른 유형에서의 '일치하는 내용 고르기'와 마찬가지로 선택지의 내용을 먼저 확인하고 글의 내용과 하나씩 비교하며 문제를 풀면 됩니다. 선택지에 나오는 단어가 글 안에 있는 경우에는 그 부분의 문장과 비교해 보면 효율적입니다. 정답이 아닌 선택지는 대부분 말하지 않은 내용이나 반대되는 내용이 많습니다.

60 Choose matching content

-You can read a simple essay and understand the details.

For question 60, just like 'Select matching content' in other types, you can first check the content of the choices and compare them with the content of the text one by one to solve the problem. If the word that appears in the selection is in the text, it is efficient to compare it with the sentence in that part. Most of the options that are not correct have a lot of unsaid or contradictory content.

📖·· **91회 읽기 59-60번**

☑ 역사 | 설명하다 | 신청하다

59.
문제의 문장은 태국어 역사 설명 서비스를 받았다는 내용이니까 서비스를 신청했다는 내용과 그 감상 사이에 들어가는 것이 알맞습니다.

Since the sentence in question is about receiving a Thai history explanation service, it is appropriate to include it between the content that you applied for the service and your impressions.

60.
① 친구는 한국어를 잘 못합니다.
② 설명이 쉽고 재미있어서 친구가 좋아했습니다.
④ 친구가 태국어 설명 서비스를 신청했습니다.

① My friend doesn't speak Korean well.
② My friend liked it because the explanations were easy and interesting.
④ My friend applied for the Thai explanation service.

기출문제 🔍

※ [59~60] 다음을 읽고 물음에 답하십시오.

> 저는 태국 친구하고 인주 역사 박물관에 갔습니다. (㉠) 친구는 한국어를 잘 못합니다. (㉡) 그런데 그 박물관에는 외국어로 설명해 주는 서비스가 있었습니다. (㉢) 친구는 태국어 설명 서비스를 신청했습니다. (㉣) 설명이 쉽고 재미있어서 친구가 정말 좋아했습니다.

59. 다음 문장이 들어갈 곳으로 가장 알맞은 것을 고르십시오. (2점)

> 잠시 후에 태국 사람이 와서 태국어로 역사를 설명해 줬습니다.

① ㉠   ② ㉡   ③ ㉢   ④ ㉣

60. 윗글의 내용과 같은 것을 고르십시오. (3점)

① 제 친구는 한국어를 잘합니다.
② 태국어 설명은 조금 어려웠습니다.
③ 제 친구는 태국어로 설명을 들었습니다.
④ 저는 외국어 설명 서비스를 신청했습니다.

정답 59. ④   60. ③

✨🔍 응용 문제

응용문제 🔍

※ [59~60] 다음을 읽고 물음에 답하십시오.

> 저는 커피를 좋아해서 자주 마십니다. (㉠) 매일 일어나서 한 잔, 점심을 먹은 후에도 한 잔 마십니다. (㉡) 퇴근 후 집에서 쉴 때도 커피를 마시면서 텔레비전을 보거나 책을 읽습니다. (㉢) 우선 저녁에는 커피를 안 마실 생각입니다. (㉣)

59. 다음 문장이 들어갈 곳으로 가장 알맞은 것을 고르십시오. (2점)

> 하지만 요즘 잠을 잘 못 자서 커피를 조금만 마시려고 합니다.

① ㉠   ② ㉡   ③ ㉢   ④ ㉣

60. 윗글의 내용과 같은 것을 고르십시오. (3점)

① 저는 커피를 가끔 마십니다.

② 아침에는 커피를 안 마십니다.

③ 저녁에 마시는 커피를 좋아합니다.

④ 지금보다 커피를 조금 마실 겁니다.

☑ 우선

59.
'하지만'이 있으니까 평소에 커피를 자주 마신다는 내용과 앞으로 많이 마시지 않겠다는 내용 사이에 들어가는 것이 알맞습니다.

Since there is a 'but', it is appropriate to put it between saying that you drink coffee often and saying that you will not drink it as much in the future.

60.
① 저는 커피를 자주 마십니다.
② 일어나서 한 잔 마십니다.
③ 나오지 않은 내용입니다.

① I drink coffee often.
② I drink a cup after waking up.
③ This content was not mentioned.

정답 59. ③ 60. ④

※ [59~60] 다음을 읽고 물음에 답하십시오.

> 저는 고등학교 야구 동아리에서 활동하고 있습니다. (㉠) 우리 동아리는 매년 고등학교 야구 대회에 나갑니다. (㉡) 하지만 지금까지 한 번도 좋은 결과를 낸 적이 없습니다. (㉢) 그런데 올해 처음으로 우리 학교가 모든 학교를 이겼습니다. (㉣) 내년에도 꼭 모두 이기고 싶습니다.

59. 다음 문장이 들어갈 곳으로 가장 알맞은 것을 고르십시오. (2점)

> 우리는 정말 기뻐서 눈물을 흘렸습니다.

① ㉠   ② ㉡   ③ ㉢   ④ ㉣

60. 윗글의 내용과 같은 것을 고르십시오. (3점)

① 저는 매년 야구 대회를 보러 갑니다.
② 우리 학교는 처음 야구 대회에 나갔습니다.
③ 우리 학교는 한 번 모든 학교를 이겼습니다.
④ 우리는 야구 대회에서 이겨서 아주 슬펐습니다.

📖 어휘

기출문제 59-60

역사	history	명	한국 문화와 **역사**에 관심이 있어서 한국어를 배워요..
설명하다	to explain	동	선생님은 항상 우리가 이해하기 쉽게 **설명하세요.**
신청하다	to apply	동	댄스 동아리에 가입하고 싶어서 **신청했어요.**

응용문제 59-60

| 우선 | first of all | 부 | 배가 고프니까 일은 이따가 하고 **우선** 밥부터 먹읍시다. |

연습문제 59-60

동아리	club	명	우리 학교 농구 **동아리**는 전국적으로 유명해요.
활동하다	to be active	동	그 가수는 옛날에 배우로 **활동했어요.**
대회	competition	명	세계 댄스 **대회**에서 우리나라가 1등을 했어요.
눈물	tear	명	슬픈 영화를 보면 **눈물**이 나요.
흘리다	to shed	동	열심히 운동해서 땀을 **흘리면** 기분이 좋아요.

📖✏ 문법

⊘ V-아/어 주다

도움이 되는 어떤 행동을 함을 나타냅니다.

This indicates performing an action that is helpful.

예 어려운 내용을 친구가 가르쳐 줘서 고마웠어요.

창문을 좀 닫아 주세요.

⊘ V-(으)ㄴ 후에

어떤 행동 다음에 뒤의 행동을 함을 나타냅니다.

This indicates performing the following action after a certain action.

예 이 책을 다 읽은 후에 잘 거예요.

밥을 먹은 후에 이를 꼭 닦으세요.

⊘ A/V-거나

어느 것이 선택되어도 차이가 없는 상태나 행동을 둘 이상 나열하거나 그중 하나를 선택함을 나타냅니다.

This indicates listing two or more states or actions where the choice does not make a difference, or selecting one of them.

예 바쁘거나 피곤할 때 택시를 타요.

주말에는 집에서 쉬거나 외출해요.

감기에 걸렸으면 약을 먹거나 병원에 가세요.

📝 연습 문제 정답 및 해설

📖 **[59~60]**

☑ 동아리 | 활동하다 | 대회 | 눈물 | 흘리다

59. ④

올해 대회에 나가서 기쁜 이유는 모든 학교를 이겼기 때문이니까 올해 대회 결과를 말하고 있는 '그런데 올해 처음으로 우리 학교가 모든 학교를 이겼습니다.'의 뒤에 들어가는 것이 알맞습니다.

The reason I'm happy about going to this year's competition is because I beat all the schools, so it's appropriate to put it after 'But this year, for the first time, our school beat all the schools.' when talking about the results of this year's competition.

60. ③

① 야구 동아리에서 활동하며 매년 야구 대회에 나갑니다.
② 지금까지 좋은 결과를 낸 적이 없다고 했으니까 처음 대회에 나간 것이 아닙니다.
④ '슬프다'는 '기쁘다'와 비슷한 의미의 단어가 아닙니다. 눈물을 흘린 것은 기뻤기 때문입니다.

① I am active in the baseball club and participate in baseball competitions every year.
② Since you said you have never had good results so far, it is not your first time participating in a competition.
④ 'Sad' is not a word with a similar meaning to 'happy.' The reason I shed tears was because I was happy.

유형 분석 12 (61~62번)

Read a simple essay, understand the context, choose the right word to fill in the blank, understand the details, and choose the matching content. Read one passage and solve two problems.

The passages are often written about trivial things that happen around us in life and introduce our own experiences. It also introduces information that is helpful in daily life. Therefore, it is better to find the central material and understand what it has to do with it.

간단한 수필을 읽고 문맥을 파악하여 빈칸에 알맞은 말을 고르고, 세부 내용을 파악하여 일치하는 내용을 고르는 문제로 한 지문을 읽고 두 개의 문제를 풉니다.

지문은 주로 생활 주변에서 일어나는 사소한 일들을 소재로 써서 자신의 경험을 소개하는 글이 많습니다. 또는 일상 생활에서 도움이 되는 정보 등을 소개하기도 합니다. 그러므로 중심 소재를 찾아 그것과 관련된 내용을 이해하는 것이 좋습니다.

61 빈칸에 알맞은 말 고르기

➡ 간단한 수필을 읽고 문맥을 파악할 수 있다.

61번 문제는 빈칸에 들어가는 것을 선택지에서 고르는 문제입니다. 주로 빈칸에 들어가는 것은 동사나 형용사에 문법 표현이 결합된 어구입니다. 이 문제는 읽기 49번부터 계속 반복적으로 나오는 유형입니다.

61

Choosing the right word to fill in the blank

- You can read a simple essay and understand the context.

Question 61 is about choosing from a list of options to fill in the blank space. What usually goes into the blank space is a phrase that combines a verb or adjective with a grammatical expression. This problem is a type that comes up repeatedly starting from reading number 49.

62 일치하는 내용 고르기

➡ 간단한 수필을 읽고 세부 내용을 파악할 수 있다.

62번 문제는 주어진 내용과 같은 것을 선택지에서 고르는 문제입니다. 주어진 문장이 선택지에 똑같이 나오지 않고 비슷한 말이나 의미로 바뀌어 나오기 때문에 유의어나 비슷한 의미의 문법 등을 공부하는 것이 좋습니다. 이 문제는 선택지부터 읽는 것보다는 전체적인 글을 읽고 선택지에서 관련이 없는 내용을 하나씩 지우며 답을 찾는 것이 좋습니다.

62

Select matching content

-You can read a simple essay and understand the details.

Question 62 is a question of choosing from the options the same thing as the given content. Since a given sentence does not appear the same in the options but is replaced with similar words or meanings, it is a good idea to study synonyms and grammar with similar meanings. For this problem, rather than reading the options first, it is better to read the entire text and erase irrelevant information from the options one by one to find the answer.

61.
동생과 같이 간 식당이 분위기도 좋고 음식도 맛있어서 다음에 또 가고 싶다고 표현한 '가기로 했습니다.'가 알맞습니다.

Since the restaurant I went to with my younger sibling had a nice atmosphere and delicious food, the appropriate phrase is '가기로 했습니다 (decided to go)', which expresses the intention to visit again.

62.
① 지난주에 새 식당이 문을 열었습니다.
② 이 가구들은 모두 사장님이 만든 것인데
④ 여러 모양의 멋있는 가구들이 있습니다.

① A new restaurant opened last week.
② The owner of the restaurant made all of this furniture.
④ There are many cool pieces of furniture in different shapes.

기출문제 🔍

※ [61~62] 다음을 읽고 물음에 답하십시오. (각 2점)

> 지난주에 새 식당이 문을 열었습니다. 이 식당에는 여러 모양의 멋있는 가구들이 있습니다. 이 가구들은 모두 사장님이 만든 것인데 손님이 살 수도 있습니다. 저는 어제 동생과 그 식당에 처음 갔습니다. 우리는 꽃 모양 테이블에 앉아서 음식을 먹었습니다. 분위기도 좋고 음식도 맛있어서 우리는 다음에 또 (㉠).

61. ㉠에 들어갈 말로 가장 알맞은 것을 고르십시오.

① 간 것 같습니다   ② 갈 수 없습니다

③ 가면 안 됩니다   ④ 가기로 했습니다

62. 윗글의 내용과 같은 것을 고르십시오.

① 저는 이 식당에 오랜만에 갔습니다.

② 저는 이 식당의 가구를 만들었습니다.

③ 이 식당에서는 테이블을 살 수 있습니다.

④ 이 가게의 가구는 모두 같은 모양입니다.

정답 61. ④   **62.** ③

🔍 응용 문제

응용문제 🔍

※ [61~62] 다음을 읽고 물음에 답하십시오. (각 2점)

제 취미는 달리기입니다. 지난달부터 일주일에 한 번 한강에 모여서 달리기를 하는 모임에 나가기 시작했습니다. 처음에는 사람들과 함께 달리는 것이 부담스러웠습니다. (㉠) 함께 달려 보니까 좋은 점이 많습니다. 특히 혼자 달리면 지루할 때가 있는데 모임에 나가 보니까 서로 응원을 하면서 달릴 수 있어서 신나고 즐겁습니다. 앞으로 열심히 연습해서 마라톤 대회에도 나가 보고 싶습니다.

---

61. ㉠에 들어갈 말로 가장 알맞은 것을 고르십시오.

① 그런데   ② 그리고

③ 그래서   ④ 그러므로

62. 윗글의 내용과 같은 것을 고르십시오.

① 저는 매일 달리기 모임에 나갑니다.

② 혼자 달리면 심심할 때가 있습니다.

③ 처음부터 달리기 모임이 좋았습니다.

④ 친구를 응원하러 마라톤 대회에 갈 겁니다.

☑ 달리기 | 부담스럽다 |
 지루하다 | 서로 |
 응원하다 | 신나다 | 마라톤

61.
빈칸 앞뒤 문장을 보면 처음에 함께 달리는 것이 부담스러웠지만 함께 달려 보니까 좋은 점이 많다고 했습니다. 따라서 대조 접속 부사인 '그런데'가 알맞습니다.

Looking at the text before and after ㉠, it says that although it was burdensome to run together at first, there were many good things about running together. Therefore, a conjunction that expresses contrast should be used.

62.
① 일주일에 한 번 한강에 모여서 달리기를 하는 모임에 나가기 시작했습니다.
③ 처음에는 함께 달리는 것이 부담스러웠습니다.
④ 대회에도 나가 보고 싶습니다.

① I started going to a running club that meets once a week at the Han River.
③ At first, it was burdensome to run together.
④ I also want to participate in competitions.

정답 61. ①   62. ②

※ [61~62] 다음을 읽고 물음에 답하십시오. (각 2점)

요즘 종이 신문을 보는 사람들이 거의 없습니다. 그래서 주변에 신문지를 찾기가 힘든데 신문지는 우리 생활에 많은 도움이 됩니다. 신문지로 거울이나 유리창을 닦으면 수건보다 더 깨끗하게 닦을 수 있습니다. 그리고 (㉠) 젖은 신발 안에 신문지를 넣어 두면 신발이 빨리 마릅니다. 과일이나 야채를 보관할 때에도 신문지를 활용하면 오랫동안 보관할 수 있습니다.

61. ㉠에 들어갈 말로 가장 알맞은 것을 고르십시오.

① 비를 맞아서　　　　　② 수건으로 닦아서

③ 신발이 더러워서　　　④ 신문지가 깨끗해서

62. 윗글의 내용과 같은 것을 고르십시오.

① 신문을 보면 생활에 도움이 됩니다.

② 수건보다 신문지가 매우 깨끗합니다.

③ 신발을 말릴 때 신문지를 안에 넣으면 좋습니다.

④ 과일과 야채를 같이 보관하면 오랫동안 먹습니다.

📓 어휘

기출문제 61-62

모양	shape	명	이것으로 여러 **모양**의 빵을 만들 수 있어요.
가구	furniture	명	제 방에 있는 **가구**는 침대와 책상이에요.

응용문제 61-62

달리기	running	명	아침 일찍 일어나서 **달리기**를 합니다.
부담스럽다	burdensome	형	선물이 너무 비싸면 **부담스러워**할 거예요.
지루하다	boring	형	영화가 **지루해서** 끝까지 못 봤어요.
서로	each other	부	옆집 사람과 **서로** 친하게 지내고 있어요.
응원하다	to cheer	동	친구가 축구 선수라서 **응원하러** 축구장에 가요.
신나다	to be excited	동	**신나는** 방학을 보내세요.
마라톤	marathon	명	**마라톤** 대회가 있어서 오전에는 차가 다니지 못합니다.

연습문제 61-62

종이	paper	명	전화번호를 **종이**에 썼어요.
거의	almost	부	일을 **거의** 다 했으니까 잠깐만 기다리세요.
주변	surroundings	명	지하철역 **주변**에 있는 집은 월세가 조금 비싸요.
신문지	newspaper	명	그릇은 **신문지**에 싸서 가지고 가면 돼요.
거울	mirror	명	화장을 할 때 **거울**을 보면서 해요.
유리창	glass window	명	**유리창**이 더러워서 닦았어요.
수건	towel	명	세수를 하고 **수건**으로 닦아요.
젖다	to get wet	동	비를 맞아서 운동화가 **젖었어요.**
마르다	to dry	동	날씨가 맑아서 빨래가 빨리 **말라요**
보관하다	to keep	동	과일을 신선하게 **보관하려면** 냉장고에 넣으세요.
활용하다	to utilize	동	집에서 식초를 세제로 **활용할** 수 있어요.

📖 문법

✓ V-기로 하다

동사에 붙어 어떤 행위에 대하여 그렇게 할 것을 계획하거나 결정함을 나타냅니다. 또한 상대에게 제안하거나 약속을 할 때 또는 자신의 결심이나 결정을 이야기할 때 사용할 수 있는 표현입니다.

This attaches to a verb to indicate the planning or decision to perform a certain action. It can also be used when making a suggestion or promise to someone, or when talking about one's own resolution or decision.

예 방학 때 아르바이트를 하기로 했어요.

같이 산책을 할래요? – 좋아요. 여의도까지 걷기로 해요.

✓ N(으)로

어떤 일의 수단 · 도구를 나타낼 때 사용하는 표현입니다.

This expression is used to indicate the means or tools of something.

예 한국에서는 젓가락으로 반찬을 먹습니다.

시험을 볼 때에는 볼펜으로 써야 돼요.

✓ N보다 (더)

서로 차이가 있는 것을 비교하는 경우에 사용하는 표현입니다.

This expression is used when comparing things that have differences.

예 동생이 저보다 키가 더 커요.

어제보다 오늘이 더 추운 것 같아요.

연습 문제 정답 및 해설

[61~62]

☑ 종이 | 거의 | 주변 | 신문지 | 거울 | 유리창 | 수건 | 젖다 | 마르다 | 보관하다 | 활용하다

61. ①

빈칸 뒤에 젖은 신발 안에 신문지를 넣어 두면이라는 문장이 있으므로 신발이 젖은 이유인 비를 맞아서가 정답입니다.

Looking at the sentence after ㉠, it says, 'If you put newspaper inside wet shoes...' So the answer should explain why the shoes are wet, which is 'because they got wet in the rain.'

62. ③

① 신문지는 우리 생활에 많은 도움이 됩니다.
② 신문지로 거울이나 유리창을 닦으면 수건보다 더 깨끗하게 닦을 수 있습니다.
④ 과일이나 야채를 보관할 때에도 신문지를 활용하면 오랫동안 보관할 수 있습니다.

① Newspaper is very helpful in our lives.
② If you wipe a mirror or window with newspaper, you can clean it more cleanly than with a towel.
④ If you use newspaper when storing fruits or vegetables, you can store them for a long time.

It is a matter of reading practical texts such as emails or Internet bulletin boards, understanding the context, selecting the writer's intention or purpose, and understanding the details to select matching content. Question 63 is worth 2 points, Question 64 is worth 3 points, and the passage There are about 5 to 6 of them.

There are mainly notices about cultural events such as speech or sports competitions, concerts, and cultural experiences on bulletin boards at companies or apartments. In addition, advertisements for product sales and e-mails sent to service centers are included in the test.

이메일이나 인터넷 게시판 등과 같은 실용문을 읽고 문맥을 파악하여 글쓴이의 의도나 목적을 고르고, 세부 내용을 파악하여 일치하는 내용을 고르는 문제입니다. 63번은 배점이 2점이고 64번은 배점이 3점이며, 지문은 5~6개 정도입니다.

지문은 회사나 아파트의 게시판, 말하기나 운동 대회, 음악회나 문화 체험 등의 문화 행사에 대한 안내문이 많습니다. 또 물건 판매에 대한 광고나 서비스 센터에 보내는 이메일 내용 등이 출제됩니다.

63 필자의 의도/목적 고르기

➡ 매체 담화를 읽고 필자의 의도나 목적을 추론할 수 있다.

63번 문제는 글쓴이가 왜 글을 썼는지 이유를 찾아 선택지에서 고르는 문제입니다. 글을 읽기 전에 선택지부터 먼저 확인하고 지문에서 그 이유를 찾는 것이 좋습니다. 기출 예시처럼 글을 쓴 이유를 제시하기 때문에 '-(으)려고, -고 싶어서'와 같은 문법 표현과 '물어보다, 소개하다, 안내하다, 신청하다(받다), 확인하다, 초대하다, 취소하다, 교환하다, 바꾸다, 설명하다, 알리다' 등의 단어들이 자주 나옵니다.

63

Choosing the writer's intention/purpose

- You can read the media discourse and infer the writer's intention or purpose.

Question 63 is about finding the reason why the author wrote the article and choosing from the options. Before reading the text, it is a good idea to check your choices first and find the reasons in the passage. Because it presents the reason for writing like a past exam example, grammatical expressions such as '-(으)려고, -고 싶어서' and 'ask, introduce, guide, apply (receive), confirm, invite, cancel 'Words such as 'do', 'exchange', 'change', 'explain', and 'inform' appear frequently.

기출 예시

제 60회　① 주문 방법을 **물어보려고**
　　　　　② 구두를 더 **주문하고 싶어서**
　　　　　③ 구두 사이즈를 **바꾸고 싶어서**
　　　　　④ 구두를 산 날짜를 **확인하려고**

64 일치하는 내용 고르기

➡ 매체 담화를 읽고 세부 내용을 파악할 수 있다.

64번 문제는 주어진 내용과 같은 것을 선택지에서 고르는 문제입니다. 그런데 내용을 전체적으로 이해하는 것보다 장소, 시간, 일정 등의 정보를 찾는 것이 더 중요하므로 글의 내용과 선택지를 비교하며 관련없는 것을 하나씩 지우면서 답을 찾는 것이 좋습니다. 그리고 주어진 문장이 똑같이 나오지 않기 때문에 유의어나 비슷한 의미의 문법을 알아 두는 것이 좋습니다.

64

Select matching content

- You can read media discourse and understand the details.

Question 64 is a question of choosing from the options the same thing as the given content. However, finding information such as place, time, schedule, etc. is more important than understanding the content as a whole, so it is a good idea to find the answer by comparing the content of the text and the options and deleting irrelevant items one by one. And since no given sentence comes out the same, it is a good idea to know synonyms or grammar with similar meanings.

기출 문제

📖 **·· 83회 읽기 63~64번**

☑️ 기간 | 수업료

63.
회사에서 직원들에게 보낸 이메일입니다. 회사의 영어 수업에 대한 안내로 '수업 기간, 수업료, 신청 방법'을 알려 주고 있습니다. 즉 수업 신청을 하는데 필요한 정보를 알려 주고 있습니다.

This is an email sent from a company to its employees. It provides information about the company's English class, including the 'class period, tuition, and how to apply.' In other words, it is providing the information needed to register for the class.

64.
① 수업 기간: 8월 1일~ 8월 31일
② 화, 목 19시~21시
④ 수업료 : 무료

① Class period: August 1st – August 31st
② Tue, Thu 19:00~21:00
④ Tuition: Free

기출문제 🔍

※ [63~64] 다음을 읽고 물음에 답하십시오.

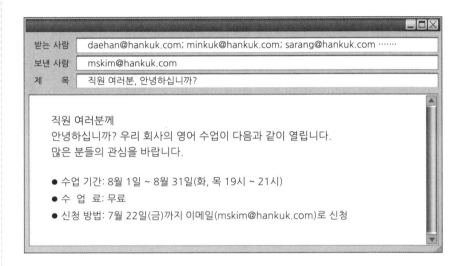

받는 사람 daehan@hankuk.com; minkuk@hankuk.com; sarang@hankuk.com ······
보낸 사람 mskim@hankuk.com
제 목 직원 여러분, 안녕하십니까?

직원 여러분께
안녕하십니까? 우리 회사의 영어 수업이 다음과 같이 열립니다.
많은 분들의 관심을 바랍니다.

● 수업 기간: 8월 1일 ~ 8월 31일(화, 목 19시 ~ 21시)
● 수 업 료: 무료
● 신청 방법: 7월 22일(금)까지 이메일(mskim@hankuk.com)로 신청

63. 왜 윗글을 썼는지 맞는 것을 고르십시오. (2점)

① 수업 시간을 바꾸려고

② 수업 신청을 받으려고

③ 수업 방법을 설명하려고

④ 수업 장소를 안내하려고

64. 윗글의 내용과 같은 것을 고르십시오. (3점)

① 칠월에 수업을 시작합니다.

② 영어 수업은 매일 있습니다.

③ 영어 수업은 한 달 동안 합니다.

④ 수업을 들을 때 돈을 내야 합니다.

정답 63. ② 64. ③

🔍 응용 문제

응용 문제 🔍

※ [63~64] 다음을 읽고 물음에 답하십시오.

┌──────────────────────────────┐
│ **동물 사랑 걷기 대회** 🔍   │
│ **'제 5회 동물 사랑 걷기 대회'에 참가하세요.**   │
│   │
│    │
│   │
│ 사랑하는 동물과 함께 약 1.2km의 숲길을 걷는   │
│ '동물사랑 걷기 대회'에 초대합니다. 가을의 경치   │
│ 를 느끼면서 가벼운 산책을 즐길 수 있습니다.   │
│   │
│ 참가하고 싶은 분들은 24일까지 한국동물센터   │
│ 홈페이지에서 온라인으로 신청하면 됩니다. 온라   │
│ 인 신청을 못한 분들을 위해 걷기 대회 날 현장에   │
│ 서도 신청이 가능합니다.   │
└──────────────────────────────┘

63. 왜 윗글을 썼는지 맞는 것을 고르십시오. (2점)

① 대회 장소를 바꾸려고

② 대회 시간을 확인하려고

③ 대회 날짜를 안내하려고

④ 대회 신청 방법을 설명하려고

64. 윗글의 내용과 같은 것을 고르십시오. (3점)

① 이 대회는 봄에 열립니다.

② 24일부터 참가 신청을 받습니다.

③ 숲길을 가볍게 뛰어 가면 됩니다.

④ 대회를 하는 곳에서도 신청할 수 있습니다.

☑ 동물 | 숲길 | 홈페이지 |
현장 | 참여하다

63.
'동물사랑 걷기대회'를 알리는 안내문입니다. 대회에 참가하고 싶은 사람들은 24일까지 홈페이지에서 온라인으로 신청을 하거나 대회 날 현장에서 신청 할 수 있다는 것을 알려 주고 있습니다. 즉 대회 신청 방법을 설명하고 있습니다.

This is an announcement for the 'Animal Love Walking Competition.' It informs people who want to participate in the competition that they can apply online through the website by the 24th or apply on-site on the day of the competition. In other words, it explains how to apply for the competition.

64.
① 가을의 경치를 느끼면서 가벼운 산책을 즐길 수 있습니다.
② 참가하고 싶은 분들은 24일까지 신청하면 됩니다.
③ 가벼운 산책을 즐길 수 있습니다.

① You can enjoy a light walk while experiencing the autumn scenery.
② Those who want to participate can apply by the 24th.
③ You can enjoy a light walk.

정답 63. ④ 64. ④

📝 연습 문제

※ [63~64] 다음을 읽고 물음에 답하십시오.

식탁을 무료로 드립니다.

한 달밖에 사용하지 않은 흰색 식탁입니다.
원하시면 의자도 함께 드립니다.
평소에 책상으로 사용해서 아주 깨끗합니다.
갑자기 이사를 가게 돼서 빨리 가져가실 분에게 드리고 싶습니다.
직접 가지고 가셔야 됩니다.

관심 있으신 분은 문자로 연락 주세요. 010-1234-5678

63. 왜 윗글을 썼는지 맞는 것을 고르십시오. (2점)

① 식탁을 팔고 싶어서

② 식탁을 빌리고 싶어서

③ 식탁을 교환하고 싶어서

④ 식탁을 무료로 주고 싶어서

64. 윗글의 내용과 같은 것을 고르십시오. (3점)

① 이 식탁은 새 식탁입니다.

② 의자도 같이 가져갈 수 있습니다.

③ 책상을 많이 사용해서 식탁은 깨끗합니다.

④ 이사하면서 식탁을 직접 배달해 줄 겁니다.

어휘

기출문제 63 - 64

기간	period	명	축제 **기간**에는 차가 다니지 못해요.
수업료	tuition	명	그 학원은 **수업료**가 별로 비싸지 않아요.

응용문제 63 - 64

동물	animal	명	**동물**들을 보러 동물원에 갈 거예요.
숲길	forest road	명	**숲길**을 걸으면서 건강해졌어요.
홈페이지	homepage	명	회사 **홈페이지**에서 신청하면 돼요.
현장	site	명	대회하는 날 **현장**에 있으니까 더 긴장이 됐어요.
참여하다	to participate	동	유학생들은 누구나 모임에 **참여할** 수 있어요.

연습문제 63 - 64

흰색	white	명	**흰색** 옷은 빨리 더러워져요.
원하다	to want	동	사람들은 누구나 행복하게 살기를 **원합니다.**
평소	usual	명	오늘은 **평소**보다 더 화장을 예쁘게 했어요.

📖 문법

☑ V-(으)면서

앞 절의 행동을 하거나 상태를 유지하면서 동시에 뒤 절의 다른 행동을 하거나 다른 상태도 유지하고 있음을 나타내는 표현입니다.

It is an expression that indicates performing an action or maintaining a state in the previous clause while simultaneously performing another action or maintaining a different state in the following clause.

예 저는 유튜브를 **보면서** 밥을 먹어요.

길을 **걸으면서** 휴대폰을 보지 마세요.

☑ V-(으)면 되다

동사 뒤에 붙어 이 행동이 어떤 일을 실현하고자 할 때 충분조건이 됨을 나타내는 표현입니다.

It is an expression attached to the stem of a verb that indicates that this action is a sufficient condition for realizing something.

예 가방은 책상 위에 **놓으면 돼요**.

교통 카드가 없으면 일회용 카드를 **사면 돼요**.

☑ N밖에

명사 뒤에 붙어 그것 이외에는 다른 가능성이나 선택의 여지가 없음을 나타내는 표현으로 '안, 못, 모르다, 없다' 등의 부정을 나타내는 말과 함께 씁니다.

It is attached to the end of a noun to indicate that there are no other possibilities or options other than that, and is used together with words expressing negation such as 'not, can't, don't know, doesn't exist ('안, 못, 모르다, 없다')'.

예 시간이 **5분밖에** 안 남았어요.

교실에 학생이 두 **명밖에** 없습니다.

연습 문제 정답 및 해설

📖 [63~64]

☑️ 흰색 | 원하다 | 평소

63. ④

식탁을 무료로 준다는 게시판의 제목을 통해 글을 쓴 이유를 알 수 있습니다.

The reason for writing the post can be understood from the title on the bulletin board, which says that the dining table is being given away for free.

64. ②

① 한 달밖에 사용하지 않은 흰색 식탁입니다.
③ 평소에 책상으로 사용해서 깨끗합니다.
④ 직접 가지고 가셔야 됩니다.

① This is a white dining table that has only been used for a month.
③ It is clean because it is usually used as a desk.
④ You must take it with you yourself.

It's a question of reading the text and choosing an answer. About 5 sentences about event information, daily life information, and common sense are presented, and two questions are asked. Checking the problem first before reading the text will help you solve the problem.

글을 읽고 답을 고르는 문제입니다. 행사 안내나 생활 정보, 상식에 대한 글이 5문장 정도 제시되며 두 문제가 출제됩니다. 글을 읽기 전에 먼저 문제를 확인하는 것이 문제를 푸는 데 도움이 됩니다.

65 빈칸에 알맞은 말 고르기

➡ 설명문을 읽고 문맥을 파악할 수 있다.

65번은 ㉠에 들어갈 알맞은 표현을 고르는 문제입니다. 보기의 표현을 ㉠에 넣어 앞뒤 내용과 함께 읽어 보면 쉽게 풀 수 있습니다. 선택지는 53번 문제와 같이 하나의 내용을 4개의 문법으로 제시하는 유형이나 하나의 문법에 4개의 내용을 제시하는 유형이 있습니다.

65

Choosing the right word to fill in the blank

- You can read the explanation and understand the context.

Question 65 is a question of choosing the appropriate expression to enter ㉠. You can easily solve the problem by putting the expression in the example in ㉠ and reading it together with the contents before and after it. There are two options: one that presents one content in four grammars, as in question 53, or one that presents four contents in one grammar.

66 일치하는 내용 고르기

➡ 설명문을 읽고 세부 내용을 파악할 수 있다.

66번은 [49~50]번 문제부터 반복해 출제되는 유형입니다. 마찬가지로 선택지의 내용을 먼저 확인하고 글의 내용과 하나씩 비교하며 문제를 푸는 것이 좋습니다. 선택지에 나오는 단어나 표현이 글 안에 있을 경우에는 그 부분의 문장과 비교해 보면 쉽게 답을 찾을 수 있습니다. 단, 글에 나오는 단어나 표현을 그대로 쓰지 않고 유사한 단어나 문법으로 표현하기도 하므로 주의해야 합니다. 정답이 아닌 선택지는 대부분 말하지 않은 내용이나 반대되는 내용이 많습니다.

66

Select matching content

- You can read the explanation and understand the details.

Question 66 is a type of question that is repeated from questions [49~50]. Likewise, it is a good idea to first check the content of the options and compare them one by one with the content in the text to solve the problem. If a word or expression that appears in the selection is in the text, you can easily find the answer by comparing it with the sentence in that part. However, you must be careful because words or expressions that appear in the text may not be used exactly, but may be expressed using similar words or grammar. Most of the options that are not correct have a lot of unsaid or contradictory content.

🔍 기출 문제

☑ 행사 | 나누다

65.

새로 나온 책을 구경할 수도 있고 읽은 책을 팔거나 작가와 이야기를 나누는 프로그램도 있다고 했으니까 '프로그램이 다양해서'가 알맞습니다.

Since you said there are programs where you can browse new books, sell books you've read, or talk with authors, 'there are a variety of programs' is appropriate.

66.

① 새로 나온 책을 구경할 수도 있습니다.

② 행사는 매월 마지막 주 수요일 하루입니다.

④ 행사에 다녀와서 느낀 것을 쓴 사람에게 선물을 줍니다.

① You can also check out newly released books.

② The event is held on the last Wednesday of every month.

④ Give a gift to someone who writes about their feelings after attending the event.

기출문제 🔍

※ [65~66] 다음을 읽고 물음에 답하십시오.

> 매월 마지막 주 수요일에 인주시청 앞에서는 '책을 읽읍시다!'라는 행사를 합니다. 이 행사는 (㉠) 사람들에게 인기가 많습니다. 새로 나온 책을 구경할 수도 있고 자기가 읽은 책을 다른 사람에게 싸게 팔 수도 있습니다. 유명한 작가와 인사를 나누는 프로그램도 있습니다. 행사에 다녀와서 느낀 것을 홈페이지에 쓰면 선물도 받을 수 있습니다.

65. ㉠에 들어갈 말로 가장 알맞은 것을 고르십시오. (2점)

① 참가비가 비싸서　　　　② 집에 갈 수 있어서

③ 주말에 갈 수 있어서　　　④ 프로그램이 다양해서

66. 윗글의 내용과 같은 것을 고르십시오. (3점)

① 이 행사에 있는 책은 모두 오래된 책입니다.

② 이 행사는 인주시청에서 한 달 동안 합니다.

③ 이 행사에서는 유명한 작가를 만날 수 있습니다.

④ 이 행사에 참가한 모든 사람에게는 선물을 줍니다.

정답 65. ④　66. ③

🔍 응용 문제

응용문제 🔍

※ [65~66] 다음을 읽고 물음에 답하십시오.

> 보통 배탈이 났을 때는 아무것도 먹지 않는 것이 좋다고 생각합니다. 하지만 아무것도 먹지 않는 것보다 밥을 조금 먹는 것이 더 좋습니다. 그렇지만 평소처럼 맵거나 짠 반찬을 함께 먹는 것은 좋지 않습니다. 밥에 물을 넣고 끓여서 부드럽게 만든 것을 먹으면 배가 아프지 않습니다. (㉠) 간장을 조금 넣어 먹으면 됩니다.

65. ㉠에 들어갈 말로 가장 알맞은 것을 고르십시오. (2점)

① 너무 싱거우면   ② 너무 맛있으면

③ 너무 부드러우면   ④ 배가 너무 아프면

66. 윗글의 내용과 같은 것을 고르십시오. (3점)

① 배탈이 났을 때 밥을 먹으면 안 됩니다.

② 배탈이 났을 때는 간장을 먹으면 안 아픕니다.

③ 배탈이 났을 때는 맵거나 짠 음식이 도움이 됩니다.

④ 배탈이 났을 때는 따뜻하고 부드러운 밥이 좋습니다.

☑ 배탈 | 부드럽다

65.
간장을 넣으면 짠맛을 낼 수 있습니다. 밥에 물을 넣어 끓이면 맵지도 짜지도 않으니까 맛이 너무 연해 맛이 없다는 뜻의 '너무 싱거우면'이 알맞습니다.

Adding soy sauce can make it taste salty. If you boil rice with water, it is neither spicy nor salty, so the term 'too bland', which means the taste is too light and tasteless, is appropriate.

66.
① 밥을 조금 먹는 것이 좋습니다.
② 배탈에는 밥에 물을 넣고 끓인 것을 먹으면 배가 아프지 않습니다.
③ 맵거나 짠 반찬을 먹으면 좋지 않습니다. 도움이 안 됩니다.

① It is better to eat a little rice.
② If you have an upset stomach, if you boil rice with water, your stomach will not hurt.
③ It is not good to eat spicy or salty side dishes. It doesn't help.

정답 65. ①   66. ④

연습 문제

※ [65~66] 다음을 읽고 물음에 답하십시오.

인주시민공원에서는 지난 5월부터 '운동하는 인주공원' 행사가 열리고 있습니다. 행사는 매주 목요일 저녁 8시부터 9시까지고 무료입니다. 행사에서는 요가나 달리기를 (㉠) 운동에 자신이 없는 사람들도 함께 즐길 수 있습니다. 행사에 가고 싶은 사람은 인터넷으로 예약을 해도 되고 가고 싶은 날 공원에서 신청해도 괜찮습니다. 하지만 한 달에 한 번 열리는 '케이팝 댄스 교실'은 참가하려면 인터넷 예약이 꼭 필요합니다.

65. ㉠에 들어갈 말로 가장 알맞은 것을 고르십시오. (2점)

① 전문가에게 배우지 못하니까   ② 전문가에게 배우고 싶으니까

③ 전문가에게 배울 수 있으니까   ④ 전문가에게 배운 적이 있으니까

66. 윗글의 내용과 같은 것을 고르십시오. (3점)

① 행사에 참가할 때는 돈을 냅니다.

② 주말에는 행사가 열리지 않습니다.

③ 모든 행사는 인터넷 예약이 꼭 필요합니다.

④ 행사는 오월부터 매달 한 번씩 열리고 있습니다.

어휘

기출문제 65-66

행사	event	명	크리스마스에는 재미있는 **행사**가 많아요.
나누다	to divide	동	오늘은 배우 김해인 씨와 이야기를 **나누겠습니다.**

응용문제 65-66

배탈	upset stomach	명	아이스크림을 너무 많이 먹으면 **배탈**이 나요.
부드럽다	soft	형	아기는 피부가 아주 **부드러워요.**

연습문제 65-66

열리다	to be held	동	2018년 겨울에 한국에서 동계올림픽이 **열렸어요.**

📖 문법

☑ A / V-(으)ㄹ 수 있다

어떤 상황이나 일이 가능함을, 또는 가능성을 나타냅니다. 동사의 경우 능력을 나타내기도 합니다.

It indicates that a certain situation or thing is possible, or a possibility. In the case of a verb, it also indicates ability.

예 그 문제는 아이에게 **어려울 수 있어요.**

주말에는 **만날 수 있어요.**

운전을 **할 수 있어요.**

☑ V-(으)려면

'어떤 행동의 의도나 목적을 실현하려고 하면'의 뜻을 나타냅니다. 뒤에는 주로 실현을 위해 필요한 조건이 이어 집니다.

This phrase expresses the meaning of 'if one intends or aims to realize a certain action.' It is usually followed by the conditions necessary for the realization.

예 기차를 **타려면** 3시 전에 도착해야 해요.

운동을 **잘하려면** 매일 연습이 필요해요.

연습 문제 정답 및 해설

📖 [65~66]

☑ 열리다

65. ③

㉠에는 운동에 자신이 없는 사람들도 참가할 수 있는 이유가 들어가야 하니까 '전문가에게 배울 수 있으니까'가 알맞습니다.

㉠ should include a reason why even people who are not confident in exercising can participate, so 'because they can learn from experts' is appropriate.

66. ②

① 무료니까 돈을 안 냅니다.
③ 케이팝 댄스 교실만 예약이 꼭 필요합니다.
④ 5월부터 매주 한 번씩 열리고 있습니다.

① It's free, so you don't have to pay.
③ Reservations are required only for K-pop dance classes.
④ It has been held once a week since May.

유형 분석 15 (67~68번)

The task is to read the text and answer the questions. The text consists of one paragraph consisting of about 5 to 7 sentences, and covers a wide variety of topics related to daily life knowledge, such as 'stories of inventions', 'seasons and health', 'meteorological phenomena', and 'Korean culture'.

글을 읽고 물음에 답하는 문제입니다. 글은 5~7문장 정도로 구성된 한 문단으로 되어 있으며, '발명품 이야기'나 '계절과 건강', '기상 현상', '한국 문화' 등 생활 지식 등과 관련된 매우 다양한 소재들을 다루고 있습니다.

67 빈칸에 알맞은 말 고르기

➡ 설명문을 읽고 문맥을 파악할 수 있다.

67번은 상황이나 맥락을 활용해서 글의 빈칸에 들어갈 말을 고르는 문항입니다. 주어진 전체의 문단을 읽고 생략된 내용을 추론하여 선택지에서 그 문맥과 상황에 맞는 말을 골라야 합니다. 생략된 내용이 포함된 한 문장만으로는 내용을 유추할 수 없기 때문에 앞뒤 문장의 관계를 파악한 후 제시된 정보들을 활용하여 전체의 내용에 맞는 표현을 추론해 가는 능력이 필요합니다. 선택지는 주로 서로 다른 네 개의 표현이 동일한 문법과 2~3어절의 말을 이루고 있는 형태로 제시됩니다.

67

Choosing the right word to fill in the blank

- You can read the explanation and understand the context.

Question 67 is a question that uses the situation or context to select words to fill in the blank spaces in the text. You must read the entire given paragraph, infer the omitted content, and select the words from the options that fit the context and situation. Since the content cannot be inferred from just one sentence containing omitted content, the ability to understand the relationship between the preceding and following sentences and then use the information presented to infer an expression that fits the overall content is necessary. Options are usually presented as four different expressions with the same grammar and 2-3 word clauses.

68 일치하는 내용 고르기

➡ 설명문을 읽고 세부 내용을 파악할 수 있다.

68번은 세부 내용을 이해하고 파악하여 글의 내용과 같은 진술을 고르는 문항입니다. 전체적인 내용을 모두 잘 읽고 답을 골라야 하며, 글의 내용과 선택지를 비교해 가면서 관련이 없는 내용을 하나씩 지워 나가도록 합니다. 그리고 선택지에서는 글의 내용과 같은 말이라고 해도 글에 나온 표현을 그대로 사용하지 않는 경우도 있기 때문에 의미가 유사한 어휘들을 잘 파악하면서 답을 찾아야 합니다. 예를 들어 91회 이 유형의 문항에서는 '아이가 어디에 있는지 쉽게 알 수 있습니다.'라는 말을 선택지에서 '아이의 위치를 확인하기 쉽습니다.'로 바꾸어 제시했습니다.

68

Select matching content

- You can read the explanation and understand the details.

Question number 68 is designed to assess your understanding of the details within a passage by asking you to select a statement that accurately reflects the text. To answer correctly, you must read the entire passage carefully and compare each option against the information presented. Eliminate incorrect options by identifying any discrepancies between the text and the choices provided. Keep in mind that correct options may paraphrase the original text using synonyms or similar expressions; therefore, pay close attention to the meaning of the vocabulary used. For instance, in a similar question from the 91st exam, the sentence 'It is easy to know where the child is' was rephrased in an option as 'It is easy to confirm the child's location.'

🔍 기출 문제

📖·· 83회 읽기 67-68번

☑️ 봄 | 몸 | 낮 | 밤 | 생기다 |
기온 | 높다 | 낮다 | 온도 |
차이 | 따라가다 | 햇빛

67.

빈칸 앞에 '낮과 밤의'라는 말이
있고 다음 문장에서 '봄에는 낮
기온은 높지만 아침과 밤 기온은
낮습니다.'라는 말이 있으니까,
'기온이 크게 달라서'라는 말이
들어가는 게 적절합니다.

The text before the blank says,
'the temperature difference
between day and night,' and the
next sentence says, 'In spring,
the daytime temperature is
high, but the morning and night
temperatures are low,' so it is
appropriate to fill in the blank
with 'because the temperature
difference is big.'

68.

② 봄에는 낮 기온은 높지만 아
침과 밤 기온은 낮습니다.
③ 물을 많이 마시는 것도 도움
이 됩니다.
④ 햇빛을 보면서 산책을 하면
좋습니다.

② In spring, the daytime
temperature is high, but the
morning and night
temperatures are low.
③ Drinking a lot of water is
also helpful.
④ It is good to take a walk
while getting some
sunlight.

정답 67. ③   68. ①

기출문제 🔍

※ [67~68] 다음을 읽고 물음에 답하십시오. (각 3점)

> 봄에는 몸에 힘이 없고 자주 피곤해집니다. 그것은 낮과 밤의
> (㉠) 생기는 일입니다. 봄에는 낮 기온은 높지만 아침과 밤 기온은
> 낮습니다. 사람의 몸은 이 온도 차이를 잘 따라가지 못해서 쉽게 피곤
> 해집니다. 이럴 때는 햇빛을 보면서 산책을 하면 좋습니다. 물을 많이
> 마시는 것도 도움이 됩니다.

67. ㉠에 들어갈 말로 가장 알맞은 것을 고르십시오.

① 물이 뜨거워져서   ② 햇빛이 아주 강해서

③ 기온이 크게 달라서   ④ 온도 차이가 적어져서

68. 윗글의 내용과 같은 것을 고르십시오.

① 봄에는 몸이 쉽게 피곤해집니다.

② 봄에는 아침과 낮의 기온이 비슷합니다.

③ 봄에는 물을 많이 마시면 건강에 나쁩니다.

④ 봄에는 밤에 산책을 하는 것이 도움이 됩니다.

🔍 응용 문제

응용문제 🔍

※ [67~68] 다음을 읽고 물음에 답하십시오. (각 3점)

> 겨울에는 피부에 더 관심을 가져야 합니다. 기온이 떨어지고 (㉠) 피부에 다양한 문제가 생길 수 있습니다. 춥고 바람이 많이 불 때 외출을 하려면 목도리와 장갑 등으로 피부 건강을 지켜야 합니다. 따뜻한 물과 차를 자주 마시는 것도 피부 건강에 도움이 됩니다. 매일 먹는 음식도 피부 건강과 깊은 관계가 있습니다. 겨울에는 과일과 채소를 많이 먹는 게 좋습니다. 또 밤에 자기 전에 피부를 깨끗하게 닦아주는 것도 중요합니다.

67. ㉠에 들어갈 말로 가장 알맞은 것을 고르십시오.

① 눈이 자주 내리면   ② 차가운 바람이 불면

③ 외출하는 일이 줄면   ④ 건강이 많이 나빠지면

68. 윗글의 내용과 같은 것을 고르십시오.

① 겨울에는 매일 과일을 먹어야 합니다.

② 겨울에는 피부 건강이 제일 중요합니다.

③ 겨울에는 밤에 차를 마시는 게 좋습니다.

④ 겨울에는 자기 전에 깨끗하게 씻어야 합니다.

☑ 피부 | 떨어지다 | 다양하다 | 목도리 | 장갑 | 깊다 | 관계 | 닦다

67.

앞뒤 문맥상 빈칸에는 앞에 있는 '기온이 떨어지고'와 함께 피부에 다양한 문제를 일으키는 원인이 와야 합니다. 그런데 다음 문장에 '춥고 바람이 많이 불 때 외출을 하려면'이라는 말이 있으니까, 빈칸에는 '차가운 바람이 불면'이라는 말이 들어가는 게 적절합니다.

Considering the context before and after the blank, the blank should be filled with the cause of various skin problems along with "the temperature drops" in the preceding sentence. However, since the next sentence says, "When going out in cold and windy weather," it is appropriate to fill in the blank with "cold wind blows."

68.

① 과일과 채소를 많이 먹는 게 좋습니다.

② 피부 건강에 더 관심을 가져야 합니다.

③ 밤에 자기 전에는 피부를 깨끗하게 닦는 게 중요합니다.

① It is good to eat a lot of fruits and vegetables.

② You should pay more attention to skin health.

③ It is important to clean the skin before going to bed at night.

정답 67. ② 68. ④

※ [67~68] 다음을 읽고 물음에 답하십시오. (각 3점)

> 우리 회사에서는 한 달에 한 번씩 혼자 사시는 노인들의 집을 방문하고 있습니다. 그곳에 가면 우선 청소나 빨래 같은 집안일을 해 드립니다. 그리고 할아버지, 할머니들과 여러 가지 이야기도 나눕니다. 지난달에는 모두 열 분의 할아버지와 할머니 댁에 우리 회사에서 만든 컴퓨터도 선물해 드렸습니다. 그분들은 컴퓨터를 배운 적이 없습니다. 그래서 (㉠) 좀 더 배우시면 우리에게 이메일도 보내실 수 있을 겁니다.

67. ㉠에 들어갈 말로 가장 알맞은 것을 고르십시오.

① 문제는 모르겠지만   ② 방법은 다양하지만

③ 시간은 걸리겠지만   ④ 순서는 비슷하지만

68. 윗글의 내용과 같은 것을 고르십시오.

① 우리는 할아버지들의 가족을 만났습니다.

② 우리는 할머니들과 함께 집안일을 했습니다.

③ 우리는 혼자 사시는 노인들께 컴퓨터를 사 드렸습니다.

④ 우리는 매달 한 번씩 혼자 사시는 노인들을 만나러 갑니다.

📖 어휘

기출문제 67 – 68

봄	spring	명	저는 사계절 중에서 **봄**을 제일 좋아합니다.
몸	body	명	오늘은 **몸**이 안 좋아서 출근을 안 했어요.
낮	afternoon	명	겨울이지만 **낮**에는 좀 따뜻한 것 같아요.
밤	night	명	요즘 **밤**에 잠을 자기가 힘들어서 걱정이에요.
생기다	to be formed, to happen	동	한국 친구가 **생기면** 같이 여행을 가고 싶습니다.
기온	temperature	명	내일은 오늘보다 **기온**이 더 올라가서 더울 거예요.
높다	high	형	저 건물이 서울에서 제일 **높은** 건물이에요.
낮다	low	형	12월이 되니까 기온이 점점 **낮아지고** 있습니다.
온도	temperature	명	방 안의 **온도**가 너무 높아서 창문을 열었어요.
차이	difference	명	한국어와 영어는 **차이**가 많아요.
따라가다	to follow	동	저는 길을 잘 몰라서 친구의 뒤만 **따라갔습니다**.
햇빛	sunlight	명	**햇빛**이 강할 때는 모자를 써야 해요.

응용문제 67 – 68

피부	skin	명	저는 **피부**가 너무 약해서 화장품을 사용할 수 없어요.
떨어지다	to fall	동	책장에서 책이 **떨어져서** 발을 다쳤습니다.
다양하다	various	형	그 식당에 가면 **다양한** 한국 음식을 먹어 볼 수 있어요.
목도리	muffler	명	**목도리**를 하니까 목이 정말 따뜻합니다.
장갑	gloves	명	친구의 손이 늘 차가워서 친구에게 **장갑**을 선물했어요.
깊다	deep	형	저 강은 너무 **깊어서** 들어가면 안 됩니다.
관계	relationship	명	저는 그 일과 전혀 **관계**가 없습니다.
닦다	to clean	동	자기 전에 꼭 이를 깨끗하게 **닦아야** 해요.

연습문제 67 – 68

노인	old person	명	시골에 가면 아이들보다 **노인**들이 훨씬 많은 것 같아요.
방문하다	to visit	동	이번 주말에는 부모님과 할머니 댁을 **방문하려고** 해요.

집안일	housework	명	평일에는 **집안일**을 할 시간이 없습니다.
(이야기)를 나누다	to talk with	동	오늘 학교에서 선생님과 긴 시간 **이야기를 나누었어요.**
이메일	e-mail	명	대회에 참가할 사람은 제게 **이메일**을 보내 주세요.

📖 문법

✓ N이 / 가 되다

어떠한 것이 변화해서 다른 모습이나 성질 또는 상태가 되었음을 나타냅니다.

This indicates that something has changed and become a different form, quality, or state.

예 얼음이 녹아서 물이 되었습니다.

저는 유명한 가수가 되고 싶어요.

✓ V-(으)ㄴ 적이 있다 / 없다

동사 뒤에 붙어서 과거에 어떠한 것을 경험한 일이 있거나 반대로 그런 일이 없다는 것을 나타냅니다. '-아/어 보다'와 결합하여 '-아/어 본 적이 있다/없다'의 형태로도 많이 사용됩니다.

This is attached after a verb to indicate that the speaker has or has not experienced something in the past. It is often used in the form of '-아/어 본 적이 있다/없다' in conjunction with '-아/어 보다'.

예 동생이 어릴 때 저에게 편지를 보낸 적이 있어요.

저는 꽃을 선물 받은 적이 없습니다.

마이클 씨는 한국 친구를 사귀어 본 적이 있어요?

✓ A / V-(으)시-

1. 말하는 사람이 어떤 행위나 상태의 주체, 문장의 주어를 높이고자 할 때 사용합니다.

   This is used when the speaker wants to elevate the subject of an action or state, the subject of the sentence.

   예 할아버지께서는 과일을 좋아하십니다.

   손님, 내일 다시 오시겠어요?

   – 네, 그렇게 할게요.

2. 높임의 대상이 되는 인물과 관계된 물건이나 몸의 일부가 문장의 주어가 될 때 그 인물을 간접적으로 높이기 위해 사용합니다.

   This is used to indirectly elevate a person when an object or body part related to the person who is the object of respect becomes the subject of the sentence.

   예 우리 어머니는 취미가 정말 많으십니다.

   선생님, 머리가 많이 아프세요?

   – 네, 아침부터 계속 아프네요.

연습 문제 정답 및 해설

📖 [67~68]

☑ 노인 | 방문하다 | 집안일 | 이야기(를) 나누다 | 이메일

67. ③

빈칸 앞에 '그분들은 컴퓨터를 배운 적이 없습니다.'라는 말이 있고 다음 문장이 '그래서'라는 말로 시작되고 있기 때문에 빈칸에는 그것의 결과로 이어지는 말이 와야 합니다. 따라서 빈칸에는 '시간이 걸리겠지만'이라는 말이 들어가는 게 적절합니다.

Since the blank space is preceded by the words 'They have never learned computers' and the next sentence begins with the word 'so', the blank space must contain a word that leads to the result. Therefore, it is appropriate to fill in the blank space with the words 'It may take time.'

68. ④

① 혼자 사시는 노인들의 집을 방문하고 있습니다.
② 우리가 빨래나 청소 같은 집안일을 해 드립니다.
③ 우리 회사에서 만든 컴퓨터를 선물해 드렸습니다.

① We are visiting the homes of elderly people who live alone.
② We will do household chores such as laundry and cleaning.
③ We gave you a computer made by our company as a gift.

메모

This section involves reading a short essay, choosing the appropriate word for the blank by understanding the context, and choosing what can be inferred from the text. You will read one passage and solve two questions. The passage is about 6-8 sentences long.

The passages are often written about trivial things that happen around us in life and introduce our own experiences. It also introduces information that is helpful in daily life.

간단한 수필을 읽고 문맥을 파악하여 빈칸에 알맞은 말을 고르고, 세부 내용을 추론하여 글의 내용으로 알 수 있는 것을 고르는 문제로 한 지문을 읽고 두 개의 문제를 풉니다. 지문은 6~8개입니다.

지문은 주로 생활 주변에서 일어나는 사소한 일들을 소재로 써서 자신의 경험을 소개하는 글이 많습니다. 또는 일상 생활에서 도움이 되는 정보 등을 소개하기도 합니다.

69 빈칸에 알맞은 말 고르기

➡ 간단한 수필을 읽고 문맥을 파악할 수 있다.

69번 문제는 빈칸에 들어가는 것을 선택지에서 고르는 문제입니다. 주로 빈칸에 들어가는 것은 동사나 형용사에 문법 표현이 결합된 어구입니다. 이 문제는 읽기 49번부터 계속 반복적으로 나오는 유형입니다.

69

Choosing the right word to fill in the blank

- You can read a simple essay and understand the context.

Question 69 is about choosing from a list of options to fill in the blank space. What usually goes into the blank space is a phrase that combines a verb or adjective with a grammatical expression. This problem is a type that comes up repeatedly starting from reading number 49.

70 글의 내용으로 알 수 있는 것 고르기

➡ 간단한 수필을 읽고 세부 내용을 추론할 수 있다.

70번 문제는 주어진 내용으로 알 수 있는 것을 고르는 문제인데 지금까지 반복적으로 나온 내용과 같은 것을 찾는 문제와 비슷합니다. 그러므로 전체적을 글을 읽고 선택지에서 관련이 없는 내용을 하나씩 지우며 답을 찾는 것이 좋습니다. 또한 주어진 문장이 선택지에 똑같이 나오지 않고 비슷한 말이나 의미로 바뀌어 나오기 때문에 유의어나 비슷한 의미의 문법 등을 공부하는 것이 좋습니다.

70

Select what you can know from the content of the text

- You can read a simple essay and infer the details.

Question 70 asks you to choose what can be inferred from the given content. It is similar to questions that require you to find information that has been repeatedly mentioned. Therefore, it's best to read the entire passage and eliminate unrelated options one by one to find the correct answer. Also, since the given sentence may not appear exactly the same in the options and may be expressed using similar words or meanings, it's helpful to study synonyms and grammar structures with similar meanings.

🔍 기출 문제

☑ 떨다 | 마르다 | 불쌍하다 |
재우다 | 주인 | 나타나다 |
헤어지다

69.

강아지를 데려와 먹을 것을 주고
잠도 재워 주었다는 내용이 있으
니까 그 강아지가 '크고 건강해
져서'가 알맞습니다.

Since the passage mentions that
the puppy was brought in, fed,
and given a place to sleep, the
appropriate phrase is '크고
건강해져서 (grew big and
healthy)'.

70.

① 주인을 찾고 있는데 아직도
주인이 나타나지 않았습니다.
② 저는 강아지를 집으로 데려와
먹을 것을 주고 잠도 재워 주
었습니다.
③ 강아지와 헤어지기 싫습니다.

① I'm looking for the owner, but
they still haven't shown up.
② I brought the puppy home,
gave it food, and even let it
sleep at my place.
③ I don't want to part with the
puppy.

기출문제 🔍

※ **[69~70] 다음을 읽고 물음에 답하십시오. (3점)**

> 몇 달 전, 우리 집 앞에서 떨고 있는 작고 마른 강아지를 보았습니다.
> 저는 그 강아지가 너무 불쌍해 보였습니다. 저는 강아지를 집으로 데려
> 와 먹을 것을 주고 잠도 재워 주었습니다. 그때부터 주인을 찾고 있는
> 데 아직도 주인이 나타나지 않았습니다. 그 강아지는 이제 (㉠   ) 저
> 의 좋은 친구가 되었습니다. 강아지와 헤어지기 싫습니다.

69. ㉠에 들어갈 말로 가장 알맞은 것을 고르십시오.

① 잠이 많아져서
② 주인을 찾아서
③ 크고 건강해져서
④ 계속 떨고 있어서

70. 윗글의 내용으로 알 수 있는 것을 고르십시오.

① 저는 강아지의 주인을 만났습니다.
② 저는 이 강아지를 잃어버렸습니다.
③ 저는 이 강아지를 키우는 것이 싫습니다.
④ 저는 길에서 데려온 강아지를 키우고 있습니다.

정답 **69.** ③ **70.** ④

🔍 응용 문제

※ [69~70] 다음을 읽고 물음에 답하십시오. (3점)

> 제가 다니는 학교에는 유학 생활 도우미 프로그램이 있습니다. 유학 생활 도우미는 외국인 유학생과 친구가 되어 한국 문화와 학교 생활 적응에 (㉠) 프로그램입니다. 저는 새로운 외국인 친구도 만들고 외국어 연습도 하고 싶어서 이번 학기에 처음 신청했습니다. 그리고 오늘 오전에 다음 달부터 도우미로 활동할 수 있다는 연락을 받았습니다. 제가 유학생들에게 작은 도움이 될 수 있을지 걱정이 됩니다. 하지만 새로운 친구를 만나게 되어 무척 기대도 됩니다.

69. ㉠에 들어갈 말로 가장 알맞은 것을 고르십시오.

① 도움을 주는
② 교육을 받는
③ 친구를 사귀는
④ 외국어를 배우는

70. 윗글의 내용으로 알 수 있는 것을 고르십시오.

① 저는 외국인 친구가 많습니다.
② 저는 이 프로그램에 합격했습니다.
③ 저는 다음 달에 이 프로그램에 신청할 겁니다.
④ 저는 새로운 친구를 사귀는 일이 무척 힘듭니다.

☑ 도우미 | 프로그램 | 적응 | 무척 | 기대되다

69.
'저'는 유학 생활 도우미 프로그램에 신청을 했고 다음 달부터 도우미로 활동을 하게 됐다는 연락이 왔습니다. 그런데 '제'가 작은 도움이 될 수 있을지 걱정이 된다고 했습니다. 그러므로 이 프로그램은 유학생들에게 도움을 주는 프로그램임을 알 수 있습니다.

I applied for the study abroad support program and received a notification that I would be working as a helper from next month. However, I said that I was worried about whether I could be of any help. Therefore, we can see that this program is a program that helps international students.

70.
① 나오지 않는 내용입니다.
③ 다음 달부터 도우미로 활동할 수 있다는 연락을 받았습니다.
④ 새로운 친구를 만나게 되어 무척 기대됩니다.

① This information is not mentioned.
③ I received a message saying that I can start volunteering as a helper next month.
④ I'm really looking forward to meeting new friends.

정답 69. ① 70. ②

연습 문제

※ [69~70] 다음을 읽고 물음에 답하십시오. (각 3점)

저는 강아지를 아주 좋아합니다. 어렸을 때부터 집에서 강아지를 키웠기 때문입니다. 그래서 대학교를 졸업한 후 혼자 살게 되었을 때도 작은 강아지를 한 마리 키우기 시작했습니다. 하지만 저는 일이 너무 바빠서 강아지와 함께 시간을 보내기가 어려웠습니다. 강아지도 제가 회사에 있는 동안 외로워서 하루 종일 울었습니다. 강아지에게 너무 미안했습니다. 그래서 저는 회사를 그만두고 (㉠) 회사를 찾았습니다. 지금 회사는 강아지와 함께 출근할 수도 있고 원할 때는 집에서 일할 수도 있습니다. 월급은 전보다 적어졌지만 강아지와 항상 같이 있을 수 있어서 정말 행복합니다.

69. ㉠에 들어갈 말로 가장 알맞은 것을 고르십시오.

① 강아지도 월급을 받는　　　　② 강아지에게 미안해하는

③ 작은 강아지를 좋아하는　　　　④ 강아지와 함께 일할 수 있는

70. 윗글의 내용으로 알 수 있는 것을 고르십시오.

① 저는 강아지보다 월급이 중요합니다.

② 강아지는 혼자 있는 것을 좋아합니다.

③ 저는 강아지를 키워 본 적이 없습니다.

④ 저는 전보다 지금 생활이 더 좋습니다.

📝 어휘

기출문제 69 – 70

떨다	to shiver	동	겨울에 보일러가 고장이 나서 **떨면서** 잤어요.
마르다	slim	동	**마른** 사람보다는 조금 통통한 사람이 좋아요.
불쌍하다	pitiful	형	고양이가 **불쌍해서** 간식을 줬어요.
재우다	to put(get) to sleep	동	아이를 **재우고** 집안일을 하고 있어요.
주인	master	명	**주인**이 없는 가게를 무인 가게라고 해요.
나타나다	to appear	동	길을 걷고 있는데 고양이가 갑자기 **나타나서** 놀랐어요.
헤어지다	to break up	동	아이가 친구와 **헤어지기** 싫어서 울고 있어요.

응용문제 69 – 70

도우미	helper	명	유학생 **도우미**를 신청하려고 합니다.
프로그램	program	명	학교에는 다양한 **프로그램**이 있어요.
적응	adaptation	명	유학 생활에 **적응**을 빨리 하고 싶어요.
무척	very	부	제 동생은 키가 **무척** 커요.
기대되다	to look forward to	동	열심히 준비를 했기 때문에 결과가 **기대됩니다**.

연습문제 69 – 70

월급	salary	명	취직해서 첫 **월급**을 받으면 뭘 하고 싶어요?

📖 문법

☑ A-아 / 어 보이다

형용사 뒤에 붙어 어떤 대상을 보고 짐작하거나 판단한 내용을 표현할 때 씁니다.

This is attached to the stem of an adjective to express the content that is guessed or judged by looking at a certain object.

예 저 케이크가 아주 맛있어 **보여요**.

친구가 기분이 안 좋아 **보여서** 그냥 왔어요.

☑ V-기가 A

동작이나 행동을 하는 것이 어떤지를 나타냅니다.

This indicates how it is to perform an action or behavior.

예 팔을 다쳐서 밥을 먹**기가** 힘들어요.

이 핸드폰은 화면이 커서 보**기가** 편해요.

연습 문제 정답 및 해설

📖 **[69~70]**

☑️ 월급

69. ④

뒤에 강아지와 같이 있을 수 있다는 내용이 있으니까 '강아지와 함께 일할 수 있는' 이 알맞습니다.

Since there is a clause about being able to work with a dog, 'being able to work with a dog' is appropriate.

70. ④

① 회사를 옮겨 월급이 적어졌지만 강아지와 같이 있을 수 있어 행복합니다. 그러므로 강아지가 더 중요합니다.
② 강아지도 제가 회사에 있는 동안, 즉 혼자 있을 때 외로워서 하루 종일 울었습니다.
③ 어렸을 때부터 강아지를 키웠습니다.

① Although my salary has decreased since I moved to another company, I am happy because I can be with my dog. Therefore, dogs are more important.
② The dog also cried all day while I was at work, that is, when I was alone, because he was lonely.
③ I have raised dogs since I was young.

한국어능력시험
실전 모의고사

TOPIK I

듣기, 읽기
(Listening, Reading)

수험번호(Registration No.)		
이 름 (Name)	한국어(Korean)	
	영 어(English)	

유 의 사 항
Information

1. 시험 시작 지시가 있을 때까지 문제를 풀지 마십시오.

   Do not open the booklet until you are allowed to start.

2. 수험번호와 이름을 정확하게 적어 주십시오.

   Write your name and registration number on the answer sheet.

3. 답안지를 구기거나 훼손하지 마십시오.

   Do not fold the answer sheet; keep it clean.

4. 답안지의 이름, 수험번호 및 정답의 기입은 배부된 펜을 사용하여 주십시오.

   Use the given pen only.

5. 정답은 답안지에 정확하게 표시하여 주십시오.

   Mark your answer accurately and clearly on the answer sheet.

   marking example ① ● ③ ④

6. 문제를 읽을 때에는 소리가 나지 않도록 하십시오.

   Keep quiet while answering the questions.

7. 질문이 있을 때에는 손을 들고 감독관이 올 때까지 기다려 주십시오.

   When you have any questions, please raise your hand.

TOPIK I 듣기 (1번 ~ 30번)

※ **[1~4] 다음을 듣고 〈보기〉와 같이 물음에 맞는 대답을 고르십시오.**

〈보 기〉

가: 공책이 있어요?

나: _____

❶ 네, 공책이 있어요.   ② 네, 공책을 사요.

③ 아니요, 공책에 써요.   ④ 아니요, 공책이 작아요.

1. (4점)

① 네, 동생이에요.   ② 네, 동생이 없어요.

③ 아니요, 동생이 와요.   ④ 아니요, 동생을 만나요.

2. (4점)

① 네, 백화점이 비싸요.   ② 네, 백화점에 있어요.

③ 아니요, 백화점이 커요.   ④ 아니요, 백화점에 안 가요.

3. (3점)

① 매일 했어요.   ② 청소를 했어요.

③ 집에서 했어요.   ④ 친구와 같이 했어요.

4. (3점)

① 약을 먹어요.   ② 머리가 아파요.

③ 3층에 있어요.   ④ 같이 병원에 가요.

※ [5~6] 다음을 듣고 〈보기〉와 같이 이어지는 말을 고르십시오.

┌─────────────────── 〈보 기〉 ───────────────────┐
│   │
│ 가: 안녕히 계세요.   │
│ 나: _____   │
│   │
│   ① 축하합니다.   ② 모르겠습니다.   │
│   ❸ 안녕히 가세요.   ④ 처음 뵙겠습니다.   │
│   │
└──┘

5. (4점)

① 괜찮아요.   ② 잘 부탁드립니다.

③ 네, 여기에 있어요.   ④ 아니요, 다시 오겠습니다.

6. (3점)

① 맛있게 드세요.   ② 주말 잘 보내세요.

③ 다음에 또 만나요.   ④ 여기에서 기다리세요.

※ [7~10] 여기는 어디입니까? 〈보기〉와 같이 알맞은 것을 고르십시오.

┌─────────────────── 〈보 기〉 ───────────────────┐
│   │
│ 가: 내일까지 숙제를 꼭 내세요.   │
│ 나: 네, 알겠습니다.   │
│   │
│   ❶ 교실   ② 카페   ③ 시장   ④ 호텔   │
│   │
└──┘

7. (3점)

① 회사   ② 학교   ③ 공원   ④ 백화점

8. (3점)

① 약국   ② 은행   ③ 여행사   ④ 안경 가게

9. (3점)

① 공항   ② 미술관   ③ 사진관   ④ 우체국

10. (4점)

① 병원   ② 노래방   ③ 미용실   ④ 옷 가게

※ **[11~14] 다음은 무엇에 대해 말하고 있습니까? 〈보기〉와 같이 알맞은 것을 고르십시오.**

───────── 〈보 기〉 ─────────

가: 누구예요?

나: 이 사람은 형이고, 이 사람은 동생이에요.

❶ 가족   ② 친구   ③ 부모님   ④ 선생님

11. (3점)

① 날짜   ② 나이   ③ 주소   ④ 시간

12. (3점)

① 여행   ② 요리   ③ 계절   ④ 장소

13. (4점)

① 수업   ② 계획   ③ 위치   ④ 휴일

14. (3점)

① 약속   ② 취미   ③ 쇼핑   ④ 주말

15.　①

②

③

④

16.　①

②

③

④

※ **[17~21] 다음을 듣고 〈보기〉와 같이 대화 내용과 같은 것을 고르십시오. (각 3점)**

---〈보 기〉---

남자: 요즘 한국어를 배워요?

여자: 네, 한국 친구한테서 한국어를 배워요.

① 남자는 선생님입니다.　　　　② 여자는 학교에 다닙니다.

❸ 여자는 한국어를 공부합니다.　　④ 남자는 한국어를 가르칩니다.

---

17. ① 다음 정류장은 서울역입니다.

② 여자는 버스를 처음 탔습니다.

③ 남자는 서울역에 가고 싶습니다.

④ 여자는 강남역으로 가는 버스를 탔습니다.

18. ① 남자는 자전거를 못 탑니다.

② 공공자전거 이용은 어렵습니다.

③ 두 사람은 한강 공원까지 걷습니다.

④ 공공자전거 이용은 등록이 필요합니다.

19. ① 여자는 커피를 안 마십니다.

② 여자도 커피를 두 잔 마셨습니다.

③ 남자는 오렌지 주스보다 커피를 싫어합니다.

④ 남자는 커피를 많이 마시면 잠을 잘 못 잡니다.

20. ① 현금으로 돈을 낼 수 있습니다.

② 남자는 카드로 돈을 내려고 합니다.

③ '확인'을 누르면 음식 메뉴가 나옵니다.

④ 남자는 전화를 해서 음식을 주문하려고 합니다.

21.　① 여자는 가방을 샀습니다.

　　② 가방은 세일하지 않습니다.

　　③ 가방을 내일 사면 비쌉니다.

　　④ 남자는 가방을 사고 싶습니다.

※　[22~24] 다음을 듣고 <u>여자</u>의 중심 생각을 고르십시오. (각 3점)

22.　① 태풍이 오면 바람이 붑니다.

　　② 주말에 호텔에서 쉬고 싶습니다.

　　③ 일기 예보는 틀릴 때도 있습니다.

　　④ 여행을 가지 않는 것이 좋겠습니다.

23.　① 고양이를 키우고 싶습니다.

　　② 혼자 사는 사람은 봉사 활동을 해야 합니다.

　　③ 고양이가 집에 혼자 있는 것은 좋지 않습니다.

　　④ 고양이는 혼자 사는 사람도 키울 수 있습니다.

24.　① 치킨 가게에 가려고 합니다.

　　② 치킨 값을 돌려받고 싶습니다.

　　③ 치킨 배달을 기다리려고 합니다.

　　④ 치킨을 한 마리 더 먹고 싶습니다.

※ **[25~26] 다음을 듣고 물음에 답하십시오.**

25. 여자가 왜 이 이야기를 하고 있는지 고르십시오. (3점)

   ① 감사   ② 계획   ③ 부탁   ④ 취소

26. 들은 내용과 같은 것을 고르십시오. (4점)

   ① 공연을 보면서 음료수는 마셔도 됩니다.

   ② 공연을 볼 때 휴대폰을 꼭 꺼야 합니다.

   ③ 공연 후에 배우에게 꽃다발을 줄 수 있습니다.

   ④ 공연 중에 조용히 들어오고 나갈 수 있습니다.

※ **[27~28] 다음을 듣고 물음에 답하십시오.**

27. 두 사람이 무엇에 대해 이야기를 하고 있는지 고르십시오. (3점)

   ① 컴퓨터를 잘하는 사람

   ② 컴퓨터로 할 수 있는 일

   ③ 컴퓨터를 사용하는 시간

   ④ 컴퓨터를 사용할 수 있는 장소

28. 들은 내용과 같은 것을 고르십시오. (4점)

   ① 여자는 새 컴퓨터를 샀습니다.

   ② 남자는 안경을 바꾸려고 합니다.

   ③ 여자는 긴 시간 컴퓨터를 사용합니다.

   ④ 남자는 여자와 함께 컴퓨터를 할 겁니다.

29. 여자가 동물원에서 일하는 이유를 고르십시오. (3점)

   ① 동물을 좋아해서

   ② 동물원 일이 쉬워서

   ③ 어린이들을 좋아해서

   ④ 집에서 동물을 키워서

30. 들은 내용과 같은 것을 고르십시오. (4점)

   ① 여자는 호랑이를 가장 좋아합니다.

   ② 여자는 동물이 아플 때가 가장 힘듭니다.

   ③ 여자는 아침 일찍부터 일하는 것이 힘듭니다.

   ④ 여자는 작년부터 동물원에서 토끼와 지냅니다.

※ [31~33] 무엇에 대한 이야기입니까? 〈보기〉와 같이 알맞은 것을 고르십시오. (각 2점)

---〈보 기〉---

바람이 붑니다. 시원합니다.

① 날짜　　　　② 겨울　　　　③ 시간　　　❹ 날씨

31.

> 저는 동생이 있습니다. 누나는 없습니다.

① 형제　　　　② 친구　　　　③ 부모　　　　④ 친척

32.

> 저는 평소에 학교까지 지하철로 갑니다. 가끔은 택시로 갑니다.

① 공부　　　　② 교통　　　　③ 시간　　　　④ 장소

33.

> 내일까지 비가 옵니다. 주말은 맑습니다.

① 약속　　　　② 계절　　　　③ 날씨　　　　④ 휴일

※ **[34~39]** 〈보기〉와 같이 (   )에 들어갈 말로 가장 알맞은 것을 고르십시오.

─────── 〈보 기〉 ───────

물이 없습니다. 그래서 주스를 (   ).

① 합니다   ② 좋습니다   ❸ 마십니다   ④ 모릅니다

34. (2점)

주차장은 지하에 있습니다. 아래(   ) 내려가야 합니다.

① 는   ② 가   ③ 로   ④ 를

35. (2점)

(   )이 없습니다. 은행에 찾으러 갑니다.

① 돈   ② 책   ③ 지갑   ④ 가방

36. (2점)

설탕은 (   ). 소금은 짭니다.

① 답니다   ② 씁니다   ③ 십니다   ④ 맵습니다

37. (3점)

동생은 키가 큽니다. 하지만 제가 (   ) 큽니다.

① 또   ② 더   ③ 다시   ④ 아주

38. (3점)

> 내일 친구를 (   ). 같이 영화를 볼 겁니다.

① 갑니다   ② 돕습니다   ③ 만납니다   ④ 나갑니다

39. (2점)

> 어제 배가 아팠습니다. 그래서 학교에 (   ).

① 갔습니다   ② 들었습니다   ③ 결석했습니다   ④ 출석했습니다

※ **[40~42] 다음을 읽고 맞지 <u>않는</u> 것을 고르십시오. (각 3점)**

40.

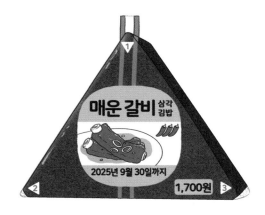

① 갈비 맛입니다.

② 김밥이 맵습니다.

③ 유월까지 팝니다.

④ 천칠백 원입니다.

※ **[40~42] 다음을 읽고 맞지 <u>않는</u> 것을 고르십시오. (각 3점)**

41.

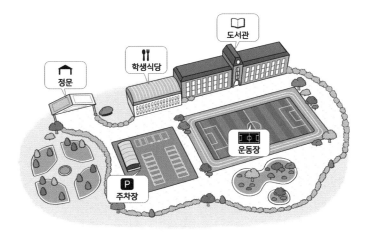

① 주차장이 정문에서 가깝습니다.

② 운동장은 도서관 앞에 있습니다.

③ 학교에서 수영을 할 수 있습니다.

④ 도서관 옆에 학생식당이 있습니다.

42.

① 미영 씨는 산에 올라갑니다.

② 미영 씨는 제주도에 있습니다.

③ 미영 씨가 수미 씨에게 사진을 보냈습니다.

④ 미영 씨는 지금 수미 씨하고 같이 있습니다.

※ **[43~45] 다음을 읽고 내용이 같은 것을 고르십시오.**

43. (3점)

> 저는 한국에서 혼자 삽니다. 그리고 학교에서 고향 친구들을 만납니다. 가끔 그 친구들이 우리 집에 와서 같이 고향 음식을 만듭니다.

① 저는 친구들과 같이 삽니다.

② 친구들은 자주 우리집에 옵니다.

③ 친구들은 한국 음식을 좋아합니다.

④ 저는 집에서 친구들과 요리를 합니다.

44. (2점)

> 우리 동네 도서관에서는 매년 큰 행사를 합니다. 그 행사에서는 유명한 책들을 무료로 나누어 줍니다. 올해는 저도 거기에 가서 책들을 가져왔습니다.

① 이 행사는 해마다 열립니다.

② 이 행사는 올해 시작되었습니다.

③ 저는 이 행사에서 책을 많이 샀습니다.

④ 저는 도서관에서 유명한 책을 읽었습니다.

45. (3점)

> 제 취미는 그림 그리기입니다. 평일에는 바빠서 보통 주말에 그림을 그립니다. 보통 나무를 많이 그리지만 요즘은 사람들의 얼굴을 그리고 있습니다.

① 저는 매일 그림을 그립니다.

② 저는 나무를 많이 그렸습니다.

③ 저는 요즘 바빠서 그림을 못 그립니다.

④ 저는 사람들을 만나는 것을 좋아합니다.

※   **[46~48] 다음을 읽고 중심 내용을 고르십시오.**

46. (3점)

> 저는 발이 큰 편입니다. 신발을 살 때 사이즈가 맞는지 꼭 확인해야 합니다. 그래서 온라인 쇼핑보다 직접 매장에 가서 신발을 신어 보고 삽니다.

① 저는 발이 아주 큽니다.

② 저는 온라인 쇼핑을 자주 합니다.

③ 저는 신발 사이즈를 확인하고 사야 합니다.

④ 저는 큰 매장에 가서 신발을 사고 싶습니다.

47. (3점)

> 얼마 전에 다리를 다쳤습니다. 휴대폰을 보면서 걷다가 계단이 있는 것을 못 봤습니다. 앞으로는 휴대폰을 보면서 걷지 않을 겁니다.

① 저는 새 휴대폰을 살 겁니다.

② 저는 다리를 다쳐서 속상합니다.

③ 저는 걸으면서 휴대폰을 안 볼 겁니다.

④ 저는 계단에서 넘어져서 다리를 다쳤습니다.

48. (2점)

> 지금 사는 집은 새로 지은 아파트입니다. 방마다 햇빛이 잘 들어오고 주변도 조용해서 살기에 아주 좋습니다. 그래서 이 집에서 오래 살았으면 좋겠습니다.

① 이 집에서 오랫동안 살고 싶습니다.

② 새로 지은 아파트가 아주 비쌉니다.

③ 이 집은 방에 햇빛이 잘 안 들어옵니다.

④ 주변이 조용한 집으로 이사를 할 겁니다.

※ **[49~50] 다음을 읽고 물음에 답하십시오. (각 2점)**

> 저는 회사 안에 있는 식당에서 일하는 요리사입니다. 어릴 때부터 요리에 관심이 많아서 요리사가 되었습니다. 아침을 먹지 않고 출근하는 직원들을 위해 새벽부터 출근해서 아침 식사를 준비합니다. 또 밤늦게까지 일을 할 때도 있어서 힘듭니다. 하지만 제가 (㉠   ) 음식을 먹고 행복해하는 직원들을 보면 기분이 좋습니다.

49. ㉠에 들어갈 말로 알맞은 말을 고르십시오.

① 만든   ② 만드니까

③ 만들려면   ④ 만들기 때문에

50. 윗글의 내용과 같은 것을 고르십시오.

① 저는 회사에서 아침을 먹습니다.

② 저는 밤늦게 퇴근할 때가 있습니다.

③ 저는 새벽까지 일을 해서 힘듭니다.

④ 저는 요리사들을 보면 기분이 좋습니다.

귤은 겨울을 대표하는 과일입니다. 비타민이 많이 들어있고 가격도 저렴해서 인기가 많습니다. 귤은 껍질이 얇고 아주 큰 것보다는 작은 게 맛있습니다. (㉠) 귤의 윗부분인 꼭지를 잘 보고 사야 합니다. 왜냐하면 꼭지가 연한 녹색이 신선하고 맛있기 때문입니다.

---

51. ㉠에 들어갈 말로 가장 알맞은 것을 고르십시오. (3점)

① 그러면   ② 그래서

③ 그런데   ④ 그리고

52. 무엇에 대한 내용인지 맞는 것을 고르십시오. (2점)

① 귤의 종류

② 귤을 먹는 방법

③ 맛있는 귤을 고르는 법

④ 귤껍질로 할 수 있는 일

※ **[53~54] 다음을 읽고 물음에 답하십시오.**

> 저는 한국에서 살고 있는 베트남 유학생입니다. 처음 한국에 왔을 때는 음식 때문에 힘들었습니다. 몇 년 전까지 한국에는 베트남 식당이 별로 없어서 고향 음식을 (　　　㉠　　　) 쉽게 먹을 수 없었습니다. 하지만 요즘은 베트남 식당이 많이 생겨서 베트남 음식이 생각나면 자주 먹으러 갑니다. 베트남 사람이 일하는 식당도 많아서 맛도 비슷합니다. 한국에서 고향 음식을 먹을 수 있어서 아주 행복합니다.

53. ㉠에 들어갈 말로 가장 알맞은 것을 고르십시오. (2점)

① 먹으면   ② 먹으려고

③ 먹어 봐도   ④ 먹고 싶어도

54. 윗글의 내용과 같은 것을 고르십시오. (3점)

① 요즘은 음식 때문에 힘들지 않습니다.

② 한국에는 베트남 식당이 많지 않습니다.

③ 한국에서 먹는 베트남 음식은 맛이 다릅니다.

④ 최근에도 한국에서 베트남 음식을 먹을 수 없습니다.

여의도 한강 공원에서는 매년 10월에 서울 세계 불꽃 축제가 열립니다. 올해는 한국을 비롯해 4개국이 참가해서 아름다운 불꽃놀이를 보여 줄 예정입니다. 불꽃놀이를 구경하기에 제일 좋은 장소는 여의도 주변 한강 공원입니다. 그러나 멀리 떨어진 곳에서도 불꽃놀이를 즐길 수 있습니다. 그중에서 N서울타워는 멀어서 (㉠   ) 서울의 야경을 보면서 불꽃놀이를 함께 구경할 수 있는 장소로 인기가 많습니다.

55. ㉠에 들어갈 말로 가장 알맞은 것을 고르십시오. (2점)

① 축제가 재미없지만

② 공원이 안 보이지만

③ 인기가 별로 없지만

④ 불꽃이 작게 보이지만

56. 윗글의 내용과 같은 것을 고르십시오. (3점)

① 해마다 10월에 불꽃 축제가 열립니다.

② 한국은 올해 불꽃 축제에 참가하지 못했습니다.

③ N서울타워에서 보이는 불꽃이 제일 아름답습니다.

④ 한강 공원은 서울의 야경을 볼 수 있어서 인기가 많습니다.

57. (3점)

> (가) 어제 과일을 사러 마트에 갔습니다.
>
> (나) 과일이 싸고 신선해서 많이 사고 싶었습니다.
>
> (다) 다음 주에 또 과일을 사러 그 마트에 가 보려고 합니다.
>
> (라) 그러나 과일은 오래 두고 먹을 수 없기 때문에 조금만 샀습니다.

① (가) - (나) - (다) - (라)　　　② (가) - (나) - (라) - (다)

③ (나) - (가) - (다) - (라)　　　④ (나) - (라) - (가) - (다)

58. (2점)

> (가) 그러므로 밤 시간에는 스마트폰의 사용을 줄여야 합니다.
>
> (나) 요즘 밤에 잠을 잘 자지 못하는 사람들이 늘고 있습니다.
>
> (다) 그런데 스마트폰을 너무 많이 사용하는 것도 그 이유가 됩니다.
>
> (라) 스마트폰을 사용하는 동안에는 생각하는 것을 멈출 수 없기 때문입니다.

① (가) - (라) - (다) - (나)　　　② (가) - (나) - (라) - (다)

③ (나) - (다) - (라) - (가)　　　④ (나) - (가) - (다) - (라)

저는 한 달 전부터 다이어트를 하고 있습니다. (㉠) 보통 다이어트를 할 때는 운동을 많이 해야 하는데 저는 운동하는 것을 싫어합니다. (㉡) 식사 때는 야채를 많이 먹고 평소 좋아하는 빵이나 라면을 거의 안 먹습니다. (㉢) 먹고 싶은 음식을 못 먹어서 힘들지만 살이 조금 빠져서 즐겁습니다. (㉣)

59. 다음 문장이 들어갈 곳으로 가장 알맞은 것을 고르십시오. (2점)

그래서 대신 음식으로 다이어트를 합니다.

① ㉠   ② ㉡   ③ ㉢   ④ ㉣

60. 윗글의 내용과 같은 것을 고르십시오. (3점)

① 다이어트 하는 것은 쉽습니다.

② 요즘 살을 빼려고 노력 중입니다.

③ 빵과 라면을 전혀 먹지 않습니다.

④ 요즘 운동을 열심히 하고 있습니다.

우리 부부는 한국 드라마를 좋아합니다. 그래서 올해 휴가 때 한국으로 여행을 가는데 드라마 촬영 장소로 여행을 가기로 했습니다. 우리가 이번에 갈 곳은 전주입니다. 여자 주인공이 살았던 집과 남자 주인공이 아르바이트를 했던 만화방에 갈 겁니다. 그리고 두 사람이 자주 만나서 아이스크림을 사 먹었던 슈퍼마켓에도 갈 겁니다. 거기에서 우리도 아이스크림을 먹으면서 드라마에 나온 주인공처럼 (㉠   ).

61. ㉠에 들어갈 말로 가장 알맞은 것을 고르십시오.

① 사진을 찍어 봤습니다.

② 사진을 찍을 수 없습니다.

③ 사진도 찍어 보려고 합니다.

④ 사진을 찍는 것을 좋아합니다.

62. 윗글의 내용과 같은 것을 고르십시오.

① 우리 부부는 한국에 살고 있습니다.

② 전주는 드라마를 촬영했던 곳입니다.

③ 만화방과 슈퍼마켓은 집 근처에 있습니다.

④ 우리는 자주 아이스크림을 사 먹었습니다.

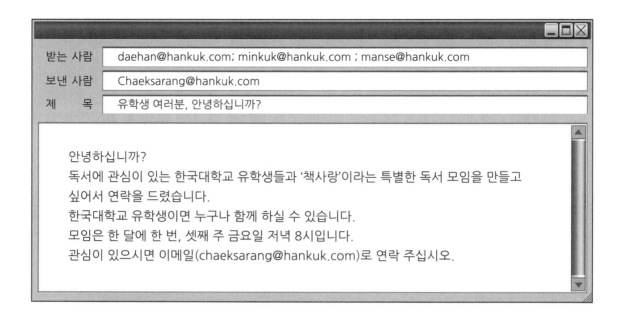

63. 왜 윗글을 썼는지 맞는 것을 고르십시오. (2점)

① 독서 모임에 초대하고 싶어서

② 독서 모임 시간을 바꾸고 싶어서

③ 독서 모임 일정을 알려 주고 싶어서

④ 독서 모임에서 읽을 책을 정하고 싶어서

64. 윗글의 내용과 같은 것을 고르십시오. (3점)

① 유학생들이 특별한 책을 만듭니다.

② 한 달에 세 번 독서 모임이 있습니다.

③ 한국대학교 유학생은 모임에 모두 올 수 있습니다.

④ 독서 모임에 가려면 금요일 8시까지 연락하면 됩니다.

우리가 매일 사용하는 치약에도 유통 기한이 있습니다. 보통 새 치약은 3년, 사용중인 치약은 6개월까지 사용할 수 있습니다. 유통 기한이 (㉠   ) 이를 깨끗이 하는 효과도 떨어지고 입안 건강에도 좋지 않습니다. 오래된 치약은 운동화 세탁이나 청소에 활용하면 효과가 좋습니다. 그리고 목걸이나 반지를 치약으로 닦으면 반짝반짝해집니다.

65. ㉠에 들어갈 말로 가장 알맞은 것을 고르십시오. (2점)

① 긴 치약을 사용하면   ② 짧은 치약을 사용하면

③ 있는 치약을 사용하면   ④ 지난 치약을 사용하면

66. 윗글의 내용과 같은 것을 고르십시오. (3점)

① 치약은 이만 닦을 수 있습니다.

② 치약으로 운동화를 빨 수 있습니다.

③ 치약은 매일 사용하면 입안 건강에 나쁩니다.

④ 목걸이나 반지를 치약으로 닦으면 안 됩니다.

최근 특별한 모자가 나왔습니다. 이 모자는 아기를 키우는 엄마들 사이에서 인기를 얻고 있습니다. 가격도 비싸지 않기 때문에 이 모자를 사는 엄마들이 많습니다. 이 모자는 아기들이 샤워할 때 머리에 쓰는 것입니다. 이 샤워 모자를 쓰면 아기들이 머리를 감을 때 엄마가 아기를 한 팔로 들지 않아도 됩니다. 또 물이 아기의 (㉠   ) 눈이나 입에 들어가지 않습니다. 그래서 엄마와 아기 모두 힘들지 않게 샤워를 할 수 있습니다.

67. ㉠에 들어갈 말로 가장 알맞은 것을 고르십시오.

① 코 안에 차서   ② 몸 안에 모여서

③ 손 위에 떨어져서   ④ 얼굴 쪽으로 흘러서

68. 윗글의 내용과 같은 것을 고르십시오.

① 이 모자의 가격은 좀 비쌉니다.

② 이 모자는 아기들이 씻을 때 필요합니다.

③ 이 모자는 엄마들이 머리에 쓰는 것입니다.

④ 이 모자를 쓰면 아기들의 기분이 좋아집니다.

※   **[69~70] 다음을 읽고 물음에 답하십시오. (각 3점)**

> 지난달 우리 집 근처에 특별한 가게가 문을 열었습니다. 이 가게는 손님들에게 돈을 받지 않습니다. 입지 않는 옷이나 사용하지 않는 물건을 그 가게에 가지고 가면 (㉠   ). 며칠 전에 저도 그 가게에 가 봤습니다. 저는 작아져서 못 입는 셔츠를 가지고 갔습니다. 그리고 저에게 꼭 필요한 시계를 가지고 왔습니다. 시계 소리가 커서 이제 늦잠을 자지 않을 겁니다. 이런 가게가 생겨서 정말 좋습니다.

69. ㉠에 들어갈 말로 가장 알맞은 것을 고르십시오.

① 돈을 받을 수 있습니다.

② 새 물건을 살 수 있습니다.

③ 시계를 가져올 수 있습니다.

④ 다른 물건으로 바꿀 수 있습니다.

70. 윗글의 내용으로 알 수 있는 것을 고르십시오.

① 저는 셔츠를 별로 안 좋아합니다.

② 우리집 근처에는 가게가 많습니다.

③ 저는 일찍 일어나는 것이 힘듭니다.

④ 이 특별한 가게를 찾는 사람들이 많습니다.

듣기 (1번~30번)

1 ①	2 ④	3 ②	4 ③	5 ③
6 ①	7 ②	8 ①	9 ③	10 ③
11 ②	12 ③	13 ④	14 ①	15 ③
16 ④	17 ④	18 ④	19 ④	20 ①
21 ③	22 ④	23 ③	24 ②	25 ③
26 ②	27 ③	28 ③	29 ①	30 ②

1.

남자 : 동생이에요?

여자 : _____

동생인지 묻고 있습니다. 동생이면 '네, 동생이에요.' 동생이 아니면 '아니요, 동생이 아니에요.'로 대답합니다.

I am asking if he is my younger brother. If it is your younger brother, answer 'Yes, he is my younger brother.' If it is not your younger brother, answer 'No, he is not my younger brother.'

2.

여자 : 백화점에 가요?

남자 : _____

백화점에 가는지 묻고 있습니다. 백화점에 가면 '네, 백화점에 가요.' 백화점에 안 가면 '아니요, 백화점에 안 가요.'나 '아니요, 백화점에 가지 않아요.'로 대답합니다.

This is asking if the listener is going to the department store. If they are, the answer is 'Yes, I'm going to the department store.' If they are not, the answer is 'No, I'm not going to the department store.'

3.

남자 : 어제 무엇을 했어요?

여자 : _____

어제 무엇을 했는지 묻고 있습니다. '뭐(무엇)'는 행동에 대한 질문이므로 '청소를 했어요'처럼 동작 동사가 들어간 문장으로 대답합니다.

He's asking what you did yesterday. 'What (what)' is a question about action, so answer with a sentence containing an action verb, such as 'I cleaned.'

4.

남자 : 병원이 몇 층에 있어요?

여자 : _____

병원이 몇 층에 있는지 묻고 있습니다. '몇'은 수에 대한 질문이므로 '3층에 있어요'처럼 숫자가 들어간 문장으로 대답합니다.

The man is asking what floor the hospital is on. Since 'what' refers to a number, you should answer with a sentence that includes a number, such as 'It's on the third floor.'

5.

남자 : 신분증 좀 보여 주시겠어요?

여자 : _____

남자가 여자에게 신분증을 보여 달라고 하는 상황입니다. 신분증이 있으면 '여기 있어요' 로, 신분증이 없으면 '없어요'라고 대답합니다.

This is a situation where a man asks a woman to show him her ID. If she has it, she says, 'Here it is.' If she doesn't have it, she says, 'I don't have it.'

6.

여자 : 잘 먹을게요.

남자 : _____

여자가 남자에게 잘 먹겠다고 인사를 하는 상황입니다. 이러한 상황에서는 '맛있게 드세요'라고 대답합니다.

This is a situation where a woman tells a man that she will enjoy the food. In this situation, the man replies with 'Enjoy your meal.'

7.

남자 : 학생 식당이 어디에 있어요?

여자 : 학생 식당은 기숙사 밑에 있어요.

남자가 여자에게 학생 식당이 어디에 있는지 질문을 하고 여자가 남자에게 학생 식당은 기숙사 밑에 있다고 대답하는 상황으로 정답은 '학교'입니다.

The man asks the woman where the student cafeteria is, and the woman tells him that it's next to the dormitory. Therefore, the answer is 'school.'

8.

여자 : 이 약을 하루에 세 번 눈에 넣으세요.

남자 : 네, 알겠습니다.

여자가 남자에게 약을 하루에 세 번 눈에 넣으라고 하는 상황으로 정답은 '약국'입니다.

In a situation where a woman asks a man to put medicine in his eyes three times a day, the correct answer is 'pharmacy'.

9.

여자 : 어떻게 오셨어요?

남자 : 어제 찍은 사진을 찾으러 왔어요.

남자가 여자에게 어제 찍은 사진을 찾으러 왔다고 말하는 상황으로 정답은 '사진관'입니다.

In a situation where a man tells a woman that he came to retrieve a photo taken yesterday, the correct answer is 'a photo studio'.

10.

남자 : 머리를 자르고 싶은데요.

여자 : 어떻게 잘라 드릴까요?

남자가 머리를 자르고 싶다고 하니까 여자가 어떻게 자르고 싶은지 물어보는 상황으로 정답은 '미용실'입니다.

When a man says he wants to get his hair cut, the woman asks how he wants to get it cut. The answer is 'a hair salon'.

11.

남자 : 몇 살이에요?

여자 : 열두 살이에요.

'몇 살'과 '열두 살'은 나이를 묻고 대답하는 표현이니까, '나이'에 대해 말하고 있습니다.

How old' and 'twelve years old' are expressions used to ask and answer about age, so they are talking about 'age.'

12.

여자 : 마크 씨 고향도 지금 여름이에요?

남자 : 아니요. 제 고향은 겨울이에요.

'고향도 지금 여름이에요?'라는 질문에 '겨울이에요.'라고 대답했으니까, '계절'에 대해 말하고 있습니다.

The answer to the question 'Is it summer in your hometown now too?' is 'It's winter', so they are talking about the 'season'.

13.

남자 : 이 가게는 일요일에 쉬어요?

여자 : 네, 일요일에는 가게 문을 닫습니다.

'일요일에 쉬어요?'라는 남자의 질문에 여자가 '일요일에는 가게 문을 닫습니다.'라고 대답했으니까, '휴일'에 대해 말하고 있습니다.

The woman answers 'The store is closed on Sundays' to the man's question 'Is.' this store closed on Sundays?', so they are talking about 'holidays'

14.

여자 : 토요일에 회사 앞에서 만날까요?

남자 : 네, 좋아요. 그럼 두 시까지 회사 앞으로 갈게요.

'회사 앞에서 만날까요?'라는 질문에 '두 시까지 회사 앞으로 갈게요.'라고 대답했으니까, 두 사람이 '약속'을 정하고 있습니다.

When asked, 'Shall we meet in front of the office?' I answered, 'I will be in front of the office by 2 o'clock.' So the two people are making an 'appointment.'

15.

여자 : 민수 씨는 뭘 주문할 거예요?

남자 : 저는 라면하고 김밥을 먹을 거예요.

여자가 '뭘 주문할 거예요?'라고 질문했고, 남자가 '라면하고 김밥을 먹을 거예요.'라고 대답했으니까 두 사람이 식당에서 주문할 메뉴에 대해 이야기하고 있는 상황을 보여주는 ③번 그림이 맞습니다.

Since the woman asked, 'What are you going to order?' and the man answered, 'I'm going to eat ramen and kimbap,' picture ③ is correct, showing a situation where two people are talking about what to order at a restaurant.

16.

남자 : 늦어서 미안해요.

여자 : 연극이 시작되네요. 빨리 앉으세요.

남자가 '늦어서 미안해요.'라고 사과를 했고, 여자가 '빨리 앉으세요.'라고 했으니까 여자는 연극 공연장에 먼저 와서 자리에 앉아 있고 늦게 도착한 남자는 옆에 앉으려고 하는 ④번 그림이 맞습니다.

The man apologized, saying, 'I'm sorry I'm late,' and the woman said, 'Please sit down quickly.' So picture ④ is correct, where the woman came to the theater first and sat down, and the man who arrived late tried to sit next to her.

17.

여자 : 이 버스 서울역에 가지요?

남자 : 아니요, 서울역은 반대 방향이에요. 이건 강남역으로 가는 버스예요.

여자 : 어머, 그래요? 그럼 다음 정류장에서 내려야겠네요.

두 사람이 서울역에 가는 버스에 대해 이야기하고 있습니다.
① 서울역이 아닙니다. 버스를 잘못 탄 여자가 버스를 갈아타기 위해 내릴 곳입니다.
② 나오지 않은 내용입니다.
③ 여자가 서울역에 가고 싶습니다

The two are talking about the bus to Seoul Station.
① This is not Seoul Station. It is the place where the woman, who got on the wrong bus, will get off to transfer.
② This content was not mentioned.
③ The woman wants to go to Seoul Station.

18.

남자 : 심심한데 밖에 나가서 산책할까요?

여자 : 좋아요. 그럼 공공자전거를 빌려서 한강 공원까지 가 보는 게 어때요?

남자 : 공공자전거요? 한 번도 이용을 안 해 봤는데요.

여자 : 아주 쉬워요. 등록 후에 바로 이용할 수 있어요. 제가 알려 드릴게요.

두 사람이 공공자전거 이용에 대해 이야기하고 있습니다.
① 나오지 않은 내용입니다.
② 공공자전거 이용은 쉽습니다.
③ 공공자전거를 타고 가려고 합니다.

The two are talking about using public bicycles.
① This content was not mentioned.
② Using public bicycles is easy.
③ They are planning to go by public bicycle.

19.

여자 : 민준 씨도 커피 마실 거죠?

남자 : 아니요, 전 오렌지 주스 마실게요.

여자 : 커피 좋아하잖아요. 오늘은 왜 안 마셔요?

남자 : 오늘 이미 커피를 두 잔 마셨어요. 더 마시면 잠을 못 잘 것 같아요.

두 사람이 마실 음료에 대해 이야기하고 있습니다.
① '민준 씨도'라고 했으니까 여자는 커피를 마십니다.
② 나오지 않은 내용입니다.
③ 나오지 않은 내용입니다.

The two are talking about what to drink.
① The woman drinks coffee because she said, 'Minjun too.'
② This content was not mentioned.
③ This content was not mentioned.

20.

남자 : 이거 어떻게 하는 거죠? 휴대폰으로 하는 주문은 처음이라서 잘 모르겠네요.

여자 : 여기 '시작'을 누르면 음식 메뉴가 나와요. 메뉴를 고르고 '확인'을 눌러 돈을 내면 돼요.

남자 : 돈은 카드로만 낼 수 있어요?

여자 : 아니요, 카드가 아니어도 괜찮아요. 현금도 되고요.

두 사람이 음식을 주문하는 방법에 대해 이야기하고 있습니다.
② 나오지 않은 내용입니다.
③ '시작'을 누르면 음식 메뉴가 나옵니다.
④ 휴대폰으로 주문을 하지만 전화를 하는 것은 아닙니다.

The two are talking about how to order food.
② This content was not mentioned.
③ If you press 'start', the food menu will appear.
④ They are ordering with a phone, but they are not making a phone call.

21.

여자 : 이 가방 얼마예요?

남자 : 84,000원입니다. 세일 기간이라서 오늘까지 이 가격이에요.

여자 : 그래요? 조금 고민되는데요.

남자 : 세일이 끝나면 120,000원이니까 잘 생각해 보세요.

두 사람이 가방 가격에 대해 이야기하고 있습니다.
① 가방을 살지 고민하고 있습니다.
② 가방도 오늘까지 세일을 합니다.
④ 여자가 가방을 사고 싶습니다.

The two are talking about the price of a bag.
① The woman is thinking about whether to buy the bag.
② The bag is also on sale until today.
④ The woman wants to buy the bag.

22.

여자 : 주말에 태풍이 올 것 같은데 여행 갈 수 있을까요?

남자 : 일기예보가 항상 맞는 건 아니니까 가도 괜찮을 것 같아요.

여자 : 그래도 이번 태풍은 비와 바람이 아주 강하다고 해서 걱정이에요.

남자 : 호텔 예약도 했으니까 그냥 가요.

두 사람이 태풍과 여행에 대해 이야기하고 있습니다.
① 사실이지만 여자의 생각이 아닙니다.
② 나오지 않은 내용입니다.
③ 남자의 생각입니다.

The two are talking about the typhoon and their trip.
① This is true, but it is not the woman's opinion.
② This content was not mentioned.
③ This is the man's opinion.

23.

남자 : 이 고양이들 정말 귀엽지요? 저도 한 마리 키워보려고 해요.

여자 : 민준 씨는 혼자 살잖아요. 집에 있는 시간도 적은데 잘 생각해 보세요.

남자 : 고양이는 혼자 있어도 괜찮다고 들었어요. 퇴근 후에 일찍 집에 가면 되고요.

여자 : 그러면 고양이가 너무 불쌍해요. 동물에 관심이 있으면 봉사 활동을 해 보는 게 어때요?

두 사람이 고양이를 키우는 것에 대해 이야기하고 있습니다.
① 남자의 생각입니다.
② 봉사 활동을 꼭 해야 하는 것은 아닙니다.
④ 남자의 생각입니다.

The two are talking about raising a cat.
① This is the man's opinion.
② It is not necessary to do volunteer work.
④ This is the man's opinion.

24.

여자 : (전화벨) 여보세요, 거기 인주 치킨이지요? 치킨을 두 마리 시켰는데 한 마리밖에 안 와서요.

남자 : 아, 정말 죄송합니다. 금방 한 마리 더 배달해 드릴게요.

여자 : 아니요, 시간이 없으니까 그냥 한 마리는 취소해 주시겠어요?

남자 : 네, 알겠습니다. 그럼 한 마리 값은 환불해 드리겠습니다.

두 사람이 잘못 배달된 치킨에 대해 이야기하고 있습니다.
① 나오지 않은 내용입니다.
③ 시간이 없어서 기다릴 수 없습니다.
④ 배달된 한 마리만 먹으려고 합니다.

The two are talking about a chicken delivery that was wrong.
① This content was not mentioned.
③ The woman cannot wait because she does not have time.
④ The woman is going to eat only the one chicken that was delivered.

여자 : (딩동댕) 사랑아트센터에서 잠시 안내 말씀드립니다. 공연이 시작된 후에는 공연장 안으로 입장하실 수 없습니다. 공연 시간을 지켜 주십시오. 또한 음식물이나 꽃다발을 가지고 들어가실 수 없습니다. 물품 보관소에 맡겨 주시기 바랍니다. 그리고 휴대폰은 반드시 꺼 주십시오.

25.

공연장에서 지켜야 할 것에 대해 부탁을 하고 있습니다.

This is a request to observe rules in the concert hall.

26.

① 음식물을 가지고 들어갈 수 없습니다.
③ 나오지 않은 내용입니다.
④ 공연이 시작된 후에는 공연장 안으로 입장할 수 없습니다.

① You are not allowed to bring food or drinks inside.
③ This information is not mentioned.
④ You cannot enter the concert hall after the performance has started.

남자 : 수미 씨, 컴퓨터 앞에 너무 가깝게 앉아 있네요.
여자 : 글자가 잘 안 보여서요. 이렇게 보지 않으면 읽기가 힘들어요.
남자 : 그래요? 그럼 안경을 바꿔야 할 것 같은데요.
여자 : 안경을 바꾼 지 6개월밖에 안 됐는데 눈이 더 나빠져서 걱정이에요.
남자 : 그렇게 오랫동안 컴퓨터를 보고 있으면 눈이 점점 더 나빠질 거예요.
여자 : 네. 이제 컴퓨터 사용 시간을 좀 줄여야겠어요.

27.

두 사람은 여자가 컴퓨터를 너무 긴 시간 보고 있어서 시력이 나빠진 문제에 대해 이야기하고 있습니다.

The two are talking about the woman's eyesight deteriorating because she has been looking at the computer for too long.

28.

① 대화에 나오지 않는 내용입니다.
② 남자가 여자의 안경을 바꿔야 할 것 같다고 했습니다.
④ 남자가 여자에게 컴퓨터를 오랫동안 보면 눈이 더 나빠질 거라고 했습니다.

① This content was not mentioned in the conversation.
② The man said that the woman seems to need to change her glasses.
④ The man told the woman that her eyesight will worsen if she looks at the computer for a long time.

듣기 (29번~30번)

남자 : 김미경 씨는 동물원에서 일하고 계시는데요. 왜 동물원에서
일하게 되셨습니까?

여자 : 어렸을 때부터 동물을 아주 좋아했어요. 집에서도 개를 계속
키웠는데 일할 때도 동물과 함께 지내고 싶어서 동물원에 취
직했습니다.

남자 : 그렇군요. 지금은 무슨 동물과 함께 지내세요?

여자 : 작년까지는 호랑이였는데요. 올해부터는 어린이 동물원에서
토끼와 함께 지내고 있습니다.

남자 : 동물원에서 일하면서 어떤 것이 가장 힘드세요?

여자 : 동물원에서는 아침 일찍부터 저녁 늦게까지 일을 합니다. 하
지만 그건 전혀 힘들지 않아요. 동물이 병에 걸렸을 때가 가
장 슬프고 힘듭니다.

29.

① 동물을 좋아해서 일할 때도 같이 지내고 싶다고 했습니다.

The woman said she loves animals and wants to be with them
even when she works.

30.

① 나오지 않은 내용입니다.
③ 전혀 힘들지 않다고 했습니다.
④ 올해부터입니다.

① This content was not mentioned.
③ The woman said it is not hard at all.
④ It has been this year.

TOPIK I | 모의고사 읽기 답안지

읽기 (31번~70번)

31	①	32	②	33	③	34	③	35	①
36	①	37	②	38	③	39	③	40	③
41	③	42	④	43	④	44	①	45	②
46	③	47	③	48	①	49	①	50	②
51	④	52	③	53	④	54	①	55	④
56	①	57	②	58	③	59	②	60	②
61	③	62	②	63	①	64	③	65	④
66	②	67	④	68	②	69	④	70	③

31.

동생과 누나는 형제 관계를 나타내는 말입니다. 형제에 대한 이야기입니다.

Younger sibling and older sister are words that indicate a sibling relationship. This is a story about siblings.

32.

학교에 가는 이동 수단을 이야기하고 있습니다. 교통에 대한 이야기입니다.

This is talking about the means of transportation to get to school. This is a story about transportation.

33.

'비가 오다, 맑다'는 날씨를 나타내는 말입니다. 날씨에 대한 이야기입니다.

'It rains,' 'It is clear/sunny' are words that indicate weather. This is a story about the weather.

34.

'위, 아래, 오른쪽, 왼쪽'과 같은 방향 어휘에 '올라가다', '내려가다', '돌다' 등의 동사가 이어질 때는 '위로 올라가다', '아래로 내려가다', '오른쪽/왼쪽으로 돌다'와 같이 표현합니다.

When verbs such as 'to go up,' 'to go down,' 'to turn' follow directional words like 'up,' 'down,' 'right,' 'left,' they are expressed as 'go up,' 'go down,' 'turn right/left.'

35.

돈이 없을 때 은행에서 찾을 수 있습니다. '돈을 찾다', '돈을 뽑다'로 표현합니다.

When you don't have money, you can withdraw it from the bank. It is expressed as 'withdraw money' or 'take out money.'

36.

'소금은 짭니다'는 소금의 맛을 의미합니다. 소금의 맛은 '짜다', 설탕의 맛은 '달다'이니까 '답니다'가 알맞습니다.

Salt is salty (소금은 짭니다)' refers to the taste of salt. The taste of salt is 'salty (짜다),' and the taste of sugar is 'sweet (달다),' so 'sweet (답니다)' is appropriate.

37.

동생과 제 키를 비교하고 있습니다. '제가 더/훨씬 큽니다'로 표현할 수 있으니까 '더'가 알맞습니다.

This is comparing the height of the younger sibling and the speaker. It can be expressed as 'I am taller/much taller,' so 'taller' is appropriate.

38.

같이 영화를 보려면 영화를 보기 전에 친구를 만나야 하니까 '만납니다'가 알맞습니다.

To watch a movie together, you have to meet your friend before watching the movie, so 'meet' is appropriate.

39.

'어제 배가 아팠습니다' 뒤에 '그래서'가 있습니다. '학교에 안 갔습니다'나 '학교에 결석했습니다'가 자연스러우니까 '결석했습니다'가 알맞습니다.

Because' follows 'I had a stomachache yesterday.' 'I didn't go to school' or 'I was absent from school' is natural, so 'was absent' is appropriate.

40.

삼각 김밥의 판매 기간은 구월 삼십 일(9월 30일)까지입니다.

The sale period for the triangular kimbap is until September 30th.

41.

학교 지도(안내도)에는 수영을 할 수 있는 건물(수영장)이 없습니다.

There is no building (swimming pool) where you can swim on the school map (guide map).

42.

미영 씨가 제주도에서 서울에 있는 수미 씨에게 메시지를 보냈습니다.

Miyoung sent a message from Jeju Island to Sumi in Seoul.

43.

① 저는 한국에서 혼자 삽니다.
② 친구들은 가끔 우리집에 와서 고향 음식을 만듭니다.
③ 나오지 않는 내용입니다.

① I live alone in Korea.
② My friends sometimes come to my house and cook food from our hometown.
③ This content does not appear.

44.

② 행사가 시작된 시기는 나오지 않습니다.
③ 저는 행사에서 책들을 가져왔습니다.
④ 도서관 행사에서 유명한 책들을 무료로 줍니다.

② The starting time of the event is not mentioned.
③ I brought books from the event.
④ They give famous books for free at the library event.

45.

① 저는 보통 주말에 그림을 그립니다.
③ 저는 요즘 사람들의 얼굴을 그리고 있습니다.
④ 나오지 않는 내용입니다.

① I usually draw on weekends.
③ I am currently drawing people's faces.
④ This content does not appear.

46.

발이 커서 신발을 살 때 직접 매장에 가서 신발을 신어 보고 사야 한다고 했습니다. 따라서 신발 사이즈를 확인하고 사야 한다는 것이 중심 생각입니다.

I have to go to a store and try on shoes before buying them because I have large feet. The main idea is that I need to check the shoe size before buying.

47.

휴대폰을 보면서 걷다가 계단에서 넘어져서 다쳤기 때문에 앞으로는 휴대폰을 보면서 걷지 않을 거라고 했습니다. 따라서 걸으면서 휴대폰을 안 볼 거라는 것이 중심 생각입니다.

I fell down the stairs and got hurt while walking and looking at my phone, so I won't walk while looking at my phone anymore. The main idea is that I won't look at my phone while walking.

48.

지금 사는 집이 좋아서 오래 살고 싶다고 했습니다. 따라서 이 집에서 오랫동안 살고 싶다는 것이 중심 생각입니다.

I like my current house and want to live there for a long time. The main idea is that I want to live in this house for a long time.

읽기 (49번~50번)

49.

빈칸 뒤에 음식을 먹고 행복해하는 직원들을 보면이라는 내용이 있으니까 과거형 관형형 문법을 쓴 '만든'이 알맞습니다.

Since the sentence after the blank talks about seeing the employees happily eating the food, the appropriate word is '만든 (made),' which is the past tense modifier form in Korean grammar.

50.

① 나오지 않는 내용입니다.
③ 새벽부터 출근해서 아침 식사를 준비합니다.
④ 음식을 먹고 행복해하는 직원들을 보면 기분이 좋습니다.

① This information is not mentioned.
③ I go to work from dawn and prepare breakfast.
④ It makes me feel good to see the employees happy after eating the food.

읽기 (51번~52번)

51.

빈칸 앞뒤 문장을 보면 맛있는 귤에 대한 내용이 나옵니다. 그러므로 앞뒤 문장을 연결하는 '그리고'가 알맞습니다.

Looking at the sentences before and after the blank, they both talk about delicious tangerines. Therefore, the appropriate word to connect the sentences is '그리고 (and).'

52.

맛있는 귤은 껍질이 얇고 작으며 꼭지가 연한 녹색이라고 했습니다. 따라서 맛있는 귤을 고르는 법이 정답입니다.

It says that delicious tangerines have thin skin, are small, and have a light green stem. Therefore, the correct answer is 'how to choose delicious tangerines.'

53.

'고향 음식을 먹고 싶습니다. 그래도/하지만 식당이 없어서 먹을 수 없습니다.'라는 내용이 자연스러우니까 '먹고 싶어도'가 알맞습니다.

'I want to eat food from my hometown. But there are no restaurants, so I can't eat it' is natural, so 'Even if I want to eat it' is appropriate.

54.

② 요즘은 많이 생겼습니다. 많습니다.
③ 맛도 비슷합니다. 많이 다르지 않습니다.
④ 요즘은 자주 먹으러 갑니다. 먹을 수 있습니다.

② There are many restaurants now. There are many.
③ The taste is similar. It is not very different.
④ I often go to eat these days. I can eat it.

55.

빈칸 뒤 문장에 불꽃놀이를 구경할 수 있는 장소로 인기가 많다는 내용이 나오니까 '불꽃이 작게 보이지만'이 알맞습니다.

Since the sentence after the blank mentions that the place is popular for watching fireworks, the appropriate phrase is "불꽃이 작게 보이지만 (even though the fireworks look small)."

56.

② 올해는 한국을 비롯해 4개국이 참가해서 아름다운 불꽃놀이를 보여 줄 예정입니다.
③ 불꽃놀이를 구경하기에 제일 좋은 장소는 여의도 주변 한강 공원입니다.
④ N서울타워는 서울의 야경을 보면서 불꽃놀이를 함께 구경할 수 있는 장소로 인기가 많습니다.

② This year, four countries, including Korea, will participate and show beautiful fireworks.
③ The best place to watch the fireworks is the Hangang Park around Yeouido.
④ N Seoul Tower is a popular place to watch the fireworks while enjoying the night view of Seoul.

57.

'마트에서 과일을 산 경험'에 대한 글입니다. 글의 배경이 되는 경험을 제시하면서 이야기를 시작하고 있는 (가), 그 경험에서 자신이 생각한 것을 말하고 있는 (나), 그리고 그것에 대해 추가적인 설명을 하고 있는 (라), 앞으로의 계획을 밝히고 있는 (다)의 순서로 연결되는 것이 적절합니다.

This is an article about 'the experience of buying fruit at the supermarket.' He begins the story by presenting the experience that serves as the background for the writing (가), he talks about what he thought from that experience (나), and he gives additional explanations about it (라), and he reveals his future plans (It is appropriate to connect in the order of (다)).

58.

'불면증'이라는 글의 소재를 제시하고 있는 (나), 그 이유에 대해 설명하고 있는 (다), 그리고 거기에 추가적인 설명을 붙이고 해결 방법을 제시하고 있는 (라)와 (가)의 순서로 연결되는 것이 적절합니다.

It is appropriate to connect in the order of (나), which presents the topic of the writing, 'insomnia,' (다), which explains the reason for it, and (라) and (가), which add additional explanations and suggest solutions.

59.

'그래서'가 있으니까 음식으로 다이어트를 하는 이유의 뒤에 오는 것이 알맞습니다. 운동을 '싫어해서' 운동 '대신' 음식으로 다이어트를 합니다.

Since there is 'so', it is appropriate to follow the reason for dieting with food. I 'hate' exercise, so I diet with food 'instead' of exercise.

60.

① 먹고 싶은 음식을 먹을 수 없어서 힘듭니다.
③ 거의 먹지 않습니다. 아주 조금 먹습니다.
④ 운동을 싫어합니다.

① I'm having a hard time because I can't eat the food I want to eat.
③ I barely eat. I eat very little.
④ I hate exercising.

61.

앞에 여행 계획 내용이 나오니까 빈칸에도 '사진을 찍어 보려고 한다'는 여행 계획이 알맞습니다.

Since the previous sentence talks about travel plans, the appropriate phrase for the blank is '사진을 찍어 보려고 한다 (I plan to take photos)' as it also fits with the context of a travel plan.

62.

① 휴가 때 한국으로 여행을 가는데 드라마 촬영 장소로 여행을 가기로 했습니다.

③ 나오지 않는 내용입니다.

④ 자주 아이스크림을 사 먹은 사람들은 드라마 주인공입니다.

① I was traveling to Korea on vacation and decided to go to a drama filming location.

③ This is not in the content.

④ The people who often bought ice cream are the main characters of the drama.

읽기 (63번~64번)

63.

특별한 독서 모임을 만들고 싶어서 연락했다는 내용이 있으므로 '독서 모임에 초대하고 싶어서'가 정답입니다.

The text says that the person is contacting you because they want to create a special reading club, so 'I want to invite you to a book club' is the correct answer.

64.

① 유학생들과 '책사랑'이라는 특별한 독서 모임을 만들고 싶어서 연락을 드렸습니다.

② 모임은 한 달에 한 번, 셋째 주 금요일 저녁 8시입니다.

④ 모임은 셋째 주 금요일 저녁 8시입니다.

① I am contacting you because I want to create a special reading club called 'Book Love' with international students.

② The meeting is once a month, on the third Friday evening at 8 o'clock.

④ The meeting is on the third Friday evening at 8 o'clock.

읽기 (65번~66번)

65.

㉠에는 치약의 효과가 떨어지는 이유가 들어가야 하는데 유통 기한이 길거나 짧은 것이 치약의 효과와 관련이 있는지는 알 수 없고 유통 기한이 있다는 사실이 치약의 효과가 떨어지는 이유는 아니니까 '유통 기한이 지난 치약을 쓰면'이 알맞습니다.

㉠ should include the reason why the toothpaste loses its effectiveness, but it is not clear whether a long or short expiration date is related to the toothpaste's effectiveness, and the fact that there is an expiration date is not the reason why the toothpaste loses its effectiveness, so 'If you use expired toothpaste' is appropriate.

66.

① 운동화 세탁이나 청소 등에도 사용할 수 있습니다.

③ 유통 기한이 지난 치약을 사용하면 입안 건강에 나쁩니다.

④ 치약으로 목걸이나 반지를 닦으면 반짝반짝해집니다. 즉, 깨끗해집니다.

① It can also be used for washing sneakers or cleaning.

③ Using expired toothpaste is bad for oral health.

④ If you wipe a necklace or ring with toothpaste, it becomes shiny. In other words, it becomes clean.

읽기 (67번~68번)

67.

앞 문장에 '이 샤워 모자를 쓰면'이라는 말이 있고 빈칸 뒤에 '눈이나 입에 들어가지 않습니다.'라는 말이 있으니까, 문맥상 빈칸에는 '얼굴 쪽으로 흘러서'라는 말이 들어가는 게 적절합니다.

Since the previous sentence says, 'If you wear this shower cap,' and after the blank space, it says, 'It does not get into your eyes or mouth,' it is appropriate to put 'it flows toward your face' in the blank space.

68.

① 가격도 비싸지 않기 때문에 엄마들이 이 모자를 많이 삽니다.

③ 이 모자는 아기들이 샤워할 때 머리에 쓰는 것입니다.

④ 나오지 않는 내용입니다.

① Mothers buy this cap a lot because it is not expensive.

③ This cap is for babies to wear on their heads when they shower.

④ This content does not appear.

읽기 (69번~70번)

69.

뒤에 작아져서 못 입는 셔츠를 가지고 가서 시계로 바꿔 왔다는 말이 있으니까, 빈칸에는 '다른 물건으로 바꿀 수 있습니다.'라는 말이 들어가는 것이 좋습니다.

Since the sentence after the blank says that the writer took a shirt that was too small to wear and exchanged it for a watch, it is appropriate to fill in the blank with 'You can exchange it for another item.'

70.

① 셔츠가 작아져서 못 입게 되었습니다.

② 나오지 않는 내용입니다.

④ 나오지 않는 내용입니다.

① The shirt became too small to wear.

② This content does not appear.

④ This content does not appear.

📖 문법 인덱스

유형	문법 제시
읽기 01	N이/가 있다/없다
	N을/를 좋아하다
	N에
읽기 02	N에게/한테
	못 V
	N까지
읽기 03	A-(으)ㄴ N, V-는 N
	A/V-(으)ㄹ 거예요
	N과/와
읽기 04	A/V-고
	A-게
	V-고 싶다
읽기 05	V-기 전에
	A/V-지 않다
	A/V-(으)ㄹ 때
읽기 06	V-(으)ㄴ/는/-(으)ㄹN
	N처럼
읽기 07	V-게 되다
	불규칙과 탈락 총정리
읽기 08	V-는 것
	A-(으)ㄴ데, V-는데
	A/V-기 때문에
읽기 09	V-(으)러 가다
	A-아/어지다
	N마다

유형	문법 제시
읽기 10	A/V-(으)면
	V-아야/어야 하다
	N(이)나
읽기 11	V-아/어 주다(드리다)
	V-(으)ㄴ 후에
	A/V-거나
읽기 12	V-기로 하다
	N(으)로
	N보다 (더)
읽기 13	V-(으)면서
	V-(으)면 되다
	N밖에
읽기 14	A/V-(으)ㄹ 수 있다/없다
	V-(으)려면
읽기 15	N이/가 되다
	V-(으)ㄴ 적이 있다/없다
	A/V-(으)시-
읽기 16	A-아/어 보이다
	V-기가 A

어휘 인덱스

어휘 인덱스

어휘	번역	유형
맛있다	delicious	듣기 03
매일	everyday	읽기 02
매장	store	듣기 03
맵다	spicy	듣기 04
먹다	to eat	듣기 03, 읽기 03
먼저	first	읽기 05
명절	holiday	읽기 09
모르다	don't know	읽기 02
모습	figure	읽기 10
모양	shape	읽기 12
모임	gathering	읽기 08
모자	hat	듣기 09
목	throat	읽기 10
목도리	muffler	읽기 15
몸	body	읽기 15
무겁다	heavy	읽기 02
무료	free	듣기 06, 읽기 03
무척	very	읽기 16
물	water	듣기 01
물건	thing	듣기 08
물어보다	to ask	읽기 02
미리	beforehand	듣기 09
미술관	art gallery	듣기 06

어휘	번역	유형
미용실	beauty salon	읽기 04
밑	under	듣기 05
바꾸다	to change	듣기 09, 읽기 10
바다	ocean	읽기 05
바로	right away	듣기 08
박물관	museum	읽기 03
밖	outside	읽기 04
반찬	side dish	읽기 06
받다	to receive	듣기 09
밤	night	읽기 15
방	room	듣기 03
방문하다	to visit	읽기 15
방송	broadcast	읽기 09
방학	vacation	읽기 05
배탈	upset stomach	읽기 14
버스	bus	듣기 03
별로	not really	읽기 03
보관하다	to store	듣기 09, 읽기 12
보내다	to send	듣기 03
볶다	to fry	읽기 06
봄	spring	읽기 15
봉투	envelope	듣기 06
뵙다	to meet (used honorifically)	듣기 02

📝 어휘 인덱스

어휘	번역	유형
시키다	to order	듣기 03
시험	test	읽기 02
식사	meal	듣기 03
식빵	bread	듣기 06
식사하다	to eat	읽기 03
신나다	to be excited	읽기 12
신다	to put on	듣기 03
신문지	newspaper	읽기 12
신발	shoes	듣기 09, 읽기 02
신선하다	fresh	듣기 08
신청서	application form	듣기 08
신청하다	to apply	읽기 11
실내	indoor	듣기 06
실내 온도	room temperature	읽기 07
싸우다	to fight	듣기 07
쓰다	to write	듣기 03
아끼다	to economize	읽기 07
아름답다	beautiful	읽기 10
아메리카노	americano	듣기 03
아이	kid	읽기 06
아침	morning, breakfast	듣기 03
아파트	apartment	듣기 04
앉다	to sit	듣기 03

어휘	번역	유형
알아보다	to find out	듣기 06
애니메이션	animated movie	읽기 09
야외	outdoor	듣기 06
약국	pharmacy	듣기 04, 읽기 02
약속	promise	읽기 02
어디	where	듣기 01
어떻게	how	듣기 01
어떻다	how	듣기 04
어른	adult	읽기 09
어리다	young	읽기 05
어울리다	to suit	듣기 09
어제	yesterday	듣기 01
언니	older sister	읽기 01
언제	when	듣기 01
얼마	how much	듣기 03
에어컨	air conditioning	읽기 02
엘리베이터	elevator	듣기 03
여기	here	듣기 03
여름	summer	듣기 04, 읽기 01
여보세요	hello (when you make a phone call)	듣기 02
여행	travel	읽기 03
역사	history	읽기 11
연락	contact	읽기 03

어휘 인덱스

어휘 인덱스

한국어능력시험
일단 합격
TOPIK
종합서 I

초판 1쇄 인쇄 | 2025년 6월 1일
초판 1쇄 발행 | 2025년 6월 10일

지은이 | 김정아, 심지은, 정은화
발행인 | 김태웅
편 집 | 최채은
디자인 | 남은혜, 김지혜
마케팅 총괄 | 김철영
온라인 마케팅 | 신아연
제 작 | 현대순

발행처 | (주)동양북스
등 록 | 제 2014-000055호
주 소 | 서울시 마포구 동교로22길 14 (04030)
구입 문의 | 전화 (02)337-1737 팩스 (02)334-6624
내용 문의 | 전화 (02)337-1762 이메일 dybooks2@gmail.com

ISBN 979-11-7210-921-9(13710)

ⓒ 2025, 김정아, 심지은, 정은화

한국어능력시험
TOPIK I
듣기, 읽기

성명 (Name)	한국어 (Korean)	
	영어 (English)	

수 험 번 호

					7						
⓪	⓪	⓪	⓪	⓪		⓪	⓪	⓪	⓪	⓪	⓪
①	①	①	①	①		①	①	①	①	①	①
②	②	②	②	②		②	②	②	②	②	②
③	③	③	③	③		③	③	③	③	③	③
④	④	④	④	④		④	④	④	④	④	④
⑤	⑤	⑤	⑤	⑤		⑤	⑤	⑤	⑤	⑤	⑤
⑥	⑥	⑥	⑥	⑥		⑥	⑥	⑥	⑥	⑥	⑥
⑦	⑦	⑦	⑦	⑦	●	⑦	⑦	⑦	⑦	⑦	⑦
⑧	⑧	⑧	⑧	⑧		⑧	⑧	⑧	⑧	⑧	⑧
⑨	⑨	⑨	⑨	⑨		⑨	⑨	⑨	⑨	⑨	⑨

※ 결 시 결시자의 영어 성명 및
확인란 수험번호 기재 후 표기

○

※ 답안지 표기 방법(Marking examples)

바른 방법(Correct)	●
바르지 못한 방법(Incorrect)	⊙ ⦸ ⊗ ◑

※ 위 사항을 지키지 않아 발생하는 불이익은 응시자에게 있습니다.

감독관 확 인	본인 및 수험번호 표기가 정확한지 확인	(인)

번호	답 란			
1	①	②	③	④
2	①	②	③	④
3	①	②	③	④
4	①	②	③	④
5	①	②	③	④
6	①	②	③	④
7	①	②	③	④
8	①	②	③	④
9	①	②	③	④
10	①	②	③	④
11	①	②	③	④
12	①	②	③	④
13	①	②	③	④
14	①	②	③	④
15	①	②	③	④
16	①	②	③	④
17	①	②	③	④
18	①	②	③	④
19	①	②	③	④
20	①	②	③	④

번호	답 란			
21	①	②	③	④
22	①	②	③	④
23	①	②	③	④
24	①	②	③	④
25	①	②	③	④
26	①	②	③	④
27	①	②	③	④
28	①	②	③	④
29	①	②	③	④
30	①	②	③	④
31	①	②	③	④
32	①	②	③	④
33	①	②	③	④
34	①	②	③	④
35	①	②	③	④
36	①	②	③	④
37	①	②	③	④
38	①	②	③	④
39	①	②	③	④
40	①	②	③	④

번호	답 란			
41	①	②	③	④
42	①	②	③	④
43	①	②	③	④
44	①	②	③	④
45	①	②	③	④
46	①	②	③	④
47	①	②	③	④
48	①	②	③	④
49	①	②	③	④
50	①	②	③	④
51	①	②	③	④
52	①	②	③	④
53	①	②	③	④
54	①	②	③	④
55	①	②	③	④
56	①	②	③	④
57	①	②	③	④
58	①	②	③	④
59	①	②	③	④
60	①	②	③	④

번호	답 란			
61	①	②	③	④
62	①	②	③	④
63	①	②	③	④
64	①	②	③	④
65	①	②	③	④
66	①	②	③	④
67	①	②	③	④
68	①	②	③	④
69	①	②	③	④
70	①	②	③	④

※ 이 답안지는 연습용 답안지입니다.

한국어능력시험
TOPIK I
듣기, 읽기

성 명 (Name)	한 국 어 (Korean)
	영 어 (English)

※ 결시자의 영어 성명 및 수험번호 기재 후 표기

※ 답안지 표기 방법(Marking examples)

바른 방법(Correct)	틀린 방법(Incorrect)
●	⊘ ⊙ ⊖ ⊗ 🐛

※ 위 사항을 지키지 않아 발생하는 불이익은 응시자에게 있습니다.

※ 감독관 확 인 (인) 본인 및 수험번호 표기가 정확한지 확인

번호	답 란
1	① ② ③ ④
2	① ② ③ ④
3	① ② ③ ④
4	① ② ③ ④
5	① ② ③ ④
6	① ② ③ ④
7	① ② ③ ④
8	① ② ③ ④
9	① ② ③ ④
10	① ② ③ ④
11	① ② ③ ④
12	① ② ③ ④
13	① ② ③ ④
14	① ② ③ ④
15	① ② ③ ④
16	① ② ③ ④
17	① ② ③ ④
18	① ② ③ ④
19	① ② ③ ④
20	① ② ③ ④

번호	답 란
21	① ② ③ ④
22	① ② ③ ④
23	① ② ③ ④
24	① ② ③ ④
25	① ② ③ ④
26	① ② ③ ④
27	① ② ③ ④
28	① ② ③ ④
29	① ② ③ ④
30	① ② ③ ④
31	① ② ③ ④
32	① ② ③ ④
33	① ② ③ ④
34	① ② ③ ④
35	① ② ③ ④
36	① ② ③ ④
37	① ② ③ ④
38	① ② ③ ④
39	① ② ③ ④
40	① ② ③ ④

번호	답 란
41	① ② ③ ④
42	① ② ③ ④
43	① ② ③ ④
44	① ② ③ ④
45	① ② ③ ④
46	① ② ③ ④
47	① ② ③ ④
48	① ② ③ ④
49	① ② ③ ④
50	① ② ③ ④
51	① ② ③ ④
52	① ② ③ ④
53	① ② ③ ④
54	① ② ③ ④
55	① ② ③ ④
56	① ② ③ ④
57	① ② ③ ④
58	① ② ③ ④
59	① ② ③ ④
60	① ② ③ ④

번호	답 란
61	① ② ③ ④
62	① ② ③ ④
63	① ② ③ ④
64	① ② ③ ④
65	① ② ③ ④
66	① ② ③ ④
67	① ② ③ ④
68	① ② ③ ④
69	① ② ③ ④
70	① ② ③ ④

| 우선 | first of all | 부 |

배가 고프니까 일은 이따가 하고 우선 밥부터 먹읍시다

| 동아리 | club | 명 |

우리 학교 농구 동아리는 전국적으로 유명해요.

| 활동하다 | to be active | 동 |

그 가수는 옛날에 배우로 활동했어요.

| 대회 | competition | 명 |

세계 댄스 대회에서 우리나라가 1등을 했어요.

| 눈물 | tear | 명 |

슬픈 영화를 보면 눈물이 나요.

| 흘리다 | to shed | 동 |

열심히 운동해서 땀을 흘리면 기분이 좋아요.

| 모양 | shape | 명 |

이것으로 여러 모양의 빵을 만들 수 있어요.

| 가구 | furniture | 명 |

제 방에 있는 가구는 침대와 책상이에요.

| 달리기 | running | 명 |

아침 일찍 일어나서 달리기를 합니다.

| 부담스럽다 | burdensome | 형 |

선물이 너무 비싸면 부담스러워할 거예요.

| 지루하다 | boring | 형 |

영화가 지루해서 끝까지 못 봤어요.

| 서로 | each other | 부 |

옆집 사람과 서로 친하게 지내고 있어요.

| 응원하다 | to cheer | 동 |

친구가 축구 선수라서 응원하러 축구장에 가요.

| 신나다 | to be excited | 동 |

신나는 방학을 보내세요.

| 마라톤 | marathon | 명 |

마라톤 대회가 있어서 오전에는 차가 다니지 못합니다.

| 종이 | paper | 명 |

전화번호를 종이에 썼어요.

| 거의 | almost | 부 |

일을 거의 다 했으니까 잠깐만 기다리세요.

| 주변 | surroundings | 명 |

지하철역 주변에 있는 집은 월세가 조금 비싸요.

| 신문지 | newspaper | 명 |

그릇은 신문지에 싸서 가지고 가면 돼요.

| 거울 | mirror | 명 |

화장을 할 때 거울을 보면서 해요.

| 유리창 | glass window | 명 |

유리창이 더러워서 닦았어요.

| 수건 | towel | 명 |

세수를 하고 수건으로 닦아요.

젖다	to get wet	동

비를 맞아서 운동화가 젖었어요.

마르다	to dry	동

날씨가 맑아서 빨래가 빨리 말라요.

보관하다	to keep	동

과일을 신선하게 보관하려면 냉장고에 넣으세요.

활용하다	to utilize	동

집에서 식초를 세제로 활용할 수 있어요.

기출문제 63 - 64 　　　　　🏠 읽기

기간	period	명

축제 기간에는 차가 다니지 못해요.

수업료	tuition	명

그 학원은 수업료가 별로 비싸지 않아요.

응용문제 63 - 64 　　　　　🏠 읽기

동물	animal	명

동물들을 보러 동물원에 갈 거예요.

숲길	forest road	명

숲길을 걸으면서 건강해졌어요.

홈페이지	homepage	명

회사 홈페이지에서 신청하면 돼요.

현장	site	명

대회하는 날 현장에 있으니까 더 긴장이 됐어요.

참여하다	to participate	동

유학생들은 누구나 모임에 참여할 수 있어요.

해	sun	명

아침에 해를 보러 한강에 갔습니다.

뜨다	to rise	동

여름이 되니까 해가 뜨는 시간이 빨라졌어요.

손님	customer	명

이 식당은 음식이 맛있어서 손님이 많습니다.

위험하다	dangerous	형

혼자 여행을 하면 위험할 때가 있습니다.

뛰어다니다	to run around	동

집안에서 너무 시끄럽게 뛰어다니면 안 됩니다.

뜨겁다	hot	형

냄비가 뜨거우니까 조심하세요.

다치다	to get hurt	동

어제 운동장에서 넘어져서 다리를 다쳤어요.

늘다	to increase	동

요즘 집에서 일하는 사람들이 많이 늘었어요.

기출문제 59 - 60 　　　　　🏠 읽기

역사	history	명

한국 문화와 역사에 관심이 있어서 한국어를 배워요.

설명하다	to explain	동

선생님은 항상 우리가 이해하기 쉽게 설명하세요.

신청하다	to apply	동

댄스 동아리에 가입하고 싶어서 신청했어요.

비밀번호	password	명

가끔 집의 비밀번호를 잊어버립니다.

기억하다	to remember	동

비밀번호는 기억하기 쉬운 것으로 만들어야 해요.

바꾸다	to change	동

어제 산 옷이 작아서 바꾸러 갈 거예요.

통장	bankbook	명

요즘은 은행에 가지 않고 인터넷으로 통장을 만듭니다.

우표	stamp	명

저는 세계 여러 나라의 우표를 모으고 있어요.

우체통	mailbox	명

편지를 써서 우체통에 넣었습니다.

엽서	postcard	명

고향 친구한테 예쁜 그림 엽서를 보냈어요.

세계	world	명

돈이 많으면 세계 여행을 하고 싶어요.

경치	sight	명

그곳은 산과 바다가 있어서 경치가 아주 좋습니다.

아름답다	beautiful	형

이 도시는 건물들이 참 아름답습니다.

모습	figure	명

10년 전에 돌아가신 할머니의 모습이 요즘도 생각나요.

흰색	white	명

흰색 옷은 빨리 더러워져요.

원하다	to want	동

사람들은 누구나 행복하게 살기를 원합니다.

평소	usual	명

오늘은 평소보다 더 화장을 예쁘게 했어요.

행사	event	명

크리스마스에는 재미있는 행사가 많아요.

나누다	to divide	동

오늘은 배우 김해인 씨와 이야기를 나누겠습니다.

배탈	upset stomach	명

아이스크림을 너무 많이 먹으면 배탈이 나요.

부드럽다	soft	형

아기는 피부가 아주 부드러워요.

열리다	to be held	동

2018년 겨울에 한국에서 동계올림픽이 열렸어요.

봄	spring	명

저는 사계절 중에서 봄을 제일 좋아합니다.

몸	body	명

오늘은 몸이 안 좋아서 출근을 안 했어요.

낮	afternoon	명

겨울이지만 낮에는 좀 따뜻한 것 같아요.

밤	night	명

요즘 밤에 잠을 자기가 힘들어서 걱정이에요.

생기다	to be formed, to happen	동

한국 친구가 생기면 같이 여행을 가고 싶습니다.

기온	temperature	명

내일은 오늘보다 기온이 더 올라가서 더울 거예요.

높다	high	형

저 건물이 서울에서 제일 높은 건물이에요.

낮다	low	형

12월이 되니까 기온이 점점 낮아지고 있습니다.

온도	temperature	명

방 안의 온도가 너무 높아서 창문을 열었어요.

차이	difference	명

한국어와 영어는 차이가 많아요.

따라가다	to follow	동

저는 길을 잘 몰라서 친구의 뒤만 따라갔습니다.

햇빛	sunlight	명

햇빛이 강할 때는 모자를 써야 해요.

응용문제 67 – 68　🏠 읽기

피부	skin	명

저는 피부가 너무 약해서 화장품을 사용할 수 없어요.

도시락	lunch box	명

편의점에서 파는 도시락이 맛있어요.

기출문제 57 – 58　🏠 읽기

기념품	souvenir	명

제주도 여행의 기념품으로 초콜릿을 샀어요.

그림	painting	명

제 동생은 그림을 잘 그립니다.

유명하다	famous	형

이 배우는 한국에서 아주 유명합니다.

주로	mostly	부

집에 쉴 때는 주로 음악을 듣습니다.

회사원	employee	명

저는 디자인 회사에 다니는 회사원입니다.

목	throat	명

목이 아프면 따뜻한 물을 많이 마셔야 해요.

잠깐	for a moment	명

힘들면 잠깐 쉬고 하세요.

주위	surroundings	명

제 주위에는 정말 좋은 친구들이 많습니다.

따뜻하다	warm	형

봄이 오면 날씨가 따뜻해질 거예요.

오랜	long time	관

저는 오랜 시간 한국어를 배웠어요.

경기도	Gyeonggi–Do	명

수원은 경기도에 있어요.

전화기	phone	명

요즘 집에 전화기가 많이 없어요.

스마트폰	smartphone	명

요즘은 스마트폰으로 필요한 정보를 찾아요.

애니메이션	animated movie	명

친구와 애니메이션 영화를 보러 갔어요.

체험	experience	명

제주도에 가면 귤을 따는 체험이 있어요.

즐기다	to take pleasure in	동

여름에는 휴가를 즐기러 떠나는 사람들이 많아요.

어른	adult	명

아이부터 어른까지 함께 볼 수 있는 영화예요.

연습문제 55 – 56   🏠 읽기

명절	holiday	명

설날과 추석은 한국의 최대 명절이에요.

지역	region	명

지역을 대표하는 축제가 있습니다.

강원도	Gangwon–Do	명

강릉은 강원도에 있어요.

만둣국	dumpling soup	명

만두를 사서 만둣국을 만들었어요.

떨어지다	to fall	동

책장에서 책이 떨어져서 발을 다쳤습니다.

다양하다	various	형

그 식당에 가면 다양한 한국 음식을 먹어 볼 수 있어요.

목도리	muffler	명

목도리를 하니까 목이 정말 따뜻합니다.

장갑	gloves	명

친구의 손이 늘 차가워서 친구에게 장갑을 선물했어요.

깊다	deep	형

저 강은 너무 깊어서 들어가면 안 됩니다.

관계	relationship	명

저는 그 일과 전혀 관계가 없습니다.

닦다	to clean	동

자기 전에 꼭 이를 깨끗하게 닦아야 해요.

연습문제 67 – 68   🏠 읽기

노인	old person	명

시골에 가면 아이들보다 노인들이 훨씬 많은 것 같아요.

방문하다	to visit	동

이번 주말에는 부모님과 할머니 댁을 방문하려고 해요.

집안일	housework	명

평일에는 집안일을 할 시간이 없습니다.

이야기(를) 나누다	to talk with	동

오늘 학교에서 선생님과 긴 시간 이야기를 나누었어요.

이메일	e-mail	명

대회에 참가할 사람은 제게 이메일을 보내 주세요.

떨다	to shiver	동

겨울에 보일러가 고장이 나서 떨면서 잤어요.

마르다	slim	동

마른 사람보다는 조금 통통한 사람이 좋아요.

불쌍하다	pitiful	형

고양이가 불쌍해서 간식을 줬어요.

재우다	to put(get) to sleep	동

아이를 재우고 집안일을 하고 있어요.

주인	master	명

주인이 없는 가게를 무인 가게라고 해요.

나타나다	to appear	동

길을 걷고 있는데 고양이가 갑자기 나타나서 놀랐어요.

헤어지다	to break up	동

아이가 친구와 헤어지기 싫어서 울고 있어요.

도우미	helper	명

유학생 도우미를 신청하려고 합니다.

프로그램	program	명

학교에는 다양한 프로그램이 있어요.

적응	adaptation	명

유학 생활에 적응을 빨리 하고 싶어요.

무척	very	부

제 동생은 키가 무척 커요.

오랜만	long time no see	명

2년 동안 못 만난 친구하고 오랜만에 만나기로 했어요.

지갑	wallet	명

동전이 많아서 지갑이 무거워요.

놓다	to put	동

그 책상은 침대 옆에 놓으세요.

내리다	to get off	동

KTX를 타려면 서울역에서 내려야 해요.

경찰서	police office	명

길을 잃은 아이를 경찰서에 데려다 줬어요.

줍다	to pick up	동

쓰레기를 주워서 쓰레기통에 버렸어요.

잃어버리다	to lose	동

핸드폰을 잃어버려서 새로 샀어요.

국수	noodle	명

한국에서는 옛날에 결혼식에서 국수를 먹었어요.

방송	broadcast	명

자주 다니는 식당이 방송에 나와서 유명해졌어요.

분위기	atmosphere	명

이 카페는 분위기가 좋아서 자주 와요.

오랫동안	for a long time	명

오랫동안 앉아 있으면 건강에 안 좋아요.

감기	cold	명

감기에 걸려서 열이 나요.

실내 온도	room temperature	명

지금 실내 온도가 몇 도예요?

유지하다	to maintain	동

건강을 유지하려면 열심히 운동해야 됩니다.

환기하다	to ventilate	동

30분마다 환기하는 것을 추천해요.

소매	sleeve	명

소매가 짧은 옷은 추워 보여요.

체온	temperature	명

체온이 너무 낮으면 건강에 좋지 않아요.

기출문제 53 – 54 🏠 읽기

퇴근	leave work	명

오전 8시까지 출근하고 오후 6시에 퇴근해요.

모임	class, gathering	명

우리 동아리는 일주일에 한 번 모임이 있어요.

응용문제 53 – 54 🏠 읽기

외국	foreign country	명

아버지의 일 때문에 외국에서 살게 됐어요.

기대되다	to look forward to	동

열심히 준비를 했기 때문에 결과가 기대됩니다.

연습문제 69 – 70 🏠 읽기

월급	salary	명

취직해서 첫 월급을 받으면 뭘 하고 싶어요?

유형별 문법

✓ N에서

명사 뒤에 붙어 어떤 행위나 동작이 이루어지고 있는 장소임을 나타냅니다.

It is attached to the end of a noun and indicates a place where an action or action is taking place.

예 저는 매일 학교에서 한국어를 배워요.
주말에 백화점에서 쇼핑을 할 거예요.

✓ N에 가다 / 오다

조사 '에'가 장소 명사 뒤에 붙어 이동 동사 '가다, 오다'와 함께 쓰여 목적지로 이동함을 나타내는 표현입니다.

It is an expression where the particle '에' is attached to the noun of place and used with the movement verb 'go, come' to indicate movement to a destination.

예 저는 카페에 자주 가요.
어제 도서관에 가서 책을 빌렸어요.

✓ 무슨 N

명사 앞에 붙어 무엇인지 모르는 일이나 대상, 물건 따위를 물을 때 사용하는데 '무엇'과는 달리 '무슨'은 대상을 구체적으로 물을 때(하위 부류) 쓰는 표현으로 뒤에는 하위어를 갖는 명사가 옵니다.

It is used in front of a noun to ask about an unknown event, object, or object. Unlike '무엇', '무슨' is an expression used when asking about a specific object (subclass), and is followed by a noun with a hyponym.

예 무슨 커피를 자주 마셔요?
마트에서 무슨 과일을 샀어요?

응용문제 51 - 52 　🔊 읽기

가장	most	부

제가 가장 좋아하는 음식은 삼겹살이에요.

교통수단	means of transportation	명

자주 이용하는 교통수단이 무엇입니까?

교통비	transportation expenses	명

교통비가 비싸서 가까운 거리는 걸어 다녀요.

아끼다	to economize	동

유학생이라서 돈을 아껴야 돼요.

사용하다	to use	동

어른에게 존댓말을 사용해요.

현금	cash	명

현금보다 카드를 더 많이 사용해요.

교통카드	transportation card	명

교통카드를 어디에서 살 수 있어요?

정해지다	to be determined	동

약속 날짜가 정해지면 전화할게요.

환승하다	to change, to transfer	동

지하철을 환승하려면 여기에서 내리세요.

할인	discount	명

학생증이 있으면 할인을 받을 수 있습니다.

연습문제 51 - 52 　🔊 읽기

갑자기	suddenly	부

갑자기 날씨가 추워졌어요.

| 반찬 | side dish | 명 |

반찬 가게에서 여러 가지 반찬을 팝니다.

| 아이 | kid | 명 |

아이가 놀이터에서 넘어져서 다쳤어요.

| 갔다 오다 | to go and come back | 동 |

쉬는 시간에 편의점에 갔다 왔어요.

| 대부분 | mostly | 부 |

그 사람의 말은 대부분 거짓말이었어요.

| 테이블 | table | 명 |

컵은 테이블 위에 있어요.

| 행복하다 | happy | 형 |

행복한 하루를 보내고 싶습니다.

| 하루 | day | 명 |

하루 일과를 말해 보세요.

| 축제 | festivities | 명 |

계절마다 축제가 많이 열립니다.

| 세계 지도 | world map | 명 |

제 방에는 세계 지도가 걸려 있어요.

| 꽃다발 | bouquet | 명 |

졸업식에 가지고 갈 꽃다발을 샀어요.

듣기 5 – 6

✅ V-(으)세요

동사 뒤에 붙어 상대방에게 어떤 행동을 할 것을 명령, 요청할 때 씁니다. 그러나 '먹다', '마시다', '잠을 자다', '있다'의 경우, 다른 형태가 쓰입니다.

It is used after a verb to command or request the other person to do something. However, in the case of 'eat', 'drink', 'sleep', and 'is', different forms are used.

먹다 마시다	드시다	드세요
잠을 자다	주무시다	주무세요
있다	계시다	계세요

예 피곤하면 집에 가서 쉬세요.
맛있게 드세요.

✅ V-지 마세요

동사 뒤에 붙어 듣는 사람에게 어떤 행위를 하지 못하게 함을 나타냅니다.

It is attached to the end of a verb to indicate that it prevents the listener from doing something.

예 이 자리에 앉지 마세요.
학교 근처에서 담배를 피우지 마세요.

✅ V-(으)십시오

격식체 표현으로 동사 뒤에 붙어 높임의 대상인 상대방에게 정중하게 명령 또는 권유함을 나타낼 때 씁니다.

It is a formal expression used after a verb to politely give a command or recommendation to the person being honored.

예 다음에 또 오십시오.
저기 횡단보도에서 길을 건너십시오.

☑ V-지 마십시오

격식체 표현으로 동사 뒤에 붙어 높임의 대상인 상대방에게 정중하게 어떤 일을 하지 말도록 명령함을 나타낼 때 씁니다.

It is a formal expression used after a verb to politely command the person being honored not to do something.

예 지금 휴대폰을 사용하지 마십시오.
공연장 안에서는 음식을 드시지 마십시오.

듣기 7 - 10

☑ A / V-았 / 었-

동사와 형용사 뒤에 붙어 상황이나 사건이 일어난 때가 과거임을 나타냅니다.

It is attached to verbs and adjectives to indicate that a situation or event occurred in the past.

예 어제 공원에서 자전거를 탔어요.
언니는 작년에 대학교를 졸업했어요.

☑ V-아 / 어서

동사 뒤에 붙어 행위를 시간 순서에 따라 연결함을 나타냅니다. 선행절과 후행절의 관계가 아주 밀접하여 선행절이 일어나지 않으면 후행절이 일어날 수 없는 경우에 씁니다.

It is placed after a verb to indicate that it connects actions in chronological order. It is used when the relationship between the preceding and succeeding clauses is so close that the succeeding clause cannot occur without the preceding clause occurring.

예 백화점에 가서 목걸이를 살 거예요.
지난 주말에 친구를 만나서 영화를 봤어요.

결혼하다	to get married	동

저는 1년 전에 결혼했습니다.

결혼식	wedding ceremony	명

지난주에 친구의 결혼식에 갔다 왔어요.

부부	married couple	명

우리 부부는 자주 싸웁니다.

남편	husband	명

제 남편은 회사원이에요.

초대하다	to invite	동

제 생일에 친구들을 초대했어요.

함께	together	부

방학에 친구들과 함께 부산에 가려고 해요.

응용문제 49 - 50   읽기

다르다	different	형

동생과 저는 성격이 달라요.

생선	fish	명

생선 가게에 가서 오징어를 샀어요.

고기	meat	명

저는 고기를 자주 먹어요.

특히	especially	부

저는 과일을 좋아합니다. 특히 딸기를 좋아합니다.

돼지고기	pork	명

소고기보다 돼지고기가 더 싸요.

볶다	to fry	동

마늘을 넣어서 볶아요.

방학	vacation	명

여름 방학에 제주도로 여행을 갈 거예요.

연습하다	to practice	동

다음 주에 댄스 공연이 있어서 연습해야 돼요.

연습문제 46 - 48 🎧 읽기

가수	singer	명

요즘 가수들은 춤도 잘 추고 노래도 잘 불러요.

영화배우	movie star	명

제가 좋아하는 영화배우가 나오는 영화예요.

어리다	young	형

어릴 때부터 키가 컸어요.

예술	art	명

전시회에서 다양한 예술 작품을 볼 수 있어요.

먼저	first	부

할아버지께서 먼저 드실 때까지 기다렸어요.

뉴스	news	명

아버지께서는 뉴스를 보면서 식사를 하세요.

걷다	to walk	동

집에서 회사까지 걸어서 갑니다.

나가다	to go out	동

우리 강아지는 밖에 나가는 것을 제일 좋아해요.

기출문제 49 - 50 🎧 읽기

친하다	friendly	형

저는 우리 반 친구들 중에 지영 씨와 제일 친해요.

☑ A-(으)ㄴ데요, V-는데요

연결어미 '-(으)ㄴ/는데'에 '-요'를 결합한 종결형으로, 뒤에 이어질 내용 전개를 위해 앞의 상황을 제시할 때 씁니다. 뒷문장을 이어 발화하지 않을 경우에는 어떤 상황을 말하면서 듣는 사람의 대답을 기대함을 나타냅니다.

It is a final form that combines the linking ending '-(으)ㄴ/는데' with '-요', and is used when presenting the previous situation to develop the content that follows. If the utterance is not followed by a follow-up sentence, it indicates that the speaker is talking about a certain situation and expecting a response from the listener.

예 사이즈가 조금 작은데요. 조금 큰 거 없어요?
　가: 소포를 보내러 왔는데요. 나: 어디로 보내실 거예요?

듣기 11 - 14

☑ V-(으)ㄹ까요?

주어가 1인칭 복수인 경우 동사 뒤에 붙어서 함께 어떠한 행위를 하자고 제안하거나 어떻게 할 것인지를 묻는 의미를 나타냅니다.

When the subject is first person plural, it is attached after a verb to suggest doing an action together or to ask what to do.

예 (우리) 저기 의자에 앉아서 좀 쉴까요?
　(우리) 오늘 저녁에 뭘 먹을까요?

☑ V-고 있다

동사 뒤에 붙어서 '행위의 진행'이나 '지속적인 행위', '결과 상태의 지속' 등의 의미를 나타냅니다. 주어가 높임말의 대상이면 '-고 계시다'를 사용합니다

It is attached after a verb to indicate the 'progress of an action', 'continuous action', or 'continuation of a resulting state'. If the subject is the object of honorifics, '-고 계시다' is used.

예 친구한테 보낼 이메일을 쓰고 있어요.
　아버지는 은행에 다니고 계십니다.
　그 학생은 큰 안경을 쓰고 있어요.

⊘ A / V-(으)니까

앞 문장의 상황이 뒷 문장의 이유가 된다는 것을 나타내며, '-(으)니까요'의 형태로
문장이 끝날 때에도 사용할 수 있습니다.

It indicates that the situation in the previous sentence becomes the reason for
the following sentence, and can also be used at the end of the sentence in the
form of '-(으)니까요'.

예 날씨가 추우니까 안으로 들어오세요.

오늘은 학생들이 바쁠 거예요. 내일 시험이 있으니까요.

듣기 15 – 16

⊘ N만

명사 뒤에 붙어 다른 것은 전부 배제하고 앞에 오는 명사 그것 하나를 선택함을
나타낼 때 사용합니다.

Attached after a noun to indicate the selection of only that noun, excluding
everything else.

예 민수는 하루 종일 책만 읽고 있습니다.

우리 아이는 고기만 먹으려고 해요.

⊘ A / V-네(요)

형용사나 동사 뒤에 붙어 말하는 사람이 지금 알게 된 사실에 대한 느낌이나 감탄을
나타낼 때 사용합니다.

Attached after an adjective or verb to express the speaker's feeling or
admiration for a fact they have just learned.

예 눈이 참 많이 내리네요.

이 식당 음식이 생각보다 맛있네요.

기출문제 46 – 48　　🏠 읽기

자동차	automobile	명

나라마다 **자동차** 번호판이 다릅니다.

나오다	to get out	동

학교까지 멀어서 집에서 일찍 **나와야** 돼요.

바다	ocean	명

방학에 **바다**를 보러 부산에 갈 거예요.

수영하다	to swim	동

저는 **수영하는** 것을 좋아해서 자주 수영장에 갑니다.

빨리	quickly	부

빨리 방학이 되면 좋겠어요.

고등학교	high school	명

제 아버지는 **고등학교** 선생님이세요.

졸업	graduation	명

고등학교를 **졸업한** 후에 바로 취직했어요.

응용문제 46 – 48　　🏠 읽기

고향	hometown	명

제 **고향**은 제주도입니다.

대학교	university	명

대학교에 들어가서 친구들을 많이 사귀었어요.

혼자	alone	부

저는 **혼자** 쇼핑하는 것도 좋아해요.

외롭다	lonely	형

명절에 특히 더 **외로운** 것 같아요.

눈　　　　　snow　　　　　명

저는 눈을 좋아해서 빨리 겨울이 왔으면 좋겠어요.

밖　　　　　outside　　　　　명

밖은 더우니까 안에서 이야기할까요?

구경하다　　　to watch　　　　동

이번 주말에는 서울 여기저기를 구경할 거예요.

찍다　　　　to take a photo　　동

여행을 가서 사진을 많이 찍었어요.

친절하다　　　kind　　　　　형

그 카페는 직원들이 아주 친절합니다.

끓이다　　　　to boil　　　　　동

우리 어머니는 김치찌개를 아주 잘 끓이세요.

선배　　　　senior　　　　　명

1학년 때는 2학년 선배들이 많이 도와주었습니다.

막히다　　　　to be blocked　　동

퇴근 시간에는 항상 길이 많이 막혀요.

늦게　　　　late　　　　　부

아침에 늦게 일어나서 학교에 지각을 했어요.

도착하다　　　to arrive　　　　동

길이 많이 막혀서 약속 장소에 늦게 도착했습니다.

화(가) 나다　　to get angry　　동

제가 언니의 화장품을 다 써서 언니가 화가 났습니다.

✅ V-(으)ㄹ게(요)

동사 뒤에 붙어 말하는 사람이 어떤 일을 하겠다고 자신의 의지를 나타내거나 상대방에게 약속함을 나타냅니다.

Attached after a verb to indicate the speaker's will to do something or to make a promise to the other person.

예 다음에는 제가 저녁을 살게요.
　　한 달 뒤에 다시 연락을 드릴게요.

듣기 17 - 21

✅ A / V-지요?

이미 알고 있는 사실을 재확인함을 나타냅니다.

This indicates reaffirming something that is already known.

예 가: 지민 씨는 형제가 없지요? 나: 아니요, 동생이 있어요.
　　가: 시험은 다음 주 금요일에 보지요? 나: 네, 맞아요.

✅ A / V-(으)ㄹ 것이다

1. 미래의 의지나 계획, 예정을 나타냅니다.

　This indicates a future intention, plan, or schedule.

예 졸업하면 대학원에 갈 거예요.
　　올해는 꼭 시험에 합격할 거예요.

2. 추측을 나타냅니다.

　This indicates a supposition or conjecture.

예 이번 시험은 어려울 거예요.
　　지금은 가게에 사람이 많아서 들어가지 못할 거예요.

☑ A / V-아/어도 되다

어떤 일에 대한 허락이나 가능한 조건을 나타냅니다.

This indicates permission or a possible condition for something.

예 이것보다 조금 더 커도 돼요.
일이 있으면 가도 돼요.

듣기 22 - 24

☑ A / V-(으)ㄴ 것 같다

1. 형용사의 경우 현재의 상태에 대한 추측이나 불확실한 단정을 나타냅니다.

   In the case of adjectives, they express guesses or uncertain conclusions about the current state.

   예 아기 표정을 보니까 배가 고픈 것 같아요.
   민수 씨 얼굴 좀 보세요. 기분이 안 좋은 것 같아요.

2. 동사의 경우 과거의 행동이나 일에 대한 추측이나 불확실한 단정을 나타냅니다.

   As a verb, it expresses a guess or an uncertain conclusion about past actions or events.

   예 땅이 젖어 있는 걸 보니까 비가 온 것 같아요.
   가게가 어두운 걸 보니까 문을 닫은 것 같아요.

☑ A / V-(으)ㄹ지 모르다

형용사나 동사 뒤에 붙어 어떤 상태나 행동에 대한 추측이 어렵거나 알지 못함을 나타냅니다.

It is attached after an adjective or verb to indicate that it is difficult to guess or know about a certain state or action.

예 내일 날씨가 좋을지 모르겠어요.
민수 씨가 어떻게 결정할지 저는 모르지요.

놀다	to play	동

주말에는 친구들을 만나서 놀 거예요.

깨끗하다	clean	형

신발이 깨끗하면 기분이 좋아요.

청소하다	to clean	동

어제 방을 청소해서 아주 깨끗해졌어요.

응용문제 43 - 45   🔒 읽기

강아지	puppy	명

저는 강아지와 고양이를 아주 좋아해요.

키우다	to raise	동

마당이 있는 집에 살면 강아지를 많이 키우고 싶어요.

이용하다	to use	동

저는 학생 식당을 자주 이용합니다.

미용실	beauty salon	명

어제 미용실에 가서 머리를 잘랐어요.

날마다	every day	부

저는 강아지와 날마다 산책을 합니다.

단어	word	명

수업에서 매일 새 단어를 배웁니다.

외우다	to memorize	동

외국어를 잘하려면 단어를 많이 외워야 합니다.

힘들다	tough	형

다른 나라 친구들의 이름을 외우기가 좀 힘들어요.

열심히	hard	부

한국 회사에 들어가고 싶어서 열심히 준비하고 있어요.

가깝다	near	형

집에서 회사가 아주 가깝습니다.

라면	ramen	명

물이 끓으면 라면을 넣으세요.

채소	vegetable	명

아이가 채소를 안 먹어서 걱정이에요.

넣다	to put in	동

수업 시간에는 휴대폰을 가방에 넣으세요.

별로	not really	부

작년 겨울에는 별로 춥지 않았습니다.

준비	preparation	명

유학을 가기 전에 뭘 준비해야 돼요?

연락	contact	명

저는 부모님과 자주 연락을 합니다.

기출문제 43 – 45 　　🏠 읽기

요리	cooking	명

제 동생은 요리를 전혀 못 합니다.

음식	food	명

저는 매운 음식을 자주 먹습니다.

잘하다	to do well	동

민수 씨는 컴퓨터를 아주 잘해요.

만들다	to make	동

이 케이크는 제가 직접 만든 거예요.

☑ A / V-아 / 어야

형용사나 동사 뒤에 붙어 어떤 상태나 행동이 꼭 필요한 조건임을 나타냅니다.

It is attached after an adjective or verb to indicate that a certain state or action is an absolutely necessary condition.

예 가방이 좀 더 작아야 기내에 가지고 탈 수 있어요.
　　시간이 늦어서 택시를 불러야 집에 갈 수 있어요.

☑ N마다

하나도 빠짐없이 모두 비슷한 상황이거나 상황이 되풀이됨을 나타냅니다.

This indicates that all are in a similar situation or that a situation is repeated without exception.

예 사람마다 성격이 달라요.
　　토요일마다 친구와 같이 운동해요.

듣기 25 – 26

☑ V-(으)려고

동사 뒤에 붙어 주어가 어떤 행동이나 일을 하고자 하는 의도를 지니고 있음을 나타내는 표현입니다.

It is an expression attached to the end of a verb that indicates that the subject has the intention to do something or do something.

예 내년에 유학을 가려고 준비하고 있습니다.
　　오늘 저녁에 요리를 하려고 시장에 가서 장을 봤어요.

☑ V-기 위해서

동사 뒤에 붙어 어떤 일을 하는 목적이나 의도를 나타내는 표현입니다.

This expression is attached after a verb to indicate the purpose or intention of doing something.

예 한국 음식을 배우기 위해서 요리 학원에 다닙니다.
　　건강을 유지하기 위해서 매일 운동을 하고 있어요.

✅ A / V-아 / 어서

동사와 형용사 뒤에 붙어 앞의 내용이 뒤의 내용의 이유나 원인이 됨을 나타내는 표현입니다.

This expression is attached after verbs and adjectives to indicate that the preceding content is the reason or cause for the following content.

예 날씨가 좋아서 공원에서 산책을 했어요.
밥을 많이 먹어서 배가 불러요.

듣기 27 - 28

✅ V-아 / 어 보다

동사 뒤에 붙어 어떤 행위를 한번 시도하거나 경험함을 나타낼 때 사용합니다.

This is used when a certain action is attempted once or experienced.

예 저도 그 음식을 먹어 보았습니다.
주말에는 친구하고 놀이공원에 가 볼 거예요.

✅ N(와 / 과) 같은

명사 뒤에 붙어 '앞에 오는 명사의 성격이나 특성을 가진 어떤 것'이라는 의미를 나타냅니다.

This is attached after a noun to indicate something with the character or characteristics of the noun that comes before it.

예 우리 형은 저에게 아버지와 같은 사람입니다.
3월인데 겨울 같은 날씨가 계속되고 있어서 너무 춥습니다.

저녁	dinner	명

오늘은 가족들과 같이 저녁을 먹을 거예요.

먹다	to eat	동

저는 보통 아침을 안 먹습니다.

회사	company	명

우리 어머니는 가구 회사에 다니세요.

일	work	명

요즘 회사 일이 많아서 집에 늦게 와요.

주말	weekend	명

지난 주말에 고향에 갔다 왔습니다.

만나다	to meet	동

오늘 카페에서 친구를 만날 거예요.

식사하다	to eat	동

저녁에는 보통 가족들과 같이 식사를 합니다.

연습문제 40 - 42 🏠 읽기

여행	travel	명

이번 방학에는 경주로 여행을 갈 거예요.

사진	picture	명

여행을 가서 사진을 많이 찍고 싶어요.

박물관	museum	명

학교 근처에 역사 박물관이 있습니다.

요금	charge	명

올해 버스 요금이 또 올랐어요.

무료	free	명

한국 식당에서는 보통 물이 무료입니다.

그림	drawing	명

유명한 화가의 그림이 이 미술관에 있어요.

불고기	bulgogi	명

집에서 불고기를 만들었어요.

김밥	kimbap	명

김밥에는 여러 가지 재료가 들어 있습니다.

맛	taste	명

이 라면은 김치 맛이에요.

팔다	to sell	동

학교 식당에서는 비빔밥을 안 팔아요.

오다	to come	동

9시에 출발하니까 8시 50분까지 와 주세요.

영화	movie	명

한국 영화를 좋아해서 자주 봅니다.

서점	bookstore	명

어제 서점에서 한국어 책을 샀습니다.

은행	bank	명

다음 주에 은행에 가서 통장을 만들 거예요.

건물	building	명

병원은 학교 앞에 있는 건물의 3층에 있습니다.

차	tea	명

날씨가 추워서 따뜻한 차를 한 잔 마시고 싶어요.

☑ V-아야 / 어야겠다

동사 뒤에 붙어 그러한 행위를 하거나 그러한 상황이 되지 않으면 안 된다는 의미를 나타내며, 1인칭 주어의 강한 의지를 표현할 때 사용합니다.

This is attached after a verb to indicate that such an action must be done or that such a situation must not happen, and is used to express the strong will of the first-person subject.

예 저는 한국에 유학을 가야겠어요.
야채가 몸에 좋다는데 야채를 좀 많이 먹어야겠습니다.

☑ V-(으)ㄴ 지 (시간)이 / 가 되다

동사 뒤에 붙어 어떤 행동을 한 후나 어떤 일이 있은 후 경과한 시간을 나타냅니다. '(시간)이/가 되다'에는 '얼마 안 되다'나 '오래 되다' 등도 쓰입니다.

It is attached to the end of a verb to indicate the time that has passed since an action or event occurred. '(Time) becomes ((시간)이/가 되다)' is also used for 'not long (얼마 안 되다)' or 'for a long time (오래 되다)'.

예 대학교를 졸업한 지 10년이 됐어요.
한국어를 배운 지 얼마 안 됐어요.
결혼한 지 오래 됐어요.

☑ A / V-(으)면 좋겠다

형용사나 동사 뒤에 붙어 앞으로 어떤 일이나 상황이 일어나기를 희망함을 나타냅니다. '-았/었으면 좋겠다'로도 표현합니다.

When placed after an adjective or verb, it expresses the hope that something or a situation will happen in the future. It can also be expressed as '-았/었으면 좋겠다'.

예 날씨가 좀 시원하면/시원했으면 좋겠어요.
생일 선물로 화장품을 받으면/받았으면 좋겠어요.

읽기 31 - 33

☑ N이 / 가 있다 / 없다

명사 뒤에 붙어 사람이나 사물, 어떤 사실이 존재하거나 존재하지 않음을 나타냅니다.

It is attached after a noun to indicate the existence or non-existence of a person, thing, or certain fact.

예 동생은 피아노가 있어요.
내일은 시간이 없어요.

☑ N을 / 를 좋아하다

명사 뒤에 붙어 어떤 일이나 사물에 좋은 감정을 가짐을 나타냅니다.

Attached after a noun to indicate having positive feelings towards a certain task or object.

예 저는 친구 만나는 것을 좋아해요.
동생은 꽃을 좋아해요.

☑ N에

1. 시간에 쓰여 행동이나 상태의 시간을 나타냅니다.

   Used with time to indicate the time of an action or state.

   예 주말에 친구를 만나요.
   요즘은 저녁에 아주 추워요.

2. 장소에 쓰여 사물이 존재하는 장소나 '가다, 오다, 다니다' 등의 목적지를 나타냅니다.

   Used with location to indicate the place where something exists or the destination of actions like 'to go', 'to come', 'to commute', etc.

   예 책은 여기에 있어요.
   편의점에 가요.

요즘	these days	명
요즘 인기 있는 가수를 가르쳐 주세요.		
매일	everyday	부
매일 자동차로 출근하니까 운전을 잘해요.		
에어컨	air conditioner	명
방이 더우면 에어컨을 켜세요.		
약속	promise	명
약속 장소를 몰라서 친구를 못 만났어요.		

연습문제 34 - 39   🔊 읽기

다니다	to commute, to attend	동
월요일부터 금요일까지 학교에 다녀요.		
사무실	office	명
일이 안 끝나서 아직 사무실에 있어요.		
들어가다	to enter	동
여기는 추우니까 카페로 들어갑시다.		
날씨	weather	명
날씨가 좋아서 공원에 사람들이 많아요.		
일찍	early	부
아침에 회의가 있어서 2시간 일찍 회사에 가요.		
일어나다	to wake up	동
벌써 오전 10시인데 동생이 아직 안 일어났어요.		
걸리다	to take time	동
버스를 타면 30분, 지하철을 타면 10분 걸려요.		
취미	hobby	명
취미가 영화 보기라서 영화관에 자주 가요.		

물어보다	to ask	동

숙제를 몰라서 친구에게 물어봐요.

무겁다	heavy	형

이 소파는 작지만 너무 무거워요.

조용하다	quiet	형

카페에 아무도 없어서 아주 조용해요.

모르다	don't know	동

저는 그분 전화번호를 몰라요.

피곤하다	tired	형

주말에도 쉬지 못해서 너무 피곤해요.

응용문제 34 – 39　　　🏠 읽기

과자	snack	명

아이가 밥보다 과자를 많이 먹으려고 해요.

돈	money	명

이번 달에는 여행을 갔다 와서 돈이 없어요.

신발	shoes	명

새로 산 신발을 신고 외출해요.

선물	gift	명

친구에게 받은 생일 선물이 아주 마음에 들어요.

주다	to give	동

언니가 저에게 용돈을 줬어요.

시험	test	명

이번 시험을 잘 못 보면 졸업할 수 없어요.

학원	academy	명

영어를 잘하고 싶어서 영어 회화 학원에 다녀요.

읽기 34 – 39

☑ N에게 / 한테

사람이나 동물에 쓰여 어떤 행동의 영향을 받는 대상임을 나타냅니다. 주로 '주다, 받다, 가르치다, 보내다, 전화하다, 말하다, 선물하다' 등의 서술어와 함께 쓰입니다.

Used with people or animals to indicate the object that receives the effect of an action. It is mainly used with predicates such as 'to give', 'to receive', 'to teach', 'to send', 'to call', 'to speak', 'to give a present', etc.

예　언니가 저한테 편지를 보냈습니다.
　　이건 친구에게 받은 선물이에요.

☑ 못 V

어떤 능력이 없거나 어떤 행동이나 상황이 불가능함을 나타냅니다.

Indicates the lack of a certain ability or the impossibility of a certain action or situation.

예　저는 중국어를 배운 적이 없어서 못해요.
　　팔을 다쳐서 테니스를 못 쳐요.

☑ N까지

주로 시간이나 장소에 쓰여 범위의 끝을 나타냅니다.

Mainly used with time or place to indicate the end of a range.

예　내일까지 숙제를 내세요.
　　여기에서 부산까지는 3시간쯤 걸려요.

✅ A-(으)ㄴ N, V-는 N

뒤에 오는 명사를 수식하면서 현재의 상태를 표현하거나 그 행위가 현재 일어나고 있음을 나타냅니다. 또한 'V-는'을 사용하는 경우에는 앞에 오는 행위가 문장의 끝에 오는 동사와 같은 시간에 일어나고 있음을 나타내기도 합니다.

Modifies the noun that follows while expressing the current state or indicating that the action is currently happening. Also, using 'V-는' can indicate that the preceding action is happening at the same time as the verb at the end of the sentence.

예 이번 생일에 예쁜 가방을 선물로 받았어요.
언니도 제가 다니는 학교에 같이 다닙니다.
어제 친구하고 재미있는 영화를 봤습니다.

✅ A / V-(으)ㄹ 거예요

1. 객관적이고 일반적인 사례에 근거하여 어떤 내용을 추측할 때 사용합니다.

Used when inferring something based on objective and general cases.

예 하늘이 흐리니까 비가 올 거예요.
김 선생님은 일찍 출발했으니까 지금쯤 도착했을 거예요.

2. 미래에 어떤 행위를 하거나 어떤 일이 이루어질 것임을 나타냅니다.

Indicates that an action will be performed or something will happen in the future.

예 오늘 저녁에는 불고기를 먹을 거예요.
다음 학기에는 학생 수가 더 늘 거예요.

✅ N과 / 와

앞뒤에 오는 명사 모두가 그 대상이 됨을 나타낼 때 사용합니다.

Used when both the nouns before and after are the target.

예 저는 사과와 딸기를 좋아해요.
내 취미는 운동과 쇼핑입니다.

언니	older sister (used by females)	명

언니는 20살이고 저는 18살이에요.

연습문제 31 - 33 🏠 읽기

은행원	bank teller	명

저는 은행에서 일하는 은행원이에요.

간호사	nurse	명

제 직업은 병원에서 의사를 돕는 간호사예요.

항상	always	부

토요일에는 항상 운동을 해요.

테니스	tennis	명

제 취미는 테니스 치기예요.

여름	summer	명

따뜻한 봄이 지나면 무더운 여름이 와요.

덥다	hot	형

너무 더워서 에어컨을 켜지 않으면 잠을 잘 수가 없어요.

겨울	winter	명

겨울에는 눈이 내려서 경치가 아름다워요.

기출문제 34 - 39 🏠 읽기

약국	pharmacy	명

약국에서 감기약을 사요.

공항	airport	명

공항에서 비행기를 타요.

입다	to put on	동

저는 치마를 안 입어요.

개봉하다	to open	동

보고 싶은 영화가 내일 개봉해서 친구와 보러 갈 거예요.

예상하다	to expect	동

모두 이번 시합에서 그 선수가 이길 거라고 예상하고 있어요.

활동하다	to active	동

동물보호단체에서 활동하고 싶어요.

작품	work	명

젊은 작가가 그린 작품이 1억 원에 팔렸어요.

연습문제 29 – 30　🔊 듣기

포기하다	to give up	동

사업가가 되고 싶었지만 포기하고 선생님이 되었어요.

지키다	to keep	동

비밀을 꼭 지키세요.

기출문제 31 – 33　🏠 읽기

사과	apple	명

아침에 먹는 사과는 몸에 좋아요.

수박	watermelon	명

여름에는 수박이 맛있어요.

과일	fruit	명

과일을 많이 먹으면 피부에 좋아요.

응용문제 31 – 33　🏠 읽기

생일	birthday	명

저는 7월 5일에 태어났어요. 7월 5일이 제 생일이에요.

읽기 43 – 45

✅ A / V–고

1. 시간의 순서와 관계없이 행위나 상태, 사실을 나열함을 나타냅니다.

   Indicates the listing of actions, states, or facts regardless of time order.

   예 우리는 같이 노래도 부르고 춤도 췄어요.
   제 한국 친구는 참 친절하고 똑똑합니다.

2. 행위들을 시간 순서에 따라 연결함을 나타냅니다.

   Indicates the connection of actions in chronological order.

   예 형은 전화를 받고 밖으로 나갔습니다.
   집에 들어갈 때는 신발을 벗고 들어가세요.

✅ A–게

형용사 뒤에 붙어서 문장에서 형용사가 부사의 기능을 할 수 있도록 만들어 줍니다.

Attached after an adjective to allow the adjective to function as an adverb in the sentence.

예 글씨를 아주 예쁘게 썼군요.
어제는 친구들하고 아주 재미있게 놀았습니다.

✓ V-고 싶다

주어가 앞에 오는 행위가 이루어지도록 희망한다는 의미를 나타냅니다. '-고 싶다'는 1인칭 주어의 평서문과 2인칭 주어의 의문문에만 사용할 수 있으며, 주어가 3인칭일 때는 '-고 싶어 하다'를 사용합니다.

Indicates that the subject desires the preceding action to be realized. '-고 싶다' can only be used in declarative sentences with a first-person subject and interrogative sentences with a second-person subject. When the subject is third person, '-고 싶어 하다' is used.

예 저는 한국에서 회사에 다니고 싶습니다.
이번 방학에는 뭘 하고 싶어요?
동생은 요즘 영어를 배우고 싶어 합니다.

읽기 46 – 48

✓ V-기 전에

어떤 행위가 앞에 오는 사실보다 시간상 앞섬을 나타내는 표현입니다. 명사와 쓰일 때는 'N 전에'를 사용합니다.

This expression indicates that an action occurs before the fact mentioned earlier. When used with a noun, 'N 전에' is used.

예 영화를 보기 전에 영화표를 살 거예요.
밥을 먹기 전에 과자를 먹지 마세요.
식사하기 전에 약을 드세요.

✓ A / V-지 않다

동사와 형용사 뒤에 붙어 부정의 의미를 나타냅니다. '안 A/V'의 긴 부정의 형태입니다.

Attaches to the stem of verbs and adjectives to indicate negation. It is the long negative form of '안 A/V'.

예 이 신발은 비싸지 않습니다.
저는 보통 아침 밥을 먹지 않습니다.

연습문제 27 – 28   🎧 듣기

| 모자 | hat | 명 |

특히 햇빛이 강할 때에는 모자를 쓰는 게 좋습니다.

| 어울리다 | to suit | 동 |

하얀색 티셔츠에는 청바지가 잘 어울리는 것 같아요.

| 선물 | gift | 명 |

내일이 언니 생일이라서 선물을 사러 가야 해요.

| 받다 | to receive | 동 |

월급을 받는 날에는 보통 가족들하고 외식을 합니다.

| 카페 | cafe | 명 |

영화를 보고 나서 카페에 가서 커피를 마셨어요.

| 나중에 | later | 부 |

지금은 좀 바쁘니까 제가 나중에 다시 전화할게요.

기출문제 29 – 30   🎧 듣기

| 경험하다 | to experience | 동 |

외국에서 살면서 다른 문화를 경험하고 싶어요.

| 상 | award | 명 |

노래를 잘해서 여러 대회에서 상을 많이 받았어요.

| 칭찬 | compliment | 명 |

아기가 예쁘다고 칭찬을 받으면 제 기분도 좋아요.

응용문제 29 – 30   🎧 듣기

| 덕분 | thanks | 명 |

스마트폰 덕분에 생활이 편리해졌어요.

| 인형 | doll | 명 |

우리 아이는 곰 인형을 아주 좋아합니다.

응용문제 27 - 28　　　　　🔊 듣기

| 돕다 | to help | 동 |

저는 매일 어머니의 식사 준비를 도와드립니다.

| 신발 | shoes | 명 |

새로 산 신발이 좀 작아서 신고 있으면 발이 아파요.

| 사이즈 | size | 명 |

부엌이 커서 사이즈가 큰 냉장고도 놓을 수 있습니다.

| 바꾸다 | to change | 동 |

미국에 가기 전에 한국 돈을 달러로 바꿔야 해요.

| 색깔 | color | 명 |

어두운 색깔보다 밝은 색깔의 옷을 입는 게 나을 것 같아요.

| 상자 | box | 명 |

빨리 상자를 열고 안에 있는 것을 꺼내 보세요.

| 넣다 | to put in | 동 |

비가 그쳤으니까 우산을 가방에 넣어야겠어요.

| 보관하다 | to store | 동 |

여름에는 과일을 냉장고에 두고 보관하는 게 좋습니다.

| 댁 | home (used honorifically) | 명 |

저는 선생님 댁에 가 본 적이 있어요.

| 낮 | daytime | 명 |

낮에는 수업이 있기 때문에 아르바이트를 할 수 없어요.

| 미리 | beforehand | 부 |

겨울이 오기 전에 미리 두꺼운 코트를 준비하려고 해요.

☑ A / V-(으)ㄹ 때

동사나 형용사 뒤에 붙어 어떤 행위나 상황이 계속되는 동안이나 시간, 또는 어떤 행위나 상황이 일어난 경우를 나타내는 표현입니다.

This expression, attached to the stem of an adjective or verb, indicates the duration or time of an action or situation, or the case in which an action or situation occurs.

예 저는 기분이 좋을 때 노래를 불러요.
어릴 때부터 키가 커서 농구 선수가 되고 싶었어요.
한국에 처음 왔을 때 한국어를 전혀 몰랐어요.

읽기 49 - 50

☑ V-(으)ㄴ / 는 / -(으)ㄹ N

동사 뒤에 붙어 뒤에 오는 명사를 수식합니다. 과거는 'V-(으)ㄴ N', 현재는 'V-는 N', 미래는 'V-(으)ㄹ N'의 형태로 쓰입니다.

This attaches to the stem of a verb to modify the noun that comes after it. It is used in the past tense as 'V-(으)ㄴ N', present tense as 'V-는 N', and future tense as 'V-(으)ㄹ N'.

예 이 책은 지난주에 읽은 책이에요.
냉면은 보통 여름에 먹는 시원한 음식입니다.
이 바지는 내일 입을 옷이니까 여기에 두세요.

☑ N처럼

앞에 오는 명사의 특징과 비슷함을 나타냅니다.

Indicates that it is similar to the characteristics of the noun that comes before it.

예 제 친구는 외국 사람인데 한국 사람처럼 한국말을 잘해요.

읽기 51 – 52

☑ V-게 되다

동사 뒤에 붙어 어떤 상황이 외부의 영향을 받아 어떠한 결과에 이르거나 상황이나 상태가 변화함을 나타내는 표현입니다.

It is an expression that is attached to the end of a verb to indicate that a situation is influenced by an external force, leading to a certain result, or that the situation or state changes.

예 처음에는 매운 음식을 못 먹었는데 지금은 잘 먹게 됐어요.
한국 대학교에 입학하게 돼서 한국에 왔어요.

☑ 'ㄹ' 탈락

'ㄹ' 받침으로 끝나는 형용사와 동사는 다음과 같이 활용합니다.

Adjectives and verbs that end with the consonant 'ㄹ' are used as follows.

– 열다, 살다, 알다, 놀다, 만들다, 들다, 달다, 힘들다

(1) 어미와 결합할 때 받침이 없는 것으로 여기고 '으'를 넣지 않습니다.

'ㄹ' + 으	열다 + (으)면 → 열으면 → 열면
'ㄹ' + ㄴ, ㅂ, ㅅ	열다 + (으)니까 → 열으니까 → 여니까

(2) 어미가 'ㄴ, ㅂ, ㅅ'으로 시작하는 경우 'ㄹ' 받침은 탈락됩니다.

(3) '-(으)ㄹ 거예요'와 같은 '-을/ㄹ' 형태의 어미와 결합할 때도 'ㄹ' 받침이 탈락합니다.

'ㄹ' + 을 거예요	열다 + 을 거예요 → 열을 거예요 → 열 거예요

예 저는 다음 달부터 한국에 삽니다.
저녁에는 한국 음식을 만들 거예요.

연습문제 25 – 26 　　🔊 듣기

바로	right away	부

약국이 병원 바로 옆에 있어서 편해요.

옛날	oldness	명

요즘 옛날 드라마를 다시 보는 게 유행이에요.

동전	coin	명

동전이 있으면 빌려주세요.

물건	thing	명

가게는 작지만 다양한 물건을 팔고 있어요.

오래되다	old	형

오래된 신발을 다 버렸어요.

한옥	traditional Korean house	명

서울에도 한옥 마을이 있어요.

천천히	slowly	부

천천히 구경하세요.

내리다	to get off	동

홍대입구역에서 내리면 돼요.

기출문제 27 – 28 　　🔊 듣기

종이	paper	명

책상 위에 있는 종이에 이름을 써 주세요.

그릇	bowl	명

한국에서는 밥 그릇을 들고 먹으면 안 됩니다.

필통	pencil case	명

필통 안에 연필과 지우개가 있습니다.

이용	use	명

은행 이용 시간을 확인하고 가세요.

평일	weekday	명

평일에는 회사에 가야 해서 시간이 없어요.

편안하다	comfortable	형

마음을 편안하게 가져야 건강에 좋아요.

응용문제 25 – 26   🔊 듣기

캠핑장	campsite	명

바닷가 근처에 있는 캠핑장을 찾고 있어요.

대회	competition	명

요리 대회에서 1등을 했어요.

열리다	to be held	동

4년마다 올림픽이 열립니다.

참가하다	to participate	동

마라톤 대회에 참가하려고 매일 연습하고 있어요.

관리 사무소	management office	명

아파트 관리 사무소에 가면 확인할 수 있어요.

신청서	application form	명

신청서에 연락처를 꼭 써야 돼요.

누구나	anyone	대명

학생 식당은 누구나 이용할 수 있습니다.

상품	prize	명

노래 대회에서 1등을 해서 상품을 받았어요.

쿠폰	coupon	명

쿠폰이 있으면 할인이 되니까 꼭 가지고 가세요.

☑ '으' 탈락

형용사와 동사의 어간이 모음 '—'로 끝나는 경우, 모음 '—'는 '-아/어'로 시작하는 어미와 결합할 때 탈락합니다.

If the stems of adjectives and verbs end with the vowel '—', the vowel '—' is eliminated when combined with an ending that begins with '-아/어'.

– 바쁘다, 아프다, 나쁘다, 예쁘다, (배가) 고프다, 쓰다, 크다, 끄다

(1) 어미와 결합할 때 받침이 없는 것으로 여기고 '으'를 넣지 않습니다.

'으' + 아/어	바쁘다 + 아요 → 바빠요
	예쁘다 + 어요 → 예뻐요
	크다 + 어요 → 커요

예 머리가 아파서 약을 먹었어요.
친구한테 보낼 이메일을 썼어요.

☑ 'ㄷ' 불규칙

받침 'ㄷ'으로 끝나는 동사 중 일부는 모음으로 시작하는 어미와 결합할 때 받침 'ㄷ'이 'ㄹ'로 바뀝니다.

For some verbs that end with the final consonant 'ㄷ', the final consonant 'ㄷ' changes to 'ㄹ' when combined with an ending that begins with a vowel.

'ㄷ' + 아/어/으	듣다 + 어요 → 듣어요 → 들어요
	걷다 + (으)면 → 걷으면 → 걸으면

* 다음 단어는 불규칙 활용을 하지 않고 규칙 활용을 합니다.

– 닫다, 받다

예 저는 매일 노래를 들어요.
매일 걸으면 건강에 좋아요.
창문을 좀 닫아 주세요.

⊘ 'ㅂ' 불규칙

받침 'ㅂ'으로 끝나는 형용사와 동사 중 일부는 모음으로 시작하는 어미와 결합할 때 받침 'ㅂ'이 '우'로 바뀝니다.

Some adjectives and verbs that end with the final consonant 'ㅂ' start with a vowel. When combined with a suffix, the final consonant 'ㅂ' changes to '우'.

– 춥다, 덥다, 쉽다, 어렵다, 맵다, 귀엽다, 더럽다, 시끄럽다

'ㅂ' + 아/어/으	춥다 + 어요 → 추우어요 → 추워요 맵다 + (으)니까 → 매우 + (으)니까 → 매우니까

* 다음 단어는 불규칙 활용을 하지 않고 규칙 활용을 합니다.
– 입다, 좁다

예 제 동생은 아주 귀여워요.
이건 어려우니까 선생님께 물어보세요.

⊘ '르' 불규칙

'르'로 끝나는 형용사와 동사 뒤에 어미 '-아/어'가 결합하면 'ㅡ'가 탈락하고 'ㄹ'이 덧붙습니다.

When the ending '-아/어' is combined with an adjective ending in '르' and a verb, 'ㅡ' is dropped and 'ㄹ' is added.

– 모르다, 고르다, (노래를) 부르다, 자르다, 바르다, 빠르다, 다르다, (배가) 부르다

'르' + 아/어	모르다 + 아요 → 몰르아요 → 몰라요 부르다 + 어요 → 불르어요 → 불러요

예 지난주에 미용실에서 머리를 잘랐어요.
배가 불러서 나중에 먹을게요.

사이트　site　[명]
이 인터넷 사이트에서 옷을 자주 사요.

답답하다　frustrated　[형]
부모님과 생각이 너무 달라서 이야기할 때마다 답답해요.

조용하다　quiet　[형]
도서관에서는 아무도 이야기하지 않으니까 아주 조용해요.

집중　concentration　[명]
집에서 공부하면 집중이 힘들어요.

잘되다　better　[동]
공부가 잘되는 곳은 역시 도서관이나 카페예요.

요금　fee　[명]
에어컨을 자주 켜니까 전기 요금이 많이 나와요.

현금　cash　[명]
시장은 카드 말고 현금으로 돈을 내는 곳이 많아요.

금방　soon　[부]
금방 만든 빵이라서 아주 따뜻해요.

익숙해지다　to get used to　[동]
매일 요리를 하니까 지금은 요리에 익숙해졌어요.

신선하다　fresh　[형]
과일을 신선하게 보관하기 위해 냉장고에 넣었어요.

채소　vegetables　[명]
채소를 먹지 않는 아이들이 많아요.

| 이용하다 | to use | 동 |

도서관은 오전 9시부터 오후 5시까지 이용할 수 있어요.

| 간식 | snack | 명 |

배가 조금 고파서 간식을 먹었어요.

| 야외 | outdoor | 명 |

봄에는 날씨가 좋으니까 야외로 나가고 싶어요.

기출문제 22 - 24 🔊 듣기

| 두다 | to put | 동 |

그 가방은 여기에 두세요.

| 중요하다 | important | 형 |

이 내용은 아주 중요하니까 꼭 외우세요.

| 새로 | new | 부 |

10년 탄 차를 팔고 새로 샀어요.

응용문제 22 - 24 🔊 듣기

| 윗집 | upstairs | 명 |

우리 집은 20층 아파트의 20층이라서 윗집이 없어요.

| 뛰다 | to run | 동 |

수영장에서는 뛰면 위험해요.

| 시끄럽다 | noisy | 형 |

카페에 이야기하는 사람이 많아서 시끄러워요.

| 싸우다 | to fight | 동 |

어렸을 때는 동생과 자주 싸웠지만 지금은 사이가 좋아요.

| 조심하다 | to be careful | 명 |

눈이 많이 왔으니까 운전을 조심하세요.

✓ 'ㅎ' 탈락

'ㅎ'으로 끝나는 형용사 중 일부는 다음과 같이 활용합니다.

Some of the adjectives that end in 'ㅎ' are used as follows.

– 노랗다, 파랗다, 하얗다, 빨갛다, 까맣다, 어떻다. 그렇다, 이렇다

(1) '–아/어'로 시작되는 어미와 결합할 때 받침 'ㅎ'이 탈락하고 '–아/어'는 '애'로, '–야'는 '얘'로 바뀝니다.

| 'ㅎ' + 아/어 | 빨갛다 + 아요 → 빨갛아요→ 빨개요 |
| | 하얗다 + 어요 → 하얗아요 → 하얘요 |

(2) '으'로 시작되는 어미와 결합될 때는 받침 'ㅎ'과 '으'가 탈락합니다.

| 'ㅎ' + –으– | 빨갛다 + (으)ㄴ → 빨갛은 → 빨간 |

* 다음 단어는 불규칙 활용을 하지 않고 규칙 활용을 합니다.

The following words are used regularly rather than irregularly.

– 좋다, 넣다, 놓다

예 내일 노란색 양말을 신을 거예요.
날씨가 추워서 얼굴이 빨개졌어요.
가방에 책을 많이 넣었어요.

✅ 'ㅅ' 불규칙

'ㅅ' 받침으로 끝나는 형용사와 동사 뒤에 모음으로 시작하는 어미가 오면 'ㅅ'이 탈락합니다.

When adjectives and verbs that end with the consonant 'ㅅ' are followed by endings that begin with a vowel, 'ㅅ' is dropped.

– 낫다, 붓다, 짓다, 젓다

'ㅅ' + 아/어/으	낫다 + 아요 → 낫아요 → 나아요
	붓다 + (으)니까 → 붓으니까 → 부으니까

* 다음 단어는 불규칙 활용을 하지 않고 규칙 활용을 합니다.
– 웃다, 씻다, 벗다

예 감기는 다 나았어요.
　　이 건물은 지은 지 100년이 되었습니다.
　　외출 후에 집에 오면 꼭 손을 씻으세요.

✅ V–는 것

현재의 행동이나 그에 관련된 사물을 나타냅니다. 동사와 '있다/없다'에 사용합니다.

It refers to current actions or things related to them. Used with verbs and 'there is/is not (있다/없다)'.

예 피아노 치는 것이 취미예요.
　　이 드라마가 요즘 제가 보고 있는 것이에요.

봉투	envelope	명

쓰레기는 봉투에 넣어서 버려 주세요.

유료	paid	명

화장실 이용이 유료라고요? 돈을 내야 해요?

무료	free	명

이번 공연은 무료니까 부담 없이 보러 오세요.

가져오다	to bring	동

내일까지 필요한 신청서를 가져오세요.

돌려주다	to return	동

지난주에 빌린 책을 오늘까지 돌려줘야 해요.

걱정하다	to worry	동

부모는 아이의 안전을 항상 걱정해요.

푹	deeply	부

푹 자면 피곤이 좀 풀릴 거예요.

미술관	art gallery	명

좋아하는 그림을 보러 미술관에 가요.

초대장	invitation	명

그 행사에는 초대장이 있어야 참가할 수 있어요.

알아보다	to find out	동

친구들과 갈 맛있는 식당을 알아보고 있어요.

데리고 오다	to fetch, to bring	동

아이가 아파서 회사에 데리고 왔어요.

실내	indoor	명

한국은 실내에서 신발을 벗어요.

포도	grapes	명

포도가 비싸서 한 송이만 샀어요.

드리다	to give (used honorifically)	동

고향에 가기 전에 부모님께 드릴 선물을 살 거예요.

출장	business trip	명

한 달에 한 번 해외로 출장을 가요.

출발하다	to depart	동

지금 출발하지 않으면 늦을 거예요.

식빵	bread	명

아침마다 먹는 식빵은 제가 만들어요.

팔리다	to be sold	동

이 상품은 오전에 다 팔렸어요.

탑승구	boarding gate	명

지금 바로 3번 탑승구로 가세요. 비행기가 곧 출발합니다.

예약	reservation	명

그 식당은 예약 없이는 갈 수 없어요.

자리	seat	명

지금 가면 자리가 없을 거예요.

가능하다	possible	형

전화가 가능한 시간을 알려 주세요.

☑ A–(으)ㄴ데, V –는데

형용사와 동사에 쓰여 다음과 같은 의미를 나타냅니다. '있다/없다'는 '–는데'를, 과거형은 'A/V–았/었는데'를 사용합니다.

It is used in adjectives and verbs to express the following meanings. For 'there is/isn't (있다/없다),' '–는데' is used, and for past tense, 'A/V–았/었는데' is used.

1. 앞 내용이 뒤에 오는 내용의 관련 상황이나 배경이 됨을 나타냅니다.

   Indicates that the preceding content serves as a related situation or background for the following content.

   예 가격이 너무 싼데 괜찮을까?
   요즘 아르바이트를 하는데 아주 재미있어요.
   주말에 백화점에 갔는데 사람이 정말 많았어요.

2. 앞 내용이 뒤에 오는 내용의 원인이나 이유가 됨을 나타냅니다. 뒤에 오는 내용에는 주로 명령, 부탁, 제안이나 질문이 올 수 있습니다. 'A/V–(으)니까'와 비슷한 표현입니다.

   Indicates that the preceding content is the cause or reason for the following content. What follows can often be a command, request, suggestion, or question. It is a similar expression to 'A/V–(으)니까'.

   예 피곤한데 오늘은 좀 쉽시다.
   지금 눈이 많이 오는데 지하철을 타고 갈까요?

3. 앞 내용과 다른 상황이나 결과가 이어짐을 나타내며 대조되는 두 가지 사실을 말할 때 사용합니다. 'A/V–지만'과 비슷한 표현입니다.

   It indicates that a situation or result is different from the previous content and is used when talking about two contrasting facts. It is a similar expression to 'A/V–지만'.

   예 저는 키가 큰데 동생은 키가 작아요.
   저는 매운 음식을 잘 먹는데 남편은 잘 못 먹어요.

☑ A / V-기 때문에

형용사나 동사에 쓰여 어떤 일의 이유나 원인을 나타냅니다.

Used as an adjective or verb to indicate the reason or cause of something.

> 예 이 식당은 비싸지만 맛있기 때문에 손님이 많아요.
> 매운 음식을 잘 못 먹기 때문에 떡볶이를 못 먹어요.

읽기 55 - 56

☑ A-아 / 어지다

형용사 뒤에 붙어 점점 어떤 상태로 변화되어 감을 나타내는 표현입니다.

It is an expression attached to the stem of an adjective to indicate a gradual change to a certain state.

> 예 기분이 나쁠 때에 초콜릿을 먹으면 기분이 좋아져요.
> 이 차를 마시면 몸이 따뜻해질 거예요.

☑ V-(으)러 가다 / 오다

동사 뒤에 붙어 어떤 장소에 가거나 오는 목적 또는 의도를 나타낼 때 쓰는 표현입니다.

It is an expression attached to the stem of a verb and used to express the purpose or intention of going to or coming to a certain place.

> 예 밥을 먹으러 식당에 같이 가요.
> 부모님께서 저를 만나러 한국에 오실 거예요.

| 일하다 | to work | 동 |

오전에는 수업이 있어서 오후에만 일해요.

기출문제 15 - 16   🔊 듣기

| 우산 | umbrella | 명 |

밖에 비가 오니까 우산을 써야 해요.

| 창문 | window | 명 |

날씨가 좀 더운데 창문을 열까요?

| 밑 | under | 명 |

고양이는 항상 침대 밑에 들어가 있어요.

응용문제 15 - 16   🔊 듣기

| 책 | book | 명 |

서점에 가서 책을 많이 샀어요.

| 놓다 | to put | 동 |

그 꽃을 테이블 위에 놓아 주세요.

| 소파 | sofa | 명 |

거실에 있는 소파에 앉아서 이야기해요.

연습문제 15 - 16   🔊 듣기

| 도착하다 | to arrive | 동 |

오늘은 회사에 일찍 도착했어요.

| 연락하다 | to contact | 동 |

요즘은 바빠서 친구들과 자주 연락하지 못해요.

| 전화하다 | to call | 동 |

어머니는 저에게 매일 전화하세요.

| 끝나다 | to finish | 동 |

회사 일은 여섯 시에 끝나요.

| 여름 | summer | 명 |

저는 추운 겨울보다 여름이 더 좋아요.

| 덥다 | hot | 형 |

날씨가 너무 더워서 계속 땀이 났어요.

연습문제 11 - 14   🔊 듣기

| 아파트 | apartment | 명 |

아파트로 이사를 가려고 해요.

| 근처 | neighborhood | 명 |

학교 근처에는 병원이 없어요.

| 약국 | pharmacy | 명 |

약을 사러 약국에 갈 거예요.

| 은행 | bank | 명 |

은행에 가서 돈을 찾았어요.

| 뒤 | behind | 명 |

게시판은 교실 뒤에 있어요.

| 길 | road | 명 |

오늘은 휴일이라서 길이 조용하네요.

| 막히다 | to be blocked | 동 |

보통 출근 시간에는 길이 많이 막혀요.

| 지하철 | subway | 명 |

지하철을 타면 빨리 갈 수 있어요.

| 호텔 | hotel | 명 |

해외여행을 가면 보통 호텔에서 자요.

☑ N마다

명사 뒤에 붙어 빠짐없이, 모두의 의미를 나타내는 표현입니다. '매일, 매월, 매년'은 '날마다, 달마다, 해마다'로 각각 씁니다.

It is an expression that is attached to the end of a noun and expresses the entire meaning. 'every day, every month, every year' is written as 'every day, every month, and every year'.

예 주말마다 등산을 가요.
나라마다 문화가 다릅니다.
우리 기숙사는 방마다 화장실이 있어서 좋아요.

읽기 57 - 58

☑ A / V -(으)면

1. 앞 문장의 내용이 뒤 문장의 내용(일회성 사건)의 가정적 조건이 됨을 나타냅니다.

   Indicates that the content of the previous sentence is a one-time event and becomes a hypothetical condition for the content of the following sentence.

   예 내일 비가 오면 저는 그냥 집에 있겠습니다.
   만약 영화표가 다 팔렸으면 쇼핑을 하러 갈까요?

2. 앞 문장의 내용이 뒤 문장 내용(반복적이고 일반적인 사건)의 가정적 조건이 됨을 나타냅니다.

   Indicates that the content of the preceding sentence becomes a hypothetical condition for the content of the following sentence, which is a repetitive and general event.

   예 날씨가 추우면 두꺼운 옷을 입으세요.
   열심히 노력하면 성공할 수 있을 거예요.

✓ V-아야 / 어야 하다

당연히 해야 하는 행위나 어떤 의무를 나타내며, 의미상 청유형이나 명령형은 쓰지 않습니다.

This indicates an action that must be done or an obligation, and it is not used with the hortative or imperative mood.

예 이 약은 식사를 한 후에 먹어야 해요.
한국 대학에 입학하려면 한국어를 배워야 합니다.

✓ N(이)나

둘 이상의 대상을 나열하거나 그 중에 어떤 것을 선택함을 나타냅니다.

This indicates the listing of two or more items or the selection of one of them.

예 방학에는 제주도나 부산으로 여행을 갈 거예요.
학교까지 지하철이나 버스를 타고 갑니다.

읽기 59-60

✓ V-아 / 어 주다

도움이 되는 어떤 행동을 함을 나타냅니다.

This indicates performing an action that is helpful.

예 어려운 내용을 친구가 가르쳐 줘서 고마웠어요.
창문을 좀 닫아 주세요.

✓ V-(으)ㄴ 후에

어떤 행동 다음에 뒤의 행동을 함을 나타냅니다.

This indicates performing the following action after a certain action.

예 이 책을 다 읽은 후에 잘 거예요.
밥을 먹은 후에 이를 꼭 닦으세요.

삼겹살	pork belly	명

제일 좋아하는 음식은 삼겹살이에요.

더	more	부

저는 동생보다 키가 더 커요.

시키다	to order	동

음식이 모자라서 더 시켰어요.

인분	portion	명

불고기 2인분하고 비빔밥 하나 주세요.

냉면	Korean cold noodles	명

냉면을 먹을 때 식초를 꼭 넣으세요.

주문하다	to order	동

음식을 주문하고 오래 기다렸어요.

연습문제 11-14 　🎧 듣기

어떻다	how	형

요즘 중국은 날씨가 어때요?

맵다	spicy	형

김치는 좀 맵지만 비빔밥은 맵지 않아요.

농구	basketball	명

저는 주말마다 운동장에서 농구를 해요.

테니스	tennis	명

저는 테니스를 못 쳐요.

응용문제 11-14 　🎧 듣기

수업	lesson	명

저는 매일 오전에 한국어 수업을 들어요.

화장품	cosmetics	명

화장품을 사러 백화점에 가요.

매장	store	명

화장품 매장은 1층에 있어요.

엘리베이터	elevator	명

엘리베이터를 타고 올라가세요.

타다	to ride	동

버스를 타고 갈게요.

내려가다	to go down	동

남자 화장실은 아래로 내려가면 있어요.

연습문제 7-10　　　　　🔊 듣기

따뜻하다	warm, hot	형

따뜻한 물을 마시고 싶어요.

아메리카노	americano	명

아메리카노 두 잔 주세요.

버스	bus	명

집까지 버스를 타고 가요.

소포	package	명

동생한테 소포를 보냈어요.

보내다	to send	동

요즘 편지를 보내는 사람이 별로 없어요.

주소	address	명

주소 어떻게 되세요?

쓰다	to write	동

여기에 이름과 주소를 쓰세요.

✓ A / V-거나

어느 것이 선택되어도 차이가 없는 상태나 행동을 둘 이상 나열하거나 그중 하나를 선택함을 나타냅니다.

This indicates listing two or more states or actions where the choice does not make a difference, or selecting one of them.

예 바쁘거나 피곤할 때 택시를 타요.
　　주말에는 집에서 쉬거나 외출해요.
　　감기에 걸렸으면 약을 먹거나 병원에 가세요.

읽기 61-62

✓ V-기로 하다

동사에 붙어 어떤 행위에 대하여 그렇게 할 것을 계획하거나 결정함을 나타냅니다. 또한 상대에게 제안하거나 약속을 할 때 또는 자신의 결심이나 결정을 이야기할 때 사용할 수 있는 표현입니다.

This attaches to a verb to indicate the planning or decision to perform a certain action. It can also be used when making a suggestion or promise to someone, or when talking about one's own resolution or decision.

예 방학 때 아르바이트를 하기로 했어요.
　　같이 산책을 할래요? - 좋아요. 여의도까지 걷기로 해요.

✓ N(으)로

어떤 일의 수단·도구를 나타낼 때 사용하는 표현입니다.

This expression is used to indicate the means or tools of something.

예 한국에서는 젓가락으로 반찬을 먹습니다.
　　시험을 볼 때에는 볼펜으로 써야 돼요.

☑ N보다 (더)

서로 차이가 있는 것을 비교하는 경우에 사용하는 표현입니다.

This expression is used when comparing things that have differences.

예 동생이 저보다 키가 더 커요.
어제보다 오늘이 더 추운 것 같아요.

읽기 63 - 64

☑ V-(으)면서

앞 절의 행동을 하거나 상태를 유지하면서 동시에 뒤 절의 다른 행동을 하거나 다른 상태도 유지하고 있음을 나타내는 표현입니다.

It is an expression that indicates performing an action or maintaining a state in the previous clause while simultaneously performing another action or maintaining a different state in the following clause.

예 저는 유튜브를 보면서 밥을 먹어요.
길을 걸으면서 휴대폰을 보지 마세요.

☑ V-(으)면 되다

동사 뒤에 붙어 이 행동이 어떤 일을 실현하고자 할 때 충분조건이 됨을 나타내는 표현입니다.

It is an expression attached to the stem of a verb that indicates that this action is a sufficient condition for realizing something.

예 가방은 책상 위에 놓으면 돼요.
교통 카드가 없으면 일회용 카드를 사면 돼요.

운동화	sneakers	명
운동화가 편해요.		
신다	to put on	동
이 신발을 여기에서 신어 보세요.		
이쪽	this way	대명
이쪽으로 가면 편의점이 있어요.		
앉다	to sit	동
의자에 앉으세요.		

응용문제 7 - 10 🔊 듣기

사과	apple	명
요즘 사과가 비싸요.		
얼마	how much	명
수박이 얼마예요?		
개	piece	명
한 개에 오백 원이에요.		
횡단보도	crosswalk	명
횡단보도를 건너면 공원이 있어요.		
세우다	to stop	동
저기 정문에서 세워 주세요.		
카드	card	명
카드를 만들러 은행에 갈 거예요.		
통장	bankbook	명
통장을 안 가지고 왔어요.		
만들다	to make	동
친구 생일에 케이크를 만들어서 줄 거예요.		

| 표 | ticket | 명 |

제가 영화표를 예매했어요.

| 장 | sheets | 명 |

부산으로 가는 기차표 한 장 주세요.

| 주다 | to give | 동 |

이 케이크를 주세요.

| 여기 | here | 대명 |

여기 있습니다.

| 비빔밥 | bibimbap | 명 |

전주에서 비빔밥을 먹었어요.

| 맛있다 | delicious | 형 |

불고기가 맛있어서 많이 먹었어요.

| 먹다 | to eat | 동 |

저는 매일 아침을 먹어요.

| 방 | room | 명 |

제 방에는 침대와 책상이 있습니다.

| 층 | floor | 명 |

우리 사무실은 4층에 있어요.

| 아침 | morning, breakfast | 명 |

아침에 먹는 사과는 몸에 좋아요.

| 식사 | meal | 명 |

식사 시간에 늦지 마세요.

| 시간 | time | 명 |

수업 시간이라서 전화를 못 받았어요.

☑ N밖에

명사 뒤에 붙어 그것 이외에는 다른 가능성이나 선택의 여지가 없음을 나타내는 표현으로 '안, 못, 모르다, 없다' 등의 부정을 나타내는 말과 함께 씁니다.

It is attached to the end of a noun to indicate that there are no other possibilities or options other than that, and is used together with words expressing negation such as 'not, can't, don't know, doesn't exist ('안, 못, 모르다, 없다')'.

예 시간이 5분밖에 안 남았어요.
　　교실에 학생이 두 명밖에 없습니다.

읽기 65-66

☑ A / V-(으)ㄹ 수 있다

어떤 상황이나 일이 가능함을, 또는 가능성을 나타냅니다. 동사의 경우 능력을 나타내기도 합니다.

It indicates that a certain situation or thing is possible, or a possibility. In the case of a verb, it also indicates ability.

예 그 문제는 아이에게 어려울 수 있어요.
　　주말에는 만날 수 있어요.
　　운전을 할 수 있어요.

☑ V-(으)려면

'어떤 행동의 의도나 목적을 실현하려고 하면'의 뜻을 나타냅니다. 뒤에는 주로 실현을 위해 필요한 조건이 이어집니다.

This phrase expresses the meaning of 'if one intends or aims to realize a certain action.' It is usually followed by the conditions necessary for the realization.

예 기차를 타려면 3시 전에 도착해야 해요.
　　운동을 잘하려면 매일 연습이 필요해요.

☑ N이 / 가 되다

어떠한 것이 변화해서 다른 모습이나 성질 또는 상태가 되었음을 나타냅니다.

This indicates that something has changed and become a different form, quality, or state.

예 얼음이 녹아서 물이 되었습니다.
저는 유명한 가수가 되고 싶어요.

☑ V-(으)ㄴ 적이 있다 / 없다

동사 뒤에 붙어서 과거에 어떠한 것을 경험한 일이 있거나 반대로 그런 일이 없다는 것을 나타냅니다. '-아/어 보다'와 결합하여 '-아/어 본 적이 있다/없다'의 형태로도 많이 사용됩니다.

This is attached after a verb to indicate that the speaker has or has not experienced something in the past. It is often used in the form of '-아/어 본 적이 있다/없다' in conjunction with '-아/어 보다'.

예 동생이 어릴 때 저에게 편지를 보낸 적이 있어요.
저는 꽃을 선물 받은 적이 없습니다.
마이클 씨는 한국 친구를 사귀어 본 적이 있어요?

| 좋아하다 | to like | 동 |

저는 운동을 좋아해요.

| 많이 | a lot | 부 |

밥을 많이 먹어서 배가 불러요.

| 드시다 | to eat (used honorifically) | 동 |

반찬은 별로 없지만 맛있게 드세요.

| 잠깐만 | just a moment | 부 |

잠깐만 기다려 주세요.

| 생일 | birthday | 명 |

제 생일은 9월 24일이에요.

| 축하하다 | to congratulate | 동 |

생일을 축하합니다.

| 여보세요 | hello (when you make a phone call) | 감 |

여보세요. 사장님 좀 바꿔 주세요.

| 계시다 | to be (used honorifically) | 동 |

선생님은 사무실에 계세요.

| 처음 | first | 부 |

우리는 한국에서 처음 만났어요.

| 뵙다 | to meet (used honorifically) | 동 |

처음 뵙겠습니다.

재미있다	interesting	형

한국 드라마가 아주 재미있어요.

김밥	kimbap	명

오늘 아침에 김밥을 먹었어요.

사다	to buy	동

시장에 가서 과일을 살 거예요.

언제	when	부

언제 한국에 왔어요?

공원	park	명

저녁을 먹고 공원에서 산책을 해요.

어제	yesterday	부

어제 친구를 만나서 공연을 봤어요.

연습문제 1 - 4   🎧 듣기

물	water	명

물을 마시고 싶어요.

화장실	bathroom	명

화장실이 몇 층에 있어요?

깨끗하다	clean	형

방이 아주 넓고 깨끗해요.

누구	who	대명

지금 누구를 만나러 가요?

기다리다	to wait	동

친구를 기다리고 있어요.

음식	food	명

한국 음식을 많이 먹어 보고 싶어요.

☑ A / V-(으)시-

1. 말하는 사람이 어떤 행위나 상태의 주체, 문장의 주어를 높이고자 할 때 사용합니다.

    This is used when the speaker wants to elevate the subject of an action or state, the subject of the sentence.

    예 할아버지께서는 과일을 좋아하십니다.
    손님, 내일 다시 오시겠어요? - 네, 그렇게 할게요.

2. 높임의 대상이 되는 인물과 관계된 물건이나 몸의 일부가 문장의 주어가 될 때 그 인물을 간접적으로 높이기 위해 사용합니다.

    This is used to indirectly elevate a person when an object or body part related to the person who is the object of respect becomes the subject of the sentence.

    예 우리 어머니는 취미가 정말 많으십니다.
    선생님, 머리가 많이 아프세요? - 네, 아침부터 계속 아프네요.

읽기 69 - 70

☑ A-아 / 어 보이다

형용사 뒤에 붙어 어떤 대상을 보고 짐작하거나 판단한 내용을 표현할 때 씁니다.

This is attached to the stem of an adjective to express the content that is guessed or judged by looking at a certain object.

예 저 케이크가 아주 맛있어 보여요.
친구가 기분이 안 좋아 보여서 그냥 왔어요.

☑ V-기가 A

동작이나 행동을 하는 것이 어떤지를 나타냅니다.

This indicates how it is to perform an action or behavior.

예 팔을 다쳐서 밥을 먹기가 힘들어요.
이 핸드폰은 화면이 커서 보기가 편해요.

한국어능력시험

일단 합격
TOPIK
종합서 I

핸드북

동양북스

한국어능력시험

일단 합격
TOPIK
종합서

I

한국어능력시험

일단 합격
TOPIK
종합서

I

핸드북

동양북스